SIEGFRIED ELSING

Erweiterte Kommanditistenhaftung und atypische Kommanditgesellschaft

Schriften zum Wirtschaftsrecht

Band 26

Erweiterte Kommanditistenhaftung und atypische Kommanditgesellschaft

Zugleich ein Beitrag zur Lehre von der sogenannten unterkapitalisierten KG

Von

Siegfried Elsing

DUNCKER & HUMBLOT / BERLIN

D 6

Gedruckt 1977 bei Buchdruckerei Bruno Luck, Berlin 65
Printed in Germany
ISBN 3 428 03983 1

Meinen Eltern

Vorwort

Die vorliegende Arbeit will zur Lösung der vor allem auch in der Praxis immer wieder auftauchenden Problematik der atypischen Kommanditgesellschaft einen Beitrag leisten. Sie hat im WS 1976/77 dem Fachbereich Rechtswissenschaft der Westfälischen Wilhelms-Universität Münster als Dissertation vorgelegen. Das Manuskript wurde im August 1976 abgeschlossen. Rechtsprechung und Schrifttum wurden, soweit möglich, bis April 1977 berücksichtigt.

Zu danken habe ich Herrn Bundesverfassungsrichter a. D. Prof. Dr. Hans Brox, der die Arbeit betreut hat, wie auch den Herren Prof. Dr. Dietrich Reinicke und Prof. Dr. Wilfried Schlüter, die mich während der Anfertigung der Arbeit in großzügiger Weise gefördert haben.

Dank schulde ich auch der Konrad-Adenauer-Stiftung e. V., die mir ein Promotionsstipendium gewährte und der Westfälischen Wilhelms-Universität Münster, die die Drucklegung durch einen Kostenzuschuß ermöglichte. Schließlich bedanke ich mich bei Herrn Prof. Dr. Johannes Broermann für die freundliche Aufnahme in die von ihm betreute Reihe „Schriften zum Wirtschaftsrecht".

Münster, im April 1977

Siegfried Elsing

Inhaltsverzeichnis

Zweiter Teil

Haftungserweiterung aufgrund beherrschender Stellung des Kommanditisten

§ 1. Einleitung

I. Das Problem

Die Haftung des Kommanditisten[1] ist nach der gesetzlichen Regelung grundsätzlich beschränkt. Nach der Legaldefinition in § 161 Abs. 1 HGB ist die Haftungsbeschränkung „gegenüber den Gesellschaftsgläubigern auf den Betrag einer bestimmten Vermögenseinlage“ sogar sein wesentliches Begriffsmerkmal. Man könnte daher die Erweiterung der Haftung über das vom Gesetz vorgesehene Maß hinaus bereits als einen Widerspruch in sich ansehen[2]. Dies würde um so mehr gelten, wenn man an eine Haftungserweiterung im Sinne einer unbeschränkten Haftung, wie sie das Gesetz für den Komplementär bestimmt, denkt. Dieser scheinbare Widerspruch löst sich jedoch schon bei weiterer Durchsicht der gesetzlichen Vorschriften über die Kommanditgesellschaft auf; denn das Gesetz enthält in § 176 HGB — bei Geschäftsaufnahme oder Geschäftseintritt vor Eintragung — selbst einen Fall unbeschränkter Kommanditistenhaftung. Die Legaldefinition ist also offenbar nur als Grundsatz zu verstehen, von dem schon das Gesetz selbst Ausnahmen macht.

Ob es mit dem gesetzlichen Fall der Haftungserweiterung sein Bewenden hat oder ob der Kommanditist darüber hinaus in bestimmten Fällen mit einem vollkommenen oder teilweisen Wegfall seines Haftungsvorteils rechnen muß, ist eine Frage von lebhaftem praktischen Interesse.

Fällt die Haftungsbeschränkung weg, so entfällt oft auch der entscheidende Grund für die Wahl der Rechtsform der Kommanditgesellschaft überhaupt. Denn die beschränkte Haftung auf eine bestimmte Vermögenseinlage und die damit erreichte Verhinderung des Zugriffs auf sein Privatvermögen ist für den Kommanditisten ein wesentlicher Gesichtspunkt für die Gründung einer KG, die ihm auf diese Weise die steuerlichen Vorteile einer Personalgesellschaft[3] bei beschränktem Risiko eröffnet.

---

[1] Es soll in der Darstellung grundsätzlich von der zweigliedrigen Kommanditgesellschaft ausgegangen werden; daher ist, soweit nicht ausdrücklich auf die mehrgliedrige Bezug genommen wird, immer von „dem Kommanditisten“ und „dem Komplementär“ die Rede.

[2] Vgl. Hofmann, NJW 1969, S. 577 (578).

[3] So vor allem bei der GmbH & Co KG; vgl. Hesselmann, Handbuch der GmbH & Co KG, 11. Aufl., 1970, S. 25 ff., 148 ff.; Sudhoff, Der Gesellschaftsvertrag der GmbH & Co, 2. Aufl., 1971, S. 574; Berg, JuS 1974, 685 (691); eingehend zu den Gründen für die Wahl der Rechtsform der KG, insbesondere zu deren steuerlichen Behandlung: Wenninger, Personengesellschaften mit kör-

Dem beschränkten Risiko des Kommanditisten stehen allerdings nach der gesetzlichen Ausgestaltung der KG auch nur beschränkte Mitwirkungs- und Kontrollrechte gegenüber. Eine organschaftliche Vertretung ist sogar ausgeschlossen (§ 170 HGB); hierzu ist nur der Komplementär berechtigt. Diese Regelung ist für die Praxis häufig unbefriedigend. Aus den verschiedensten Gründen besteht ein Bedürfnis zur Abwandlung der gesetzlichen Regelung vor allem in Richtung auf eine Verstärkung der Kommanditistenstellung. Durch entsprechende Vereinbarungen im Gesellschaftsvertrag entfernt man sich unter Ausnutzung der in § 163 HGB für das Innenverhältnis gewährten Gestaltungsfreiheit immer mehr vom gesetzlichen Leitbild, bis der Kommanditist in zahlreichen Fällen schließlich als der eigentliche Beherrscher der KG anzusehen ist. Dieser Ausbau der Kommanditistenstellung geht vielfach einher mit einer nur geringen Hafteinlage des Kommanditisten und einer weitgehenden Vermögenslosigkeit des Komplementärs, so daß das Unternehmen oft nur durch Darlehen des Kommanditisten die für seine Funktionsfähigkeit und zur Abwendung des Konkurses notwendige Liquidität erhält. Läßt sich ein Konkurs nicht mehr verhindern, so hat der Kommanditist sich das Darlehen vielfach zum Nachteil der sonstigen Gläubiger kurz vorher zurückgewähren lassen, oder er macht die Forderung als normale Konkursforderung geltend.

Fälle dieser Art führten zu der Frage, ob hier nicht, weil die Gläubiger des Schutzes bedürfen und sich die jeweiligen Gestaltungsformen zu sehr vom gesetzlichen Leitbild lösen, eine unbeschränkte Haftung des Kommanditisten oder jedenfalls eine Haftungserweiterung angenommen werden muß.

Diese Frage ist nicht neu. Während sich die Stellungnahmen zu diesem Problemkreis zunächst, teilweise unter Hinweis auf ausländische Rechte[4], im rechtspolitischen Bereich bewegten[5], erstreckten sie sich bald auch

perschaftlichen Strukturelementen, Diss. München 1969, S. 12 ff.; Stehle/Stehle, Die rechtlichen und steuerlichen Merkmale der verschiedenen Gesellschaftsformen, 1975; Scherpf, Handbuch der Personengesellschaften, 1967, II. Teil, Rdz. 17 ff.

[4] Frankreich: nach der früheren Fassung des Art. 28 des Code de commerce von 1807 hatte selbst eine nur vereinzelte Geschäftsführerhandlung die allgemeine und dauernde Haftung des Kommanditisten auch für früher entstandene Verbindlichkeiten der KG zur Folge; nach der Novelle von 1863 haftete er zwingend nur noch für die von ihm vorgenommenen Handlungen, während seine Haftung im übrigen auf richterlichem Ermessen beruhte. England: nach § 8 des Limited Partnership Act von 1907 haftete der limited partner (Kommanditist) für alle in der Zeit begründeten Verpflichtungen, in der er an der Geschäftsführung beteiligt war. Vgl. hierzu Schlegelberger/Mügel, Rechtsvergleichendes Handwörterbuch, 5. Band, 1936, S. 1 ff. (21) und zum ganzen rechtsvergleichenden Aspekt: H. J. Müller, Die Haftung des Kommanditisten im deutschen, französischen und englischen Recht, Diss. Münster 1955.

[5] Müller-Erzbach, Deutsches Handelsrecht, 1928, S. 180, 233; ders., Festschrift für Ernst Heymann, 2. Bd., 1931, S. 736 ff.; ders., LZ 1933, Sp. 145 ff.; Würdin-

auf das geltende Recht[6]. Anknüpfungspunkt war regelmäßig die beherrschende Stellung des Kommanditisten, während die Auswirkungen der Unterkapitalisierung bei der KG, im Gegensatz zur GmbH[7], nur vereinzelt erörtert wurde[8].

In jüngerer Zeit fand das Problem, wieder mit Schwerpunkt bei der beherrschenden Stellung des Kommanditisten, mehrfach eine eingehende Behandlung[9]. Es stand dabei im Rahmen größerer methodischer Untersuchungen hinsichtlich der *Begrenzung der gesellschaftsrechtlichen Gestaltungsfreiheit durch allgemeine Prinzipien,* die aus der gesetzlichen Typologie der Gesellschaftsformen oder einer Institutionenlehre entwickelt werden sollten. Dies ließe eine erneute Bearbeitung nicht angebracht erscheinen, wenn diese Untersuchungen nicht die Fragwürdigkeit des jeweils gewählten methodischen Ausgangspunktes gezeigt hätten. Es ist nicht gelungen, aufgrund klarer Kriterien allgemeine Prinzipien aufzustellen und sie für die hier interessierende Problematik fruchtbar zu machen. Nicht zu Unrecht sprach ein Rezensent der vorgenannten Untersuchungen von einem „Abschied von Illusionen“[10]. Statt dessen ge-

---

ger, Das Recht der Personalgesellschaften (Arbeitsbericht des Ausschusses für das Recht der Personalgesellschaften der Akademie für Deutsches Recht), 1939, S. 32 (37); Boesebeck, Die „kapitalistische“ Kommanditgesellschaft, 1938, S. 67 ff.; Keutner, Der Mißbrauch der Rechtsform der KG und seine Bekämpfung, Diss. Köln 1938, S. 45 ff.

[6] Müller-Erzbach, Das private Recht der Mitgliedschaft als Prüfstein eines kausalen Denkens, 1948, S. 114 ff.; ders., AcP 154, 299 (342 ff.); J. v. Gierke, Handelsrecht und Schiffahrtsrecht, 1958, S. 172, 232; Haupt/Reinhardt, Gesellschaftsrecht, 4. Aufl., 1952, S. 79; Reinhardt, Gesellschaftsrecht, 1973, S. 121; Lehmann, Handelsrecht, 2. Teil, Gesellschaftsrecht, 2. Aufl., 1959, S. 333 ff.; Paulick, Die eingetragene Genossenschaft als Beispiel gesetzlicher Typenbeschränkung, 1954, S. 70 ff.; Zwanzig, Die Erweiterung des Herrschaftsbereiches des Kommanditisten und ihre Auswirkung auf die Stellung des Kommanditisten zu den Gläubigern der Gesellschaft, Diss. Köln 1937, S. 35 ff.; Klotz, Mißbrauch der Rechtsform der Kommanditgesellschaft und seine Bekämpfung, Diss. Köln 1940; Wagner, Der Ausbau des Einflusses des Komanditisten bis zur beherrschenden Stellung und dessen Auswirkungen auf seine Haftung, Diss. München 1960, S. 101 ff.; A. Wolf, Grenzen der Dispositionsfreiheit im Recht der Personengesellschaften, Diss. Heidelberg 1963, S. 41 ff.; Schröder, Der geschäftsleitende Kommanditist und seine Haftung, Diss. Kiel 1968; C. Ott, Typenzwang und Typenfreiheit im Recht der Personengesellschaft, Diss. Tübingen 1966, S. 287; Wenninger, S. 21 ff.

[7] Eine ausführliche Übersicht über den Problemkreis bei der GmbH gibt Winter, Der Konkurs der unterkapitalisierten GmbH, 1973, S. 59 ff.; vgl. auch § 9 dieser Arbeit.

[8] z. B. Wagner, S. 106 ff.

[9] Teichmann, Gestaltungsfreiheit in Gesellschaftsverträgen, 1970; H. P. Westermann, Vertragsfreiheit und Typengesetzlichkeit im Recht der Personengesellschaften, 1970; vgl. auch Nitschke, Die körperschaftlich strukturierte Personalgesellschaft, 1970.

[10] So der Titel der Besprechung der vorgenannten Arbeiten von Schultze-v. Lasaulx, ZfgG 21 (1971), 325 ff., vgl. vor allem S. 347; kritisch auch Helm, ZGR 1973, 478.

winnt eine *instrumentale Betrachtungsweise* Raum, bei der mit hergebrachten Methoden der Bewertung von gesellschaftsvertraglichen Vereinbarungen von Fall zu Fall, allerdings unter Berücksichtigung der auch schon bei der Suche nach allgemeinen Prinzipien erörterten Gesichtspunkte der Interessenbewertung, eine Problemlösung versucht wird[11]. Einen Beitrag zur Festigung und zum Ausbau dieser Betrachtungsweise für den hier interessierenden Problemkreis zu leisten, ist Ziel dieser Arbeit. Hierbei soll der Erörterung der mit dem Problem der unterkapitalisierten KG zusammenhängenden Fragen besondere Aufmerksamkeit geschenkt werden, nicht zuletzt darum, weil man mit dem Versuch einer Bewältigung dieses Problemkreises weitgehend dogmatisches Neuland betritt.

II. Abgrenzung und Gang der Darstellung

Die Untersuchung ist auf die möglichen Fälle einer gesetzlich nicht ausdrücklich angeordneten Haftungserweiterung beschränkt. Damit fällt die auch für die Praxis bedeutsame Problematik des § 176 HGB, insbesondere die durch die Entscheidung des BGH vom 25. Juli 1973 aktuell gewordene Anwendung dieser Vorschrift auf Rechtsscheinsgesellschaften[12], aus dem abgesteckten Rahmen. Diese Einschränkung rechtfertigt sich aus der Verschiedenheit der Problemkreise und der hierbei auftauchenden rechtlichen Gesichtspunkte.

Die Arbeit skizziert in ihrem Aufbau zunächst die gesetzliche Grundstruktur der KG und die hiervon möglichen und in der Praxis vorkommenden Abweichungen als Ausgangspunkt für die Beurteilung der Auswirkung dieser Gestaltungsformen auf das Haftungsstatut. Hierbei werden die abweichenden Ausgestaltungen nach Fallgruppen eingeteilt, bei denen sich zwei Grundrichtungen unterscheiden lassen:

1. *die Tendenz zum Ausbau der Kommanditistenstellung im Sinne einer Beherrschung der Geschäftsführung und*

2. *die Einschränkung des Risikos des Kommanditisten infolge geringer Hafteinlage und Finanzierung durch Gesellschafterdarlehen.*

Im zweiten Teil wird dann der Einfluß des ersten Abwandlungstyps auf die Kommanditistenhaftung untersucht. Das Hauptgewicht liegt hierbei auf der Auseinandersetzung mit dem von der gesellschaftsrechtlichen Typenlehre angebotenen Lösungsansatz und der Anwendung der instrumentalen Betrachtungsweise. Aus dieser Sicht wird sich als Pro-

---

[11] Schultze-v. Lasaulx, S. 349; Helm, S. 493.

[12] BGHZ 61, 59 ff.; vgl. hierzu K. Schmidt, JZ 1974, S. 219; G. Fischer, NJW 1973, 2188 und neuerdings die sehr aufschlußreiche Arbeit von Beyerle, Der unbeschränkt haftende Kommanditist, 1976.

blemschwerpunkt *Möglichkeit und Grenzen einer teleologischen Reduktion des § 171 Abs. 1 HGB und einer Haftung aus veranlaßtem Rechtsschein* ergeben.

Im dritten Teil werden die Möglichkeiten der Haftungserweiterung bei sogenannten „unterkapitalisierten" Kommanditgesellschaften untersucht. Im Mittelpunkt steht hier der Versuch, die im Rahmen des vielbehandelten Parallelproblems bei der GmbH gefundenen Lösungsansätze zusammenzustellen und für die KG kritisch zu verwerten. Auch hierbei zeigt sich die Unmöglichkeit einer Lösung aufgrund allgemeiner Prinzipien, etwa des Grundsatzes einer Entsprechung von Haftkapitaleinsatz und Unternehmensrisiko oder des Prinzips der einsatzbezogenen Risikoübernahme. Schwerpunkt des hier vertretenen Lösungsansatzes wird die *Konkretisierung des Verbotes der Gläubigerbenachteiligung* sein, das z. B. auch in der Rechtsprechung des BGH zu den Übersicherungsverträgen eine große Rolle spielt. Als methodischer Ansatzpunkt für eine Verwirklichung dieses Verbotes wird die Möglichkeit einer *Analogie zu § 342 HGB* im Mittelpunkt der Überlegungen stehen.

Erster Teil

Grundzüge der gesetzlichen Struktur der KG und Abweichungen von der Dispositivregelung des Gesetzes

§ 2. Grundzüge der gesetzlichen Struktur

I. Abgrenzung zur Offenen Handelsgesellschaft, Stillen Gesellschaft und Kapitalgesellschaft

Die KG ist wie die OHG eine Personengesellschaft[1], die auf den Betrieb eines Handelsgewerbes unter gemeinsamer Firma gerichtet ist. Jedoch handelt es sich hier insoweit um eine Sonderform, als im Unterschied zur OHG nicht alle Gesellschafter unbeschränkt haften (§ 161 Abs. 1 HGB). Es ist die Eigenart der KG, daß sich zwei Gruppen von Gesellschaftern gegenüberstehen: solche, die unbeschränkt haften (Komplementäre oder persönlich haftende Gesellschafter) und deren Rechtsstellung derjenigen der Mitglieder einer OHG entspricht, und solche, die beschränkt haften (Kommanditisten) und die rechtlich und wirtschaftlich eine grundlegend andere Stellung innehaben. Der Komplementär erscheint als der eigentlich tätige Unternehmer, der die Risiken des Handelsgewerbes mit seinem ganzen Vermögen trägt und daher seine ganze Persönlichkeit für den Betrieb einsetzt. Der Kommanditist hingegen ist vornehmlich Repräsentant der von ihm zur Verfügung gestellten Einlage[2].

Diese sehr kapitalmäßig orientierte Beteiligung des Kommanditisten, verbunden mit seiner beschränkten Haftung, gibt der KG einen kapitalistischen Einschlag[3].

Es ist das besondere Merkmal der KG, daß sich bei ihr Kapital und Arbeit gesellschaftsrechtlich gegenüberstehen[4]. Die KG ist zwar einerseits als Personenhandelsgesellschaft Sonderform der OHG, deren ge-

---

[1] Im Gegensatz zu der früher üblichen Bezeichnung Personalgesellschaft hat sich heute die Bezeichnung Personengesellschaft durchgesetzt; vgl. den Titel der zitierten Arbeit von H. P. Westermann.

[2] Hueck, Gesellschaftsrecht, 17. Aufl., 1975, § 19 I (S. 96); Reinhardt, § 22 III (S. 118); H. Westermann, Handbuch der Personengesellschaften, 1967, I. Teil, Rdz. 787.

[3] Reinhardt, a.a.O.; H. Westermann, a.a.O.

[4] Würdinger, Arbeitsrecht, S. 15.

setzliche Regelung weitgehend auch auf sie Anwendung findet (§ 161 Abs. 2 HGB), andererseits steht sie wegen ihres kapitalistischen Einschlags auch der Kapitalgesellschaft und der Stillen Gesellschaft nahe. Von der ersten unterscheidet sie sich durch die fehlende Rechtspersönlichkeit und von der Stillen Gesellschaft dadurch, daß diese nur Innengesellschaft ist, während es sich bei der KG immer um eine Außengesellschaft handelt[5].

II. Innere Organisation

Dem unterschiedlichen Risiko bei der Beteiligung am Gesellschaftsvermögen entsprechen auch unterschiedliche Interessen bei der Verteilung des Einflusses auf die Geschäfte des Unternehmens und des entstehenden Gewinns[6]. Dem mußte der Gesetzgeber Rechnung tragen. Es soll hier zunächst untersucht werden, in welcher Weise er dies für das Innenverhältnis, d. h. für die Beziehungen der Gesellschafter untereinander, getan hat.

1. Geschäftsführung

Nach dem Gesetz steht die Geschäftsführung den Komplementären zu; die Kommanditisten nehmen an der Führung der Geschäfte nicht teil (§ 164 Satz 1 HGB). Dem Komplementär ist also die führende Stellung eingeräumt. Dem beschränkten Risiko des Kommanditisten entspricht auch eine nur beschränkte Mitwirkungsbefugnis bei der Geschäftsführung.

Lediglich bei ungewöhnlichen Geschäften[7] gibt § 164 Satz 2 HGB dem Kommanditisten ein Mitspracherecht. Umstritten ist allerdings wegen des nicht eindeutigen Wortlauts dieser Vorschrift, ob die Mitwirkung als Erfordernis der Zustimmung des Kommanditisten bei ungewöhnlichen Geschäften oder lediglich als Recht zum Widerspruch anzusehen ist.

Die weitaus überwiegende Meinung einschließlich der Rechtsprechung spricht sich für ein Zustimmungserfordernis aus[8]. § 164 Satz 2 HGB solle nur die Geltung des § 116 Abs. 2 HGB klarstellen. Der Zweck des Gesetzes erfordere eine solche Auslegung, da dem Kommanditisten mit einem bloßen Widerspruchsrecht wenig gedient sei. Ein solches Recht sei nur

---

[5] H. Westermann, Handbuch, Rdz. 790; zum Wesen der KG als Außengesellschaft vgl. auch BGHZ 10, 48 m. Nachw. und BGH NJW 1969, 507.

[6] Schmalenbach, Die Beteiligungsfinanzierung, 8. Aufl., 1954, S. 121 ff., spricht sogar von gegensätzlichen Interessen.

[7] Zum Begriff des ungewöhnlichen Geschäftes vgl. RGZ 158, 302 (308).

[8] RGZ 158, 303 (307); Düringer/Hachenburg/Flechtheim, § 164 Anm. 3; Schilling in Großkomm. HGB, § 164 Anm. 5 ff.; Schlegelberger/Geßler, § 164 Rdnr. 3; Baumbach/Duden, § 164 Anm. I B; Bandasch, § 164 Anm. 2; Hueck, Gesellschaftsrecht, § 19 V 1 (S. 100); ders., ZHR 125, 20; Reinhardt, § 23 I 1 (S. 120); DB 1952, 944.

für einen an der Geschäftsführung Beteiligten sinnvoll. Der Kommanditist sei jedoch hiervon ausgeschlossen und könne mangels Kenntnis von den Umständen des anstehenden Geschäftes von seinem Recht keinen Gebrauch machen[9]. Es könne überdies nicht Absicht des Gesetzgebers gewesen sein, den Kommanditisten schlechter zu stellen als den von der Geschäftsführung ausgeschlossenen Komplementär oder OHG-Gesellschafter, der jedenfalls noch ein Zustimmungsrecht habe[10].

Demgegenüber berufen sich die Vertreter der Gegenmeinung vor allem auf den Wortlaut des Gesetzes, der einer Auslegung im Sinne eines Widerspruchsrechtes eher gerecht werde[11].

Es ist in der Tat merkwürdig, daß der Gesetzgeber in den beiden Sätzen des § 164 HGB das gleiche hat sagen wollen[12]. Die gesetzliche Formulierung („können nicht widersprechen, es sei denn ...") spricht mehr für ein Widerspruchsrecht. Die dagegen mit Blick auf die ratio legis vorgebrachten Argumente vermögen nicht zu überzeugen. Wenn darauf verwiesen wird, daß dem Kommanditisten mit einem Widerspruchsrecht wenig gedient sei, weil er keinen Einblick in die Geschäftsführung habe, so wird übersehen, daß der Komplementär auch ohne ausdrückliche Bestimmung aufgrund der gesellschaftlichen Treuepflicht verpflichtet ist, vor Durchführung außerordentlicher geschäftlicher Maßnahmen dem Kommanditisten Mitteilung zu machen, um ihm Gelegenheit zum Widerspruch zu geben[13]. Überdies sind schwächere Rechte für den Kommanditisten gegenüber einem von der Geschäftsführung ausgeschlossenen Komplementär oder OHG-Gesellschafter nicht etwa systemwidrig, wie die h. M. mit dem Hinweis auf die Schlechterstellung offenbar meint[14]; denn § 166 HGB stellt den Kommanditisten hinsichtlich der Überwachungsrechte ebenfalls schlechter als den nicht geschäftsführenden Komplementär[15]. Auch das Argument, bei einem bloßen Widerspruchsrecht entstehe zwangsläufig ein Schwebezustand und daher sei

[9] H. Westermann, Handbuch, Rdz. 873 m. Nachw.

H. Westermann, Handbuch, Rdz. 873; H. P. Westermann, S. 254 ff.; Barella,

[10] RGZ 158, 307; Düringer/Hachenburg/Flechtheim, § 164 Anm. 3 und die FN 8 Genannten.

[11] Lehmann/Ring, § 164 Anm. 1, 2; Staub/Pinner, § 164 Anm. 3; Boesebeck, JW 1939, 325; Klotz, S. 12 ff.; Wagner, S. 10.

[12] Vgl. Wagner, S. 10.

[13] Klotz, S. 16; Wagner, S. 11; Würdinger, Gesellschaften, 1. Teil, Recht der Personalgesellschaften, 1937, S. 153; Boesebeck, JW 1939, 325; Weidenbaum, ZHR 99, 35 (38 ff.).

[14] Oben FN 10.

[15] Vgl. vor allem § 166 Abs. 2 HGB; darauf, daß die h. M. § 166 HGB übersieht, weist auch H. P. Westermann, S. 254, hin, obwohl er ihr dann im Ergebnis zustimmt; wie hier die in FN 13 Genannten.

der h. M. aus Gründen der Rechtssicherheit zuzustimmen[16], überzeugt nicht. Das Gegenteil ist richtig: Ist eine Zustimmung erforderlich und schweigt der Kommanditist, so ist regelmäßig zweifelhaft, ob das Schweigen als Zustimmung oder deren Verweigerung aufzufassen ist[17]. Nach der hier befürworteten Ansicht bedeutet dagegen das Schweigen nach einem angemessenen Zeitraum Unterbleiben des Widerspruchs und damit die Wirksamkeit der Maßnahme[18]. Das Erfordernis der Rechtssicherheit ist gewahrt.

2. *Kontroll- und Informationsrechte, Wettbewerbsverbot*

Entsprechend der eingeschränkten Stellung hinsichtlich der Geschäftsführung sind auch die Kontroll- und Informationsrechte nach dem Gesetz begrenzt. Während des Geschäftsjahres hat der Kommanditist grundsätzlich kein Überwachungsrecht[19]. Er kann nach § 166 Abs. 1 HGB nur die abschriftliche Mitteilung der Bilanz verlangen und ihre Richtigkeit unter Einsicht der Bücher und Papiere prüfen. Lediglich bei begründetem Verdacht nicht ordnungsgemäßer Geschäfts- oder Buchführung kann er jederzeit gerichtliche Anordnung der Bilanzvorlage, Büchervorlage oder sonstige Aufklärung verlangen (§ 166 Abs. 3 HGB)[20]. Durch diese Regelung ist der Kommanditist somit weitgehend gehindert, in Ausübung eines Kontrollrechtes in die Geschäftsführung einzugreifen.

Wegen seiner Position, die ihm auf die laufenden Geschäfte keinen Einfluß gewährt, stellt das Gesetz den Kommanditisten auch von dem für Komplementäre gemäß §§ 112, 113, 161 Abs. 2 HGB bestehenden Wettbewerbsverbot frei (§ 165 HGB). Unter Umständen kann er jedoch aufgrund der allgemeinen Treuepflicht gehalten sein, einen der Gesellschaft besonders nachteiligen Wettbewerb zu unterlassen[21].

3. *Vermögensrechtliche Verteilung*

Die vermögensrechtliche Stellung der Gesellschafter wird bei der KG durch den Kapitalanteil bestimmt. Er bildet den Maßstab für den Aus-

---

[16] Dies soll nach H. P. Westermann, S. 255 (dortige FN 23) gegen die hier vertretene Auffassung den Ausschlag geben; vgl. auch H. Westermann, Handbuch, Rdz. 873.

[17] H. Westermann, Handbuch, Rdz. 873, will das Schweigen als Zustimmung auffassen; anders dagegen Würdinger, Arbeitsbericht, S. 24, der das Schweigen grundsätzlich als Ablehnung ansieht. Schweigen als Zustimmung wird man nur bei Vorliegen besonderer Umstände annehmen können; es kommt immer auf den Einzelfall an; eine generalisierende Aussage ist nicht möglich.

[18] Ebenso Würdinger, Arbeitsbericht, S. 24, und Wagner, S. 12.

[19] Vgl. zur Mitteilungspflicht aufgrund gesellschaftsvertraglicher Treuepflicht bei ungewöhnlichen Geschäften soeben unter 1.

[20] Einzelheiten: BGHZ 25, 115 (120); Ernst, BB 1957, 1047.

[21] Vgl. Schilling in Großkomm. HGB, § 165 Anm. 1; Baumbach/Duden, § 165 Anm. B.

einandersetzungsanspruch (§§ 161 Abs. 2, 155 HGB) und für die Verteilung des Jahresgewinnes (§§ 121 Abs. 1, 168 Abs. 1 HGB). Vom Gewinn erhält jeder Gesellschafter vier Prozent seines Anteils. Der Rest wird in einem angemessenen Verhältnis verteilt (§ 168 HGB). Im Gegensatz zum Komplementär wird dem Kommanditisten der Gewinn nur bis zum Betrag der bedungenen Einlage auf seinem Kapitalkonto gutgeschrieben (§ 167 Abs. 2 HGB). Weitere Gewinne werden, soweit nicht sofort entnommen, auf ein Privatkonto verbucht. Der Gesetzgeber will also beim Kommanditisten lediglich den Kapitalanteil bis zur vereinbarten Einlage auffüllen und ihn dann in dieser Höhe erhalten. Ein Entnahmerecht (§ 122 HGB) steht ihm nicht zu; durch eine Gewinnauszahlung darf seine bereits geleistete Einlage nicht herabgemindert werden (§ 169 Abs. 1 HGB). Der Verlust wird ebenfalls im angemessenen Verhältnis verteilt; er wird vom Kapitalanteil abgeschrieben (§§ 168 Abs. 2, 167 Abs. 1 HGB). Hierdurch kann ein negativer Kapitalanteil entstehen, für den der Kommanditist allerdings nicht deckungspflichtig ist (§ 167 Abs. 3 HGB). Ebensowenig muß er bezogenen Gewinn wegen späterer Verluste wieder zurückzahlen (§ 169 Abs. 2 HGB). In all diesen Bestimmungen[22] kommt besonders deutlich das gesetzliche Leitbild vom Kommanditisten als bloßem Kapitalgeber bei weitgehendem Zurücktreten des personenrechtlichen Moments zum Ausdruck. Dieses Leitbild wird bestätigt durch die Vorschrift des § 177 HGB, nach welcher der Tod eines Kommanditisten, abweichend von § 131 Nr. 4 HGB, die Auflösung der Gesellschaft nicht zur Folge hat.

III. Außenverhältnis

1. Vertretung

Die KG wird gemäß §§ 125 ff., § 161 Abs. 2 HGB durch den persönlich haftenden Gesellschafter vertreten. Der Komplementär ist der geborene Vertreter der Gesellschaft, der Kommanditist ist dagegen von der organschaftlichen Vertretung ausgeschlossen (§ 170 HGB)[23]. Die bereits für das Innenverhältnis festgestellte Machtverteilung zugunsten des Komplementärs setzt sich hier fort. § 170 HGB schließt indessen nur die organschaftliche Vertretung aus, so daß eine rechtsgeschäftliche Bevoll-

[22] Zu den Einzelheiten der vermögensrechtlichen Stellung vgl. H. Westermann, Handbuch, Rdz. 893 ff. und Schilling in Großkomm. HGB, § 167 Anm. 4 ff., § 168 Anm. 2 ff., § 169 Anm. 2 ff.

[23] ROHG 15, 7; KG JW 1939, 424 m. zust. Anm. von Groschuff; Düringer/Hachenburg/Flechtheim, § 170 Anm. 4 m. Nachw. zur älteren Lit.; Schilling in Großkomm. HGB, § 170 Anm. 8; Schlegelberger/Geßler, § 170 Rdnr. 4; Bandasch, § 170 Anm. 1; Hueck, Gesellschaftsrecht, § 19 IV 1 (S. 101); Reinhardt, § 23 II (S. 122); H. Westermann, Handbuch, Rdz. 862; Niethammer, BB 1959, 725; Klotz, S. 26; Keutner, S. 36; Nitschke, S. 244; Berg, JuS 1974, 685 (691); a. A.: Marcus, Holdh. MSchr. 1909, 160; Braude, Der Kommanditist im Dienste seiner Gesellschaft, Diss. Leipzig 1913, S. 33 ff.

mächtigung durch Prokura (§§ 45 ff. HGB) oder Vollmacht (§§ 164 ff. BGB) möglich ist[24].

2. Haftung

Der vom Gesetz vorgenommenen Beschränkung der Macht des Kommanditisten steht eine entsprechende Einschränkung der Verantwortung gegenüber[25]. Während der Komplementär uneingeschränkt wie ein OHG-Gesellschafter gem. §§ 128, 161 Abs. 2 HGB haftet, ist die Haftung des Kommanditisten ziffernmäßig auf die Hafteinlage[26] beschränkt (§ 171 Abs. 1 HGB)[27]. Die Hafteinlage richtet sich nach dem Gesellschaftsvertrag und ist gem. § 162 Abs. 1 HGB ins Handelsregister einzutragen. Ist sie geleistet, so ist die Haftung ausgeschlossen (§ 171 Abs. 1 Satz 2 HGB). Die mit der Tilgung erloschene unmittelbare Haftung lebt jedoch wieder auf, wenn die bereits geleistete Einlage zurückgezahlt wird (§ 172 Abs. 4 HGB). Eine unmittelbare unbeschränkte Haftung kommt gem. § 176 HGB nur ausnahmsweise bei Geschäftsaufnahme oder Eintritt in eine KG vor der entsprechenden Eintragung ins Handelsregister in Betracht[28].

§ 3. Abweichungen von der gesetzlichen Dispositivregelung

I. Motive für eine abweichende Regelung und Abdingbarkeit der gesetzlichen Vorschriften

Der Blick auf das gesetzliche Normalstatut der KG hat ergeben, daß dort der Schwerpunkt völlig auf den Komplementär gelegt und dem

---

[24] Vgl. die in der vorigen FN Genannten und RGZ 31, 39; 110, 418; a. A. neuerdings das BPatG, BB 1975, 1127, das die Vertretung der GmbH und damit auch der KG bei einer GmbH & Co KG durch einen Kommanditisten als Umgehung des § 170 HGB ansieht; dagegen zu Recht: Gustavus, BB 1976, 58 f.

Zu den Möglichkeiten einer organschaftlichen Gesamtvertretung vom Komplementär und Kommanditist vgl. Brox, Festschrift für H. Westermann, 1974, S. 21 und unten § 3 II 1, a, bb dieser Arbeit.

[25] Klotz, S. 19.

[26] Im Unterschied zur Pflichteinlage, zu deren Leistung sich der Kommanditist ohne Wirkung für seine Haftung im Innenverhältnis verpflichten kann und die von der Hafteinlage abweichen kann; vgl. Düringer/Hachenburg/Flechtheim, § 172 Anm. 1; Baumbach/Duden, § 171 Anm. 1 A; Schilling in Großkomm. HGB, § 171 Anm. 38; Reinhardt, § 24 II (S. 123); eingehend zum gesamten Haftungsstatut der KG: Keuk, ZHR 135, 411 ff.; Neumann-Duesberg, DB 1965, 769.

[27] Entgegen § 171 HGB haftete der Kommanditist nach der Rspr. des RFH (RStBl. 1940, 547) und des BFH (BStBl. III 1964, 433; zuletzt NJW 1966, 1096) für die Gewerbesteuerschuld der KG *unbeschränkt*, da er selbst gem. § 6 Abs. 1 GewStG steuerpflichtiger Unternehmer i. S. v. § 2 Abs. 2 Ziff. 1 des Gesetzes war. Die gesetzliche Regelung hielt sogar einer Überprüfung durch das Bundesverfassungsgericht (vgl. Beschluß v. 25. 7. 1968, DB 1968, 1442) stand. Mittlerweile wurde jedoch durch die Neufassung des § 5 Abs. 1 Satz 3 des GewStG im Jahre 1965 die unbeschränkte Haftung des Kommanditisten beseitigt.

[28] Hierzu bereits oben § 1 II.

Kommanditisten durch Ausschluß von Geschäftsführung und Vertretung nahezu jeder Machteinfluß in der Gesellschaft genommen ist. Der Kommanditist kann lediglich bei ungewöhnlichen Geschäften mitwirken, im übrigen ist er auf Gewinnbeteiligung entsprechend seinem Kapitalanteil und auf geringe Kontrollrechte beschränkt.

Diese gesetzliche Bewertung der Interessen der beiden Gesellschaftsgruppen stammt in ihren wesentlichen Zügen aus der Mitte des vorigen Jahrhunderts. Bei Inkrafttreten des HGB im Jahre 1900 wurde an den Vorschriften des Allgemeinen Deutschen Handelsgesetzbuches von 1861 hinsichtlich der grundsätzlichen Machtverteilung zugunsten des Komplementärs wenig geändert. Es liegt auf der Hand, daß die auf die wirtschaftlichen Verhältnisse von vor 100 Jahren zugeschnittenen Bestimmungen den Anforderungen des sich wandelnden Wirtschaftslebens nur noch in sehr beschränktem Umfang gerecht werden können.

Dies zeigte sich besonders deutlich anläßlich der sog. Umwandlungsgesetzgebung Mitte der dreißiger Jahre[1]. In dem Bestreben, das Führerprinzip in allen Bereichen des öffentlichen und privaten Lebens zu verwirklichen, sollte durch steuerliche Maßnahmen[2] der Anteil der Personengesellschaften, in denen man die „Eigenverantwortung des Unternehmers" am besten verwirklicht sah, gegenüber den Kapitalgesellschaften verringert werden. Dies führte in der Folgezeit zu einem Anwachsen der Anzahl der Kommanditgesellschaften[3] mit einer Vielzahl von Gesellschaftern, die die Vorteile der Haftungsbeschränkung bei Kapitalgesellschaften[4] beibehalten wollten und für die damit nur die Stellung als Kommanditist in Betracht kam. Das Gewicht der Kapitalbeteiligung dieser Gesellschafter machte einen Ausbau ihrer Befugnisse bei der Leitung des gesellschaftlichen Unternehmens notwendig, und ihre große Zahl erforderte eine irgendwie geartete Organisation bei der Willensbildung, um schnelle Beschlüsse zu ermöglichen und damit eine Lähmung des Geschäftsbetriebs zu verhindern[5]. Hierfür hielten die gesetzlichen Vor-

---

[1] Gesetz über die Umwandlung von Kapitalgesellschaften vom 5. 7. 1934, RGBl. I S. 569.

[2] Erhöhung der Körperschaftssteuer: Gesetz vom 16. 10. 1934, RGBl. I S. 1031 und Steuererleichterungen für den Fall der Umwandlung: Gesetz vom 5. 7. 1934, RGBl. I S. 569; vgl. zum Einfluß der Umwandlungsgesetzgebung auf die Entwicklung der Rechtsform der KG, Schlegelberger/Geßler, § 161 Rdnr. 31 und Boesenbeck, S. 32.

[3] 6 790 im Jahre 1925 gegenüber 13 142 im Jahre 1938; vgl. Würdinger, Arbeitsbericht, S. 11 und Potthoff/Zintzen, Die Gesellschaftsverträge der Personalgesellschaften, 1953, S. 111.

[4] Vgl. § 13 Abs. 2 GmbHG und § 1 Abs. 1 AktG.

[5] Grossmann-Doerth, AcP 147, 1 (13); umfassend zu den Entstehungsgründen für eine körperschaftlich strukturierte Personengesellschaft: Nitschke, S. 19 ff.; vgl. auch C. Ott, S. 238 ff.

schriften keine Regelung bereit. Das „gesetzliche Kleid" erwies sich als „zu eng"[6].

Das Beispiel der Entwicklung aus Anlaß der Umwandlungsgesetzgebung mag das wirtschaftliche Bedürfnis für eine Abweichung vom gesetzlichen Normalstatut in Richtung auf einen verstärkten Einfluß des Kommanditisten auf die Geschäftsführung verdeutlicht haben; es kann jedoch auch ein Bedürfnis zur Abwandlung in die andere Richtung bestehen: Werden minderjährige Kinder in Familiengesellschaften aufgenommen, so kann es angebracht erscheinen, ihre nach dem Gesetz als Kommanditisten ohnehin geringen Mitwirkungsbefugnisse weiter so zu beschneiden, daß die Beteiligung letztlich nur im Einsatz des regelmäßig geschenkten Kapitals mit entsprechender Risikobegrenzung besteht[7]. Es kann also ein Bedürfnis zur abweichenden Ausgestaltung sowohl in Richtung auf eine Verstärkung als auch eine Abschwächung der Kommanditistenstellung geben[8]. Nach der einleitend[9] für diese Arbeit dargestellten Fragestellung interessiert hier jedoch vor allem die Problematik der Ausweitung der Machtbefugnisse[10].

Die Motive für den Ausbau der Kommanditistenstellung sind zahlreich. Man kann hier zunächst einmal grob unterscheiden zwischen abweichenden Ausgestaltungen, die zur Stärkung des gesellschaftlichen Ganzen im Interesse der Gesellschaft vorgenommen werden und solchen, deren vornehmliches Ziel darin besteht, die Kapitalmacht des Kommanditisten durch entsprechende Stärkung der gesellschaftlichen Macht zu vergrößern[11]. Die Spannweite der ersten Motivgruppe reicht von der Sanierungsgesellschaft, in der ein Geldgeber zur Behebung eines Liquiditätsmangels Kapital zur Verfügung stellt und gleichzeitig Einfluß auf

---

[6] Würdinger, AcP 144, 129; Boesebeck, S. 9; Mögele, S. 1. Zu einer umfassenden Analyse der verschiedenen Formen atypischer Gestaltung von Gesellschaftsverträgen einer KG bedürfte es der Sammlung eines umfassenden Rechtstatsachenmaterials in Form von Gesellschaftsverträgen aus der Praxis Wegen der im Personengesellschaftsrecht weit verbreiteten Sorge um die Wahrung der „gesellschaftsvertraglichen Intimsphäre" (vgl. die Erfahrungen von Wenninger, S. 5 ff.) ist die Beschaffung derartigen empirischen Materials nahezu unmöglich. Die vorliegende Untersuchung beruht daher vor allem auf einer Auswertung der vorliegenden Formularbücher, der vorhandenen Rechtsprechung und der sonstigen, überwiegend Kommentar-Literatur.

[7] Zur Aufnahme von Kindern in Familiengesellschaften: Sudhoff, GmbH & Co, S. 30.

[8] Vgl. H. P. Westermann, S. 250.

[9] Oben § 1 I.

[10] Zu den Erscheinungsformen der *Beschränkung* der Kommanditistenmacht im einzelnen, vgl. z. B.: Schilling in Großkomm. HGB, Vorbem. vor § 161 Anm. 4 a.

[11] Diese Unterscheidung nimmt auch Schröder, S. 14, vor.

die Geschäftsführung erlangen will[12], bis zu dem Fall, in dem der erfahrene Seniorpartner einem Jüngeren die Stellung als persönlich haftender Gesellschafter einräumt und selbst seine Haftung beschränkt, er aber seine langjährigen Erfahrungen der Gesellschaft durch Beteiligung zumindest zeitweilig noch erhalten will, um einen allmählichen Übergang auf die nächste Generation zu ermöglichen[13]. Die zweite Gruppe ist vor allem vor dem Hintergrund des infolge zunehmender Automatisierung ständig steigenden Kapitalbedarfs mittlerer und kleinerer Betriebe zu sehen. Hier werden Kapitalgeber gesucht, die sich jedoch kaum bereitfinden werden, Kapital unter nahezu vollkommenem Verzicht auf Information, Kontrolle oder wirksame Einflußnahme[14] zu überlassen. Sie drängen in die Geschäftsführung, um dort entsprechend ihrem wirtschaftlichen Gewicht durch Einfluß auf die laufenden Geschäfte über die Verwendung ihres Kapitals mitbestimmen zu können.

Das Gesetz eröffnet durch die grundsätzliche Abdingbarkeit der Regelung des gesellschaftlichen Innenverhältnisses (§ 163 HGB) die Möglichkeit, dem soeben skizzierten Bedürfnis für eine atypische Regelung zu entsprechen. Es ist den Beteiligten überlassen, durch Vereinbarungen im Gesellschaftsvertrag einen Ausgleich ihrer Interessen entsprechend den jeweiligen Bedürfnissen vorzunehmen, solange sie sich hierbei im Rahmen der durch §§ 134, 138 BGB gesteckten allgemeinen Grenzen der Vertragsfreiheit halten.

Die sich hierbei in der Praxis bildenden Fallgruppen unterscheiden sich einmal durch die Art und Intensität der Einflußnahme des Kommanditisten und zum anderen durch die Besonderheit der mit der jeweiligen Regelung verfolgten Zwecke.

II. Fallgruppen zum Ausbau der Kommanditistenstellung

1. Die vom Kommanditisten beherrschte KG mit wenigen Gesellschaftern

Der ersten Fallgruppe liegt folgender Ausgangspunkt für die Regelung der im Gesellschaftsvertrag auszugleichenden Interessengegensätze zugrunde: Die Gesellschaft hat insgesamt nur wenige Gesellschafter, wobei der einzige oder die wenigen Komplementäre mit keiner oder nur einer geringen Kapitaleinlage am gesellschaftlichen Unternehmen be-

---

[12] Vgl. zu dieser Konstellation Buchwald/Tiefenbacher, Die zweckmäßige Gesellschaftsform, 4. Aufl., 1974, S. 121 ff., 253 ff., und Brox, Festschrift für H. Westermann, S. 22.

[13] Beispiele bei Boesebeck, S. 92 (Anlage II), weiter vgl. Schröder, S. 14; Hesselmann, GmbH-Rdsch. 1965, 13, 27 ff.

[14] Vgl. Wagner, S. 21.

teiligt sind[15]. Die Kommanditisten, deren kapitalmäßige Beteiligung über die der persönlich haftenden Gesellschafter weit hinausgeht, drängen nach mehr Kontrolle und Einfluß. Dieses Streben nach einer stärkeren Stellung kann selbstverständlich auch bei einer KG mit vielen Gesellschaftern vorliegen und ist dort auch vielfach zu finden; das Typische jeder Fallgruppe ist aber vor allem die körperschaftlich-kapitalistische Struktur der betreffenden Gesellschaften[16].

Bei den zur Erhöhung von Kontrolle und Einfluß gegebenen Möglichkeiten ist in erster Linie zwischen Vereinbarungen zu unterscheiden, die das Innenverhältnis betreffen und solchen, die sich auf das Außenverhältnis beziehen.

a) Vereinbarungen hinsichtlich des Innenverhältnisses

Gesellschaftsvertragliche Regelungen zur Stärkung der Kommanditistenstellung im Innenverhältnis können in drei Richtungen gehen: Sie können die *Einflußnahme auf die Geschäftsführung*, die *Erweiterung sonstiger Mitverwaltungsrechte* oder die *Stärkung der vermögensrechtlichen Position* betreffen.

aa) Geschäftsführung

Der Kommanditist, dessen Kapitaleinsatz den des Komplementärs übersteigt, ist regelmäßig vor allem daran interessiert, bei der Abwicklung der laufenden Geschäfte und damit bei der Geschäftsführung mitzureden. Die erweiterte Einflußnahme kann hier auf vielfältige Weise erfolgen. Bei der Darstellung der typischen Erscheinungsformen kann zwischen mittelbarer und unmittelbarer Einflußnahme auf die Geschäftsführung unterschieden werden[17].

Die *mittelbare Einflußnahme* besteht vor allem in einem Ausbau des Mitwirkungsrechtes nach § 164 HGB[18]. Hier ist die Aufnahme eines sehr weitgehenden Zustimmungskatalogs in den Gesellschaftsvertrag denkbar[19]. Der Komplementär hat dann zwar rechtlich die alleinige Ge-

[15] Die Fallgruppe entspricht damit dem Typ b der kapitalistischen Kommanditgesellschaft bei Boesebeck, S. 17 f.; vgl. auch Reinhardt, § 23 I 3 a (S. 121).

[16] Einzelheiten unten § 3 II 3. Die Grundzüge der hier dargestellten Fallgruppen treten in der Praxis vielfach vermischt auf; die hier vorgenommene Unterscheidung soll nur immer wiederkehrende typische Merkmale verdeutlichen.

[17] So differenzieren auch Wagner, S. 35, und Schröder, S. 21; allg. zu den Problemen der Geschäftsführung Strohm, Der in der Geschäftsführung tätige Kommanditist, Festschrift für O. Möhring, 1973, S. 153 ff.

[18] Zum Umfang dieser Mitwirkung vgl. oben § 2 II 1.

[19] Beispiele bei Sudhoff, Der Gesellschaftsvertrag der Personengesellschaften, 4. Aufl., 1973, S. 472; Boesebeck, S. 91 (Anlage II); Wenninger, S. 117; vgl. auch die Fälle in RGZ 31, 73; 169, 105; BGHZ 45, 204 und RG LZ 1908, Sp. 535 Nr. 4, wo der Komplementär „in allen Stücken" gegenüber dem Kommanditisten an dessen Zustimmung und Weisung gebunden war.

schäftsführungsbefugnis, er kann sie jedoch effektiv nicht ohne den Kommanditisten ausüben.

Auf der gleichen Ebene liegt der Fall, den Wagner[20] treffend als „latente Einflußnahme“ bezeichnet und bei dem sich der Kommanditist im Gesellschaftsvertrag vorbehält, jederzeit die Geschäftsführung entweder selbst zu übernehmen oder durch einen von ihm zu bestimmenden Dritten ausüben zu lassen[21]. Der Komplementär muß sich hier vollkommen bei seinen Maßnahmen im Rahmen der Geschäftsführung nach dem Kommanditisten richten, der aufgrund des ausgeübten „psychologischen Drucks“[22] faktisch die Geschäftsführung bestimmt.

Übernimmt der Kommanditist allein oder zusammen mit dem persönlich haftenden Gesellschafter die Geschäftsführung, so ist sein Einfluß *unmittelbar*. Die Bestimmung der §§ 114 Abs. 2, 115 und 116 Abs. 2 und 3 HGB können hierbei, weil dispositiv, vertraglich ausgeschaltet werden[23], lediglich das Kontrollrecht des § 118 Abs. 1 HGB ist für den Fall des begründeten Verdachtes unredlicher Geschäftsführung unabdingbar (§ 118 Abs. 2 HGB). Die Stellung des Kommanditisten wird in diesen Fällen insoweit noch weiter verstärkt, als die gesellschaftsvertraglich eingeräumte Geschäftsführungsbefugnis nicht ohne weiteres, sondern nur entsprechend § 117 HGB bei einer groben Pflichtverletzung oder bei Unfähigkeit zur ordnungsgemäßen Geschäftsführung durch gerichtliche Entscheidung wieder entzogen werden kann[24]. Der Grund für den erschwerten Entzug liegt in der gesellschaftsvertraglichen Verankerung der Geschäftsführungsbefugnis im Unterschied zu einem Angestellten, dem Geschäftsführungsbefugnis übertragen ist und dem seine Vertrauensstellung jederzeit wieder entzogen werden kann[25].

Schließlich wird es auch als rechtlich unbedenklich angesehen, wenn der Kommanditist unter Ausschluß des Komplementärs die alleinige Ge-

---

[20] S. 38.

[21] Beispiel bei Sudhoff, Personengesellschaften, S. 472 (Ziff. 13 und 18) und in RG Seuff. Arch. 99, 24 f.

[22] Vgl. Schröder, S. 21.

[23] Auch ohne ausdrückliche Bestimmung gilt die Vermutung des § 114 Abs. 2 HGB nicht im Verhältnis von Komplementär und Kommanditist; sie beruht auf der bei der OHG bestehenden gesetzlichen Geschäftsführungsbefugnis für alle Gesellschafter, so daß regelmäßig eine ausdrückliche Berufung einzelner Gesellschafter nur bei gleichzeitigem Ausschluß der übrigen Sinn hat. Vgl. Schilling in Großkomm. HGB, § 164, Anm. 11 a. E.; Schlegelberger/Geßler, § 164 Rdnr. 10.

[24] RGZ 110, 418; BGHZ 8, 35 (47); 17, 392 (395) m. zust. Anm. v. Schultze-v. Lasaulx in MDR 1956, 150; OLG Saarbrücken, JZ 1968, 386 m. Anm. v. Baur; Schlegelberger/Geßler, § 164 Rdnr. 9; Schilling in Großkomm. HGB, § 164 Anm. 14; Baumbach/Duden, § 164 Anm. A; Düringer/Hachenburg/Flechtheim, § 164 Anm. 6; Bandasch, § 164 Anm. 7; H. Westermann, Handbuch, Rdz. 880; Staab, BB 1959, 435 (436).

[25] BGHZ 8, 47; 17, 392; Staab, a.a.O.; H. u. U. Schneider, ZGR 1972, 64.

schäftführungsbefugnis erhält[26]. In einem solchen Fall wird der Kommanditist vollends zum wahren Unternehmer, während man die Stellung des Komplementärs als die eines leitenden Angestellten des Kommanditisten beschreiben könnte. Der Komplementär hat zwar in diesen Fällen die Rechtsmacht zum Handeln nach außen (Vertretungsmacht[27]), er kann sie aber nur gemäß den Geschäftsführungsmaßnahmen des Kommanditisten ausüben. Hält er sich nicht daran, so ist die Vertretungshandlung allerdings im Außenverhältnis wirksam, im Innenverhältnis macht er sich jedoch vertragsbrüchig[28].

bb) Sonstige Mitverwaltungsrechte

Neben dem Einfluß auf die Geschäftsführung kommt ein Ausbau der sonstigen Mitverwaltungsrechte in Betracht. Zu nennen sind hier vor allem Vereinbarungen, die die Abberufung des Komplementärs von Geschäftsführung und Vertretungsmacht und darüber hinaus sein Ausscheiden aus der Gesellschaft erleichtern.

Ein vereinfachter *Entzug der Geschäftsführungsbefugnis* abweichend von § 117 HGB, d. h. ohne Vorliegen eines wichtigen Grundes, wird heute allgemein als möglich angesehen[29]. Dem liegt die zutreffende Begründung zugrunde, daß es den Gesellschaftern ebenso gestattet sein muß, einen anderen von der Geschäftsführung ohne Grund abzuberufen, wie sie ihn von Anfang an im Gesellschaftsvertrag von dieser Tätigkeit ausschließen können. Allerdings darf die Möglichkeit einer richterlichen Überprüfung, z. B. der Einhaltung einer etwa im Vertrag für die Abberufung vorgesehenen Form, nicht ausgeschlossen werden[30]. Die in diesem Zusammenhang erörterte Frage, ob die Gesellschaft ohne Ge-

---

[26] BGHZ 45, 204, nimmt zwar nicht ausdrücklich Stellung, behandelt eine derartige Gestaltung jedoch als wirksam; ausdrücklich jetzt BGHZ 51, 198 m. zust. Anm. v. Wiedemann in JZ 1969, 471; Schlegelberger/Geßler, § 164 Rdnr. 7; Düringer/Hachenburg/Flechtheim, § 164 Anm. 6; Schilling in Großkomm. HGB, § 164 Anm. 12; Hueck, Gesellschaftsrecht, § 19 V 1 (S. 100); Lehmann, Gesellschaftsrecht, § 25 III (S. 131); Reinhardt, § 23 I 3 (S. 121); H. Westermann, Handbuch, Rdz. 879; Staab, BB 1959, 433; H. u. U. Schneider, ZGR 1972, 52 (59) m. Nachw.

[27] Zum Entzug der Vertretungsmacht sogleich unter bb.

[28] C. Ott, bezeichnet den so entmachteten Komplementär als „Scheinelement", während Wiedemann, JZ 1969, 471, von „Galionsfigur" spricht; beide jedoch für die Zulässigkeit einer solchen Regelung.

[29] RG HRR 1940, 1074; BGHZ 17, 392; 51, 198 (201); WM 1968, 509 (510); Schlegelberger/Geßler, § 117 Rdnr. 16 f.; § 164 Rdnr. 12; Fischer in Großkomm. HGB, § 117 Anm. 28 f.; Düringer/Hachenburg/Flechtheim, § 117 Anm. 9; Baumbach/Duden, § 117 Anm. 5 B; Hueck, Das Recht der OHG, 4. Aufl., 1971, § 10 VII, 11 b (S. 158); ders., Gesellschaftsrecht, § 19 VIII 3) S. 106); Wiedemann, JZ 1969, 471.

[30] RG DR 1940, 621; BGHZ 31, 295; Fischer in Großkomm. HGB, § 117 Anm. 30; Schlegelberger/Geßler, § 117 Rdnr. 17.

schäftsführer sein kann, wenn ihr durch Entziehung der Geschäftsführungsbefugnis eines Komplementärs der einzige Geschäftsführer genommen wird[31], dürfte wenig praktische Bedeutung haben, da regelmäßig der Kommanditist bei einer von § 117 HGB abweichenden Regelung im Gesellschaftsvertrag selbst auch Geschäftsführungsbefugnis haben wird. Ist dies ausnahmsweise einmal nicht der Fall, so wird es jedenfalls regelmäßig keine Schwierigkeiten machen, den Gesellschaftsvertrag so auszulegen, daß der Kommanditist im Falle der Entziehung der Geschäftsführungsbefugnis des Komplementärs an dessen Stelle tritt[32]. Bereitet auch eine solche Auslegung Schwierigkeiten, so besteht aufgrund der gesellschaftlichen Treuepflicht die Verpflichtung aller Gesellschafter, an einer vernünftigen und sachgerechten Änderung des Gesellschaftsvertrages mitzuwirken[33].

Entsprechend den bei § 117 HGB möglichen Abwandlungen kommt auch die Möglichkeit in Betracht, dem Kommanditisten das Recht zuzubilligen, dem Komplementär abweichend von § 127 HGB die *organschaftliche Vertretungsmacht aufzukündigen*. Die Zulässigkeit einer solchen Vereinbarung ist aus den gleichen Gründen wie bei § 117 HGB zu bejahen[34].

Komplikationen tauchen allerdings auch hier bei der Frage auf, ob die Gesellschaft bei Entzug der Vertretungsmacht des einzigen Komplementärs ohne organschaftliche Vertretungsmacht sein kann. Sie wird zutreffend von der heute herrschenden Meinung verneint[35]. Der Ausweg, der für die OHG in Form einer hilfsweise eintretenden Gesamt-

---

[31] Zu diesem Problem: Düringer/Hachenburg/Flechtheim, § 117 Anm. 10; Schlegelberger/Geßler, § 117 Rdnr. 12 ff.; Hueck, OHG, § 10 VII 9 (S. 153 ff.), und Schröder, S. 30 (m. Nachw.).

[32] So auch Wagner, S. 53; grds. für eine entsprechende Auslegung auch ohne ausdrückliche Nachfolgebestimmung Hueck, OHG, § 10 VII 9 (S. 154); Düringer/Hachenburg/Flechtheim, § 117 Anm. 10; anders Schröder, S. 31, der sich in einem solchen Fall für eine Gesamtgeschäftsführungsbefugnis ausspricht. Dies dürfte aber nicht dem Willen der Gesellschafter entsprechen, denn wenn diese im Gesellschaftsvertrag die Möglichkeit zum Ausschluß des einzigen Geschäftsführers vorsehen, so wollen sie damit die Möglichkeit, bei Ausübung des Ausschlußrechtes mit diesem gemeinsam die Geschäftsführung zu übernehmen, regelmäßig ausschließen; ähnlich Düringer/Hachenburg/Flechtheim, § 117 Anm. 10.

[33] Fischer in Großkomm. HGB, § 117 Anm. 30; Hueck, OHG, § 10 VII 9 (S. 154).

[34] Düringer/Hachenburg/Flechtheim, § 127 Anm. 8 m. Nachw. zum älteren Schrifttum; Schlegelberger-Geßler, § 127 Rdnr. 11; Fischer in Großkomm. HGB, § 127 Anm. 17 ff.; Hueck, Gesellschaftsrecht, § 19 VIII 2 (S. 106); H. Westermann, Handbuch, Rdz. 228.

[35] BGHZ 33, 105 (108); 41, 367 (369); 51, 189; Hueck, OHG, § 20 IV 2 a (S. 281) m. w. Nachw.; anders früher RGZ 74, 297; allg. kritisch zum Prinzip der Selbstorganschaft H. P. Westermann, S. 328 ff.

vertretungsbefugnis aller Gesellschafter vorgeschlagen wird[36], stößt bei der KG auf Schwierigkeiten, denn Kommanditisten sind keine organschaftlichen Vertreter der Gesellschaft (§ 170 HGB)[37].

Möglich wäre auch hier eine ähnliche Lösung wie bei der OHG, wenn jedenfalls eine *organschaftliche Gesamtvertretung zwischen Komplementär und Kommanditisten zulässig* wäre. Brox[38] befürwortet diese Möglichkeit, da dem Wortlaut und der Systematik des Gesetzes nicht zu entnehmen sei, daß § 170 HGB den Kommanditisten zwingend von der gesellschaftsvertraglichen Vertretungsmacht ausschließen wolle und auch die nach der Entstehungsgeschichte für § 170 HGB maßgeblichen Gründe (Täuschung des Rechtsverkehrs durch Auftreten des Kommanditisten als organschaftlicher Vertreter) nicht entgegenstünden.

Zwar erscheint der hiergegen erhobene Einwand von H. Westermann[39], nach dem bei einer solchen Regelung schwierig zu entscheiden sei, wie die Eintragung im Handelsregister vorgenommen werden solle, nicht überzeugend; denn die Eintragung der Gesamtvertretung könnte genauso vorgenommen werden wie bei der OHG. Die Ansicht von Brox berücksichtigt jedoch m. E. nicht genügend den sich aus der Gesetzessystematik ergebenden Gegensatz von § 170 HGB zu § 125 HGB. Zwar ist dieser Auffassung zuzugeben, daß der oft für die Unabdingbarkeit des § 170 HGB ins Feld geführte Umkehrschluß aus § 163 HGB, der nur die §§ 164 bis 169 HGB für dispositiv erklärt, nicht unbedingt zwingend ist, da auch andere in § 163 HGB nicht genannte Vorschriften über die KG (z. B. § 177 HGB) trotz § 163 HGB zutreffend als abdingbar angesehen werden[40]. § 170 HGB ist jedoch eine Vorschrift, die im Sinne von § 161 Abs. 2 HGB gegenüber der Regelung der OHG und damit auch gegenüber § 125 HGB „ein anderes vorschreibt". Indem man aber die Gesamtvertretung zuläßt, entspricht die Rechtslage insoweit der bei der OHG (§ 125 Abs. 2 HGB); das sollte aber gerade, will man § 170

---

[36] BGHZ 33, 108, m. Anm. von Hueck, JZ 1961, 89; Fischer in Großkomm. HGB, § 125 Anm. 4, § 127 Anm. 4; Baumbach/Duden, § 127 Anm. 1 B; Schlegelberger/Geßler, § 127 Rdnr. 9; Hueck, OHG, § 20 IV 3 (S. 301); a. A.: Buchwald, BB 1961, 1342; Düringer/Hachenburg/Flechtheim, § 127 Anm. 9.

[37] ROHG 15, 7; KG JW 1939, 424; BGHZ 33, 105; 51, 200; Schilling in Großkomm. HGB, § 170 Anm. 8; Schlegelberger/Geßler, § 170 Rdnr. 4; Düringer/Hachenburg/Flechtheim, § 170 Anm. 4 m. Nachw. zum älteren Schrifttum; a. A.: Braude, S. 33 ff.; Marcus, HoldhMSchr. 1909, 160; Sels, Kommanditist und Nichtgesellschafter als organschaftliche Vertreter der KG und OHG, Diss. Köln 1945; Bürck, Selbstorganschaft oder Drittorganschaft in OHG und KG? Diss. Kiel 1968, S. 95 (106); Teichmann, S. 124, ausdrücklich FN 125 a; Brox, Festschrift für H. Westermann, S. 21 ff., für organschaftliche Gesamtvertretung, hierzu sogleich unten.

[38] In Festschrift für H. Westermann, S. 21 ff.

[39] H. Westermann, Handbuch, Rdz. 862.

[40] Statt aller: Schilling in Großkomm. HGB, § 177 Anm. 1.

HGB überhaupt noch einen Sinn geben, verhindert werden. Damit scheidet die Gesamtvertretung als Lösungsgesichtspunkt aus.

Der *BGH*[41] hat aus der Unmöglichkeit einer rechtlich zulässigen Ersatzlösung die Konsequenz gezogen, die Entziehung der Vertretungsmacht für unzulässig zu halten, wenn damit die Gesellschaft ihren einzigen organschaftlichen Vertreter verliert. Bei der Entziehung der Vertretungsmacht verfolgten die Gesellschafter das Ziel, die Gesellschaft als werbende fortzuführen. Durch den Verlust des gesellschaftlichen Vertreters stehe dem Fortbestand als werbender Gesellschaft ein entscheidendes Hindernis entgegen, so daß diese zwangsläufig ins Abwicklungsstadium treten müsse[42]. Das mit der Entziehung verfolgte Ziel sei somit nicht zu erreichen, die Entziehung damit rechtlich nicht möglich.

Schilling[43] meint dagegen, der Entzug der Vertretungsmacht sei zuzulassen. Folge sei dann die Auflösung der Gesellschaft. Ein rechtlich unmögliches Ergebnis entstehe hierdurch nicht, da in diesem Falle Gesamtvertretung aller Gesellschafter nach §§ 145 ff. HGB eintrete.

Die Ansicht des BGH verdient den Vorzug, denn der Kommanditist will mit dem Entzug der Vertretungsmacht nicht die Auflösung der Gesellschaft. Durch die Vereinbarung eines Entzugsrechtes wollen sich die Gesellschafter nicht die Möglichkeit eröffnen, sich „unverhofft als Liquidatoren wiederzufinden“[44]. Sie wollen den Fortbestand der werbenden Gesellschaft, und dieser ist ohne organschaftliche Vertreter nicht möglich. Für die hier untersuchte Fragestellung bedeutet dies, daß die Stellung des Kommanditisten nicht in der Weise verstärkt werden kann, daß er das Recht erhält, den einzigen Komplementär von der Geschäftsführung abzuberufen[45]. Sind dagegen von vornherein mehrere Komplementäre vorhanden oder ist vereinbart, daß bei Abberufung ein weiterer vertretungsberechtigter Komplementär in die Gesellschaft eintritt, steht einer entsprechenden Regelung kein Hindernis entgegen.

Vollends zum *„Schleudersitz“*[46] wird die Stellung des Komplementärs ausgestaltet, wenn es aufgrund gesellschaftsvertraglicher Vereinbarung in das Belieben des Kommanditisten gestellt ist, ihn nicht nur von Geschäftsführung und Vertretung abzuberufen, sondern ihn aus der Gesellschaft auszuschließen, um so das Geschäft entsprechend § 142 HGB

---

[41] BGHZ 51, 198.

[42] BGHZ 51, 200 f.

[43] In Großkomm. HGB, § 170 Anm. 7 a.

[44] So zutreffend Wiedemann, JZ 1969, 469 (472) in seiner zustimmenden Anm. zu dem vorgenannten Urteil des BGH.

[45] I. E. übereinstimmend auch Schröder, S. 34; a. A.: Wagner, S. 91, mit ähnlicher Argumentation wie Schilling.

[46] So die zutreffende Formulierung von H. P. Westermann, S. 259.

zu übernehmen oder mit einem anderen Komplementär als KG fortzusetzen[47]. Oft geht dieses *Ausschlußrecht* einher mit einem weitgehenden Verzicht des Komplementärs auf Auseinandersetzungs- bzw. Abschichtungsansprüche oder der Verpflichtung, seinen Kapitalanteil im Ausschlußfalle an einen vom Kommanditisten zu bestimmenden Dritten zu übertragen, der dann aufgrund eines neuen Gesellschaftsvertrages seine Komplementärstellung einnimmt[48].

Nach der Rechtsprechung wird es hierbei als zulässig angesehen, auch den einzigen persönlich haftenden Gesellschafter auszuschließen[49]. Zwar wird die Gesellschaft hierdurch aufgelöst, die verbleibenden Gesellschafter haben dann aber durch Aufnahme eines neuen Komplementärs oder durch die Übernahme der persönlichen Haftung seitens eines Kommanditisten die Möglichkeit, wiederum eine werbende Gesellschaft entstehen zu lassen[50].

Diese Fälle sind unproblematisch, wenn der Gesellschaftsvertrag für den Fall des Ausschlusses des einzigen Komplementärs über die Nachfolge nichts sagt oder wenn lediglich ein Kommanditist vorhanden ist, der das Geschäft gem. § 142 HGB übernimmt. In den anderen Fällen ist es wieder fraglich, ob sich die Kommanditisten ein Ausschlußrecht bezüglich des einzigen Komplementärs vorbehalten können, da hierdurch der Gesellschaft der einzige persönlich haftende Gesellschafter genommen würde. Die Rechtsprechung hält eine solche Regelung gleichwohl für unbedenklich[51].

Dagegen wird teilweise vorgebracht, die dann entstehende Abwicklungsgesellschaft, die nur aus Kommanditisten bestehe, sei rechtlich unzulässig, da niemand unbeschränkt hafte und eine solche Personen-

---

[47] Für die grundsätzliche Zulässigkeit dieser Gestaltung: BGHZ 34, 80 (83); BGH MDR 1968, 28; BGH WM 1962, 462 (463); BGH BB 1973, 957; Ulmer in Großkomm. HGB, § 140 Anm. 46, 55; § 142 Anm. 43; Schilling in Großkomm. HGB, § 177 Anm. 38; Schlegelberger/Geßler, § 140 Rdnr. 19; H. Westermann, Handbuch, Rdz. 422 ff.; Flume, Festschrift für Bötticher, S. 101 (121); a. A.: früher RGZ 38, 119; Beispiel für einen solchen Vertrag bei Boesebeck, S. 91 (Anlage II).

[48] Vgl. als Beispiel für einen solchen Fall extremer Entmachtung des Komplementärs RGZ 169, 105; weitere Beispiele für häufige vermögensrechtliche Regelungen zugunsten des Kommanditisten bei Ausscheiden des Komplementärs bei Schröder, S. 25 ff.; zu der bei Ausschließungsregelungen immer besonders zu beachtenden Schranke des § 138 BGB: Ulmer in Großkomm. HGB, § 140 Anm. 23; BGHZ 34, 85; BGH WM 1971, 21 (23).

[49] BGHZ 6, 113 (115); 51, 200; BGH WM, 1971, 20 (22); OLG Nürnberg, WM 1958, 710; zustimmend: Ulmer in Großkomm. HGB, § 140 Anm. 24; Baumbach/Duden, § 140 Anm. 1 E; H. Westermann, Handbuch, Rdz. 415.

[50] BGHZ 6, 116.

[51] BGHZ 6, 113 (115) und die in FN 49 Genannten.

gesellschaft unserem Recht fremd sei[52]. Wagner[53] will dem dadurch abhelfen, daß er die nur aus Kommanditisten bestehende KG haftungsmäßig in einem solchen Falle als OHG behandelt. Diese Lösung findet jedoch weder im Gesetz noch aus der Interessenlage der Kommanditisten heraus eine Stütze; denn diese wollen durch die Ausschließung des einzigen persönlich haftenden Gesellschafters ohne Ersatzlösung keinesfalls eine OHG begründen[54].

Die Ansicht der Rechtsprechung berücksichtigt dagegen nicht genügend, daß die Gesellschaft auch im Abwicklungsstadium KG bleibt und als solche zwingend einen persönlich haftenden Gesellschafter voraussetzt (§ 161 Abs. 1 HGB)[55]. Bei Beachtung dieses Gedankens gibt es nur zwei Lösungen: entweder man geht den von Wagner vorgeschlagenen Weg einer unbeschränkten Haftung oder man läßt die Ausschließung nicht zu, solange nicht feststeht, daß spätestens mit Wirksamkeit des Ausschließungsbeschlusses bei Vorhandensein eines Kommanditisten ein persönlich haftender Gesellschafter vorhanden ist. Nachdem die erste Möglichkeit bereits abgelehnt wurde, bleibt nur die zweite übrig. Im übrigen kann die von der Rechtsprechung zur Begründung angeführte entsprechende Anwendung des § 140 HGB auf die KG das Ergebnis keinesfalls stützen; denn es ist gerade Sinn des § 140 HGB, die unmittelbare Fortführung der Gesellschaft zu ermöglichen; läßt man dagegen den Ausschluß des einzigen persönlich Haftenden zu, so führt dies entgegen dem Grundgedanken des § 140 HGB zunächst einmal zu einer Abwicklungsgesellschaft und damit nicht zur unmittelbaren Fortsetzung als werbende Gesellschaft. Will man diese dagegen erreichen, so ist es nur folgerichtig, zur Zulässigkeit der Ausschließung zu verlangen, daß auch schon zu diesem Zeitpunkt die Voraussetzung für eine Fortführung, nämlich die Aufnahme eines neuen Komplementärs oder ein Gesellschafterbeschluß über die Fortsetzung als OHG, vorliegt. Die Kommanditisten haben, um mit Schröder[56] in der Sprache des Verfassungsrechts zu sprechen, damit *kein destruktives*, sondern *nur ein konstruktives Mißtrauensvotum*.

cc) Vermögensrechtliche Position

Abgesehen von dem verstärkten Einfluß auf die Geschäftsführung und den Ausbau der Abberufungs- und Ausschließungsrechte findet sich

---

[52] Schlegelberger/Geßler, § 177 Rdnr. 17; Geßler, JZ 1952, 530; Düringer/Hachenburg/Flechtheim, § 177 Anm. 13; Staub/Pinner, Anh. zu § 177 Anm. 1; Lehmann/Ring, § 177 Nr. 1; Rötelmann, NJW 1956, 1617 (1620); Schröder, S. 36.

[53] S. 58.

[54] Ablehnend auch Geßler, JZ 1952, 530 und Schröder, S. 37, der diese Lösung als „Bumerang" für die Kommanditisten bezeichnet.

[55] Geßler, S. 530.

[56] S. 38.

besonders häufig auch eine Stärkung der vermögensrechtlichen Position des Kommanditisten. Zu nennen sind hier vor allem folgende Regelungen:

Bevorzugung bei der Verzinsung der Kapitalanteile und der Verteilung des Restgewinns bis hin zu einem vollständigen Ausschluß des Komplementärs von der Gewinnverteilung[57]; Untersagung der Zuschreibung von Gewinnen auf den Kapitalanteil des Komplementärs, während der Kommanditist abweichend von § 167 Abs. 2 HGB seine Beteiligung erhöhen kann[58]; Untersagung der Bildung von Kapitalanteilen überhaupt[59] und weitgehende Beschränkung bzw. vollkommener Ausschluß eines Auseinandersetzungsanspruches bei Auflösung der Gesellschaft[60].

b) Vereinbarungen hinsichtlich des Außenverhältnisses

Zur Verstärkung der Stellung des Kommanditisten im Außenverhältnis kommt vor allem die *Verleihung einer rechtsgeschäftlichen Vertretungsbefugnis* durch Vereinbarung im Gesellschaftsvertrag in Betracht.

Die Verleihung der rechtsgeschäftlichen Vertretungsmacht ist zulässig[61], da § 170 HGB lediglich den Ausschluß der organschaftlichen Vertretung erfaßt. Die rechtsgeschäftliche Vertretungsmacht kann als Prokura (§§ 48 ff. HGB) oder als Generalvollmacht ausgestaltet sein und sich somit mit dem Umfang der gesellschaftlichen Vertretungsmacht weitgehend decken. Die Stellung des Kommanditisten ist in diesen Fällen insofern noch besonders gefestigt, als die im Gesellschaftsvertrag erteilte Prokura zwar jederzeit mit Wirkung nach außen (§ 52 Abs. 1 HGB), im Innenverhältnis, entsprechend der Rechtslage bei der Geschäftsführungsbefugnis, aber nur gem. § 127 HGB wie eine organschaftliche Vertretungsmacht wieder entzogen werden kann[62]. Der Entzug der Prokura ist damit nach § 52 Abs. 1 HGB zunächst wirksam, im Innenverhältnis kann der Kommanditist die Unzulässigkeit der Entziehung jedoch durch ein Urteil gem. § 127 HGB feststellen lassen. Hat er Erfolg, ist ihm die Prokura neu zu erteilen[63].

---

[57] RGZ 169, 105 (108); Hueck, OHG, § 1 I 1 b (S. 3) m. Nachw.; allgemein zu abweichenden Vereinbarungen hinsichtlich der vermögensrechtlichen Beteiligung: Schilling in Großkomm. HGB, § 167 Anm. 16; zu den Spezialfragen bei der GmbH & Co KG: unten § 5 II 2.

[58] Schlegelberger/Geßler, § 167 Rdnr. 8; Boesebeck, S. 95 (Anlage III).

[59] z. B. Boesebeck, S. 92 (Anlage II).

[60] Hierzu ausführlich mit Nachw. Schröder, S. 28; dort auch weitere Beispiele für den Ausbau der vermögensrechtlichen Position des Kommanditisten.

[61] RGZ 31, 39; 110, 418; Düringer/Hachenburg/Flechtheim, § 170 Anm. 4; Schlegelberger/Geßler, § 170 Rdnr. 4; Schilling in Großkomm. HGB § 170, Anm. 8; H. Westermann, Handbuch, Rdz. 863; H. P. Westermann, S. 261.

[62] BGHZ 17, 392 (394); OLG Saarbrücken, JZ 1968, 386.

[63] BGHZ 17, 392 (394); zustimmend: H. Westermann, Handbuch, Rdz 863; Schilling in Großkomm. HGB, § 164 Anm. 14; Hueck, Gesellschaftsrecht, § 19 VI

2. *Die Strohmann-KG*

Das Kennzeichen der zweiten Fallgruppe ist vor allem die *Besonderheit* des mit der Gründung der in diese Gruppe fallenden Gesellschaften verfolgten *Zwecks*.

Im Vordergrund steht das Bestreben, eine gesellschaftsrechtliche Gestaltung zu finden, die der dem deutschen Recht unbekannten Rechtsfigur des *Kaufmanns mit beschränkter Haftung* nahekommt[64]. Die Gründung einer solchen KG erscheint vorwiegend als Maßnahme der Haftungsbeschränkung, bei der eine zumeist relativ vermögenslose Person als Komplementär vorgeschoben wird, um die gesetzlichen Voraussetzun der KG zu erfüllen[65]. Es versteht sich von selbst, daß hier der Kommanditist wie in der ersten Fallgruppe und mit den dort dargestellten Mitteln seine Stellung zu verstärken sucht; zusätzlich — und das ist die Eigenart dieses zweiten Typs — ist die Hafteinlage des Kommanditisten bewußt sehr klein gehalten, um das Risiko auf ein Minimum zu begrenzen. Die Finanzierung erfolgt über Dritte oder durch vom Kommanditisten darlehensweise zur Verfügung gestellte Mittel. Hier taucht besonders häufig das Phänomen auf, daß die haftenden Mittel dem Geschäftsumfang nicht entsprechen (*sog. Unterkapitalisierung*).

3. *Die körperschaftlich-kapitalistische KG*

Die unter der Bezeichnung körperschaftlich-kapitalistische KG zusammengefaßten Fälle verbinden das schon in den ersten beiden Gruppen festgestellte kapitalistische Element und das dadurch bedingt erweiterte Mitspracherecht der kapitalgebenden Gesellschafter mit dem Vorhandensein einer *Vielzahl von Gesellschaftern* und den hierdurch erforderlichen *körperschaftlichen Strukturelementen*.

Wir finden hier eine körperschaftliche Organisation vor allem in Form von Kommanditistenversammlungen (ähnlich der Hauptversammlung der AG), Beiräten oder Ausschüssen (ähnlich dem AG-Aufsichtsrat)

---

1 (S. 102); kritisch H. P. Westermann, S. 260 unter Hinweis auf die weitgehende Aushöhlung des § 52 Abs. 1 HGB nach der Entscheidung des BGH.

[64] Anders das Liechtensteiner ZGB aus dem Jahre 1926, das die Institution des Einzelkaufmanns mit beschränkter Haftung kennt.

[65] Zu anderen Motiven bei Strohmann-Gründungen speziell bei der GmbH vgl. Kuhn, Strohmanngründungen bei Kapitalgesellschaften, 1964, S. 21 ff.; vgl. als Beispiel für eine entsprechende Vertragsgestaltung Boesebeck, S. 90 (Anlage II).

§ 117 BGB (Scheingeschäft) steht der Zulässigkeit einer solchen Gestaltung nicht entgegen, da auch bei Führung eines Geschäftes zusammen mit einem Mittelsmann der übereinstimmende Wille der Parteien ersichtlich auf die Gründung einer KG gerichtet ist (BGHZ 1, 378; 31, 258, jeweils für die GmbH und ausführlich Kuhn, S. 127 ff.; auch Fischer in Großkomm. HGB § 105 Anm. 19).

und Geschäftsleitungen (ähnlich dem AG-Vorstand)[66]. Die Stellung der Kommanditisten ist regelmäßig gekennzeichnet durch eine Beschränkung ihres Mitspracherechtes als Individuen (indem sie sich den Beschlüssen der Kommanditistenversammlung oder des Beirates unterwerfen), aber eine Ausweitung ihrer Befugnisse als Gruppe gegenüber dem Komplementär oder den Komplementären, entsprechend den unter 1. dargestellten Möglichkeiten.

Erwähnenswert sind bei diesem Typ zwei Sonderformen: Die erste hat eine Kapitalgesellschaft als persönlich haftenden Gesellschafter, wobei oft die Anteileigner die einzigen Kommanditisten der Gesellschaft sind und ihren Anteil an der Kapitalgesellschaft als Hafteinlage in die KG einbringen (Einheits-KG). Die bekannteste Form ist hier die *GmbH & Co KG*[67].

Die zweite Sonderform wird als *Treuhand-KG* bezeichnet. Sie ähnelt sehr der 1. Fallgruppe; der beherrschende Kommanditist ist jedoch Treuhänder für eine Vielzahl von Kapitalgebern, die organisatorisch außerhalb der KG, etwa in Form einer BGB-Gesellschaft, zusammengeschlossen sind[68]. Hierdurch wird insgesamt einer körperschaftsähnliche Konstruktion erreicht, wenn auch die KG selbst nur wenige Gesellschafter hat. Die Treuhand-KG ist besonders häufig bei Abschreibungs-[69] oder sog. Immobiliengesellschaften[70] zu finden und vermischt sich vor allem

---

[66] Eingehend zu dieser Form: Paulick, eingetragene Genossenschaft, S. 37 ff., 61 ff., 70 ff.; Boesebeck, S. 20 ff. (dortiger Typ a); Nitschke, S. 10 ff., 31 ff.; Schlegelberger/Geßler, § 161 Rdnr. 31; Schilling in Großkomm. HGB, § 161 Anm. 34; Sudhoff, Personengesellschaften, S. 46 ff.; Klauss/Mittelbach, Der Gesellschaftsvertrag in seiner zweckmäßigsten Form, 8. Aufl. 1974, S. 75 ff.; H. Westermann, Handbuch, Rdz. 150 ff.; Beispiele in: BGHZ 36, 292; BGH NJW 1970, 706; Vertragsentwürfe bei Boesebeck, S. 95 ff. (Anlage III); Wenninger, S. 109 ff.; Formular-Kommentar, Handels- und Wirtschaftsrecht I, 21. Aufl. 1973, S. 190; Eisenhardt, JuS 1975, 413 ff.; vgl. auch Reinhardt, § 23 I 3 b (S. 121 f.); Hueck, Gesellschaftsrecht, § 19 VIII 2 (S. 106).

[67] Nach Boesebeck, S. 17 f., Typ c der kapitalistischen KG; umfassend Sudhoff, GmbH & Co KG, vor allem S. 115 ff.; vgl. auch Berg, JuS 1974, 685 (692).

[68] Beispielsfälle in BGHZ 10, 44 (48); OHGZ 2, 253; RG Warn 1918, Nr. 79; Schlegelberger/Geßler, § 161 Rdnr. 32; vgl. auch Schilling in Großkomm. HGB, § 161 Anm. 29; Hueck, OHG, § 2 4 (S. 25); ausf.: H. Jürgen Wolff, Der Treuhänderkommanditist, Diss. Köln 1966.

[69] „Abschreibungsgesellschaften" sind Publikumsgesellschaften, die Privatpersonen eine Beteiligung an Wirtschaftsunternehmen der Investitionsbranche bei beschränkter Haftung ermöglichen sollen, um ihnen durch hohe Buchverluste den Genuß steuerlicher Abschreibungsmöglichkeiten zu eröffnen. Vgl. Fehl, BB 1976, 109 FN 1; Uhlenbruck, Abschreibungsgesellschaften, Anlegerprobleme bei Sanierung — Konkurs — Vergleich, 1974, S. 7.

[70] Hier ist es üblich, an die Treugeber sog. „Hausbesitzbriefe" auszugeben; der Treuhänder ist weitgehend an die Anweisungen der Inhaber dieser Briefe gebunden. Einzelheiten: Cölle, Der Hausbesitzbrief, Diss. Köln 1968; H. Jürgen Wolff, S. 117 ff.

dort oft mit der ersten Sonderform, wenn als Komplementär eine GmbH fungiert[71].

4. *Zusammenfassung*

Der Versuch einer Untergliederung der Abweichungen von der dispositiven Grundstruktur der KG als rechtstatsächlicher Ausgangspunkt für die Beurteilung der Haftungsfrage hat ein farbiges Bild unterschiedlicher Gestaltungsformen ergeben, die sich wiederum untereinander vermischen. Gleichwohl lassen sich *zwei Grundtendenzen* der atypischen Ausgestaltung feststellen: Die eine geht in die Richtung der *Verstärkung der Machtbefugnisse des Kommanditisten* bis hin zum eigentlichen Unternehmer, während der Komplementär oft nur die Stellung eines Angestellten innehat. Diese Tendenz fand sich in allen drei Fallgruppen, wenngleich sie bei der ersten besonders im Vordergrund stand. Die zweite Richtung trat besonders deutlich bei der Strohmann-KG auf, ist aber auch bei der körperschaftlich-kapitalistischen KG zu finden. Sie ist gekennzeichnet durch den *Zweck einer besonders krassen Haftungsbeschränkung,* der durch eine im Vergleich zum Geschäftsumfang extrem geringe Hafteinlage und Finanzierung mit Gesellschafterdarlehen erreicht wird.

III. Auswirkungen der beherrschenden Stellung des Kommanditisten auf die Beurteilung des Innenverhältnisses als Gesellschaftsvertrag

Bevor die Auswirkung dieser realtypischen Ausprägungen auf die Haftung im zweiten und dritten Teil dieser Arbeit untersucht wird, soll noch der Frage nachgegangen werden, ob ein Gebilde, bei dem der Kommanditist aufgrund der dargestellten und im einzelnen auch zulässigen Möglichkeiten die Herrschaft über die Gesellschaft innehat, überhaupt noch als Gesellschaft im Sinne des Handelsrechts bezeichnet werden kann.

Im Rahmen der Darstellung der Möglichkeiten zum Ausbau der Kommanditistenstellung wurde bereits die Zulässigkeit der einzelnen Maßnahmen erörtert. Hierbei war der Blick jeweils isoliert auf jede einzelne Vereinbarung gerichtet; die Beurteilung des Zusammenwirkens der Gesamtheit der dort geschilderten Ausgestaltungen geriet naturgemäß etwas aus dem Blickfeld. Rufen wir uns die Charakterisierung der Position des Komplementärs als Angestellten des Kommanditisten, der sich im Hinblick auf die erleichterten Möglichkeiten zur Abberufung von der Geschäftsführung oder zum Ausschluß aus der Gesellschaft auf einem „Schleudersitz" befindet, noch einmal ins Bewußtsein, so kann

---

[71] Sudhoff, Personengesellschaften, S. 47, spricht in diesem Zusammenhang von der Treuhand-KG als „Zwitter".

problematisch sein, ob bei einer so weitgehenden Abweichung vom gesetzlichen Normalstatut überhaupt noch ein *Gesellschaftsverhältnis* vorliegt *oder* ob sich die Rechtsbeziehungen zwischen „Komplementär" und „Kommanditist" hier nicht vielmehr auf einen *Dienst- und/oder Darlehensvertrag* verkürzt haben.

Bei einer Gesamtschau aller Ausgestaltungsmöglichkeiten, vor allem derjenigen, die auf die Verstärkung der vermögensrechtlichen Stellung des Kommanditisten abzielen, drängt sich die Parallele zu der gemeinrechtlichen „societas leonina" auf. Dort zielte der mit dem Zusammenschluß bezweckte Erwerb nur auf den Vorteil eines Beteiligten ab. Dieser erhielt vom Gewinn den Löwenanteil, während der andere vom Gewinn nichts erhielt, aber den Verlust mitzutragen verpflichtet war. Auch hier könnte die Beurteilung eines solchen Gebildes als Gesellschaft im Sinne des Gesellschaftsrechts zweifelhaft sein.

Teilweise wird eine solche Vereinbarung als Garantieversprechen oder vertragliche Risikoübernahme angesehen[72]. Für den Fall, daß der Zusammenschluß ausschließlich im Interesse eines Beteiligten erfolgt, ist dieser Beurteilung zuzustimmen[73]. Zu beachten ist jedoch, daß auch ein ideelles Interesse an der Erzielung von Einkünften für einen Dritten unter Verzicht auf eigenen Gewinn ausreichen kann. Liegt jedenfalls ein solches ideelles Interesse vor, ist eine Gesellschaft zu bejahen[74].

Schröder[75] kommt nach seiner Analyse der Auswirkungen des Ausbaus der Einflußmöglichkeiten des Kommanditisten zu dem Ergebnis, daß der Komplementär derart in die gesellschaftliche Organisation integriert sein müsse, daß seine Mitgliedschaft nicht bloß auf eine formale, materiell aber völlig inhaltsleere Stellung herabgewürdigt sei[76]. Verstärke der Kommanditist dagegen seine Rechtsstellung in einer Weise, die dem Komplementär nicht wenigstens noch eines der nach Schröder entscheidenden Mitgliedschaftsrechte — Geschäftsführung, Gewinn- und

---

[72] Staudinger/Geßler, BGB, Vorbem. 76 vor § 705; Enneccerus/Lehmann, Recht der Schuldverhältnisse, 14. Aufl., 1954, § 175 II 2 a; Soergel/Schultze-v. Lasaulx, BGB, Rdnr. 21 vor § 705; Palandt/Thomas, § 705 Anm. 4 b; Larenz, Lehrbuch des Schuldrechts, Band II, 10. Aufl., 1972, § 60 I a (S. 290); Ballerstedt, JuS 1963, 253 (255); Schulze-Osterloh, Der gemeinsame Zweck der Personengesellschaften, 1973, S. 12, 25.

[73] Vgl. RG, DJZ 1922, 321; RG JW 1930, 2655.

[74] So vor allem Hueck, OHG, § 1 I 1 b FN 9 (S. 4); Fischer in Großkomm. HGB, § 105 Anm. 9 a; Schlegelberger/Geßler, § 105 Rdnr. 4; Baumbach/Duden, Anm. 11 vor § 105; auch schon RGZ 90, 14 (17); vgl. auch Schröder, S. 66; Teichmann, S. 147.

[75] S. 49 ff.

[76] S. 76.

[76] S. 76 ff.

Substanzverteilung — beläßt, so sei das Rechtsverhältnis zwischen den Beteiligten nicht mehr als Gesellschaftsverhältnis zu behandeln, sondern als reines Leistungsaustauschverhältnis, das je nach dem Beitrag des „Komplementärs“ als Dienstvertrag oder Darlehen zu qualifizieren sei[77]. In der praktischen Anwendung bedeute dies, daß beispielsweise bei einem Ausschuß einer Gewinn- und Substanzverteilung mindestens die Rechte aus §§ 117, 127 HGB als Einflußminimum auf die Geschäftsführung noch vorhanden sein müssen. Wenn dagegen der Kommanditist die Ausübung dieser Rechte durch ein jederzeitiges Ausschlußrecht neutralisieren könne, liege auch der Rest einer echten Mitverwaltungsbefugnis nicht mehr vor[78].

Ausgangspunkt für die Auseinandersetzung mit dieser Auffassung muß der Begriff der Personengesellschaft sein, wie er sich aus § 705 BGB ergibt. Danach ist eine Gesellschaft ein rechtsgeschäftlicher Personenzusammenschluß, dessen Ziel auf die zusammenwirkende Förderung eines gemeinsamen Zwecks gerichtet ist[79].

Nach dem Gesetz ist somit das entscheidende Abgrenzungskriterium der gemeinsame Zweck, zu dessen Förderung sich die Beteiligten verpflichten. Anhaltspunkte für den Willen zur gemeinsamen Zweckverfolgung ergeben sich aus einer umfassenden Würdigung aller Vertragsbestimmungen, sowie unter Berücksichtigung des Zwecks und der wirtschaftlichen Ziele[80]. Die Art der durch den Zusammenschluß geschaffenen Mitgliedschaftsstellung ist kein Begriffsmerkmal. Dies räumt zwar auch Schröder ein[81]; indem er aber bestimmte Mitgliedschaftsrechte für unverzichtbar erklärt, gibt er ihnen faktisch doch die Bedeutung eines Begriffsmerkmals, das dem Gesetz unbekannt ist.

Der Vorwurf, ein neues, dem Gesetz unbekanntes Begriffsmerkmal für die Gesellschaft einführen zu wollen, trifft auch Wagner[82]. Er verwendet für die Grenzziehung zwischen Gesellschaftsvertrag und Austauschvertrag den Unternehmerbegriff und unterscheidet danach, ob noch alle Beteiligten als Mitunternehmer anzusehen seien (dann liege ein Gesellschaftsvertrag vor) oder lediglich der Kommanditist (dann sei kein Gesellschaftsvertrag gegeben). Als Unternehmer bezeichnet er hierbei denjenigen, der die Dispositionen trifft und dem der wirtschaftliche

---

[77] S. 79.

[78] S. 79.

[79] Statt aller: Hueck, OHG, § 2 I (S. 2); Schulze-Osterloh, S. 2.

[80] BGH LM § 355 HGB Nr. 1; ausführlich: Ballerstedt, JuS 1963, 255; Schulze-Osterloh, S. 3 ff. m. Nachw.

[81] S. 76 oben.

[82] S. 59 ff.

Erfolg zukommt[83]. Die Mitunternehmereigenschaft des Komplementärs sei lediglich bei einer erweiterten Einflußnahme des Kommanditisten, nicht dagegen bei einer beherrschenden Stellung gegeben. Zur Einordnung als Mitunternehmer benötige der Komplementär wenigstens die Rechte aus den §§ 116 Abs. 2, 117 HGB und eine Beteiligung am wirtschaftlichen Erfolg mittels eines Kapitalanteils[84]. So verlockend diese objektiven Kriterien gegenüber dem subjektiven Willen zur Zweckverfolgung auch sein mögen, sie könnten lediglich Anhaltspunkte für die Ermittlung dieses Willens bieten, zu generalisierenden Abgrenzungen sind sie nicht geeignet. Dem Gesetz ist der betriebswirtschaftliche Begriff der Mitunternehmerschaft als unabdingbares Begriffsmerkmal der Personengesellschaft fremd[85].

Geht man als Kriterium lediglich vom Willen zur zusammenwirkenden Verfolgung eines gemeinsamen Zwecks aus, der bei der OHG und KG auf den Betrieb eines Handelsgewerbes gerichtet sein muß (§§ 105 Abs. 1, 161 Abs. 1 HGB), so ist nicht zweifelhaft, daß auch der von Geschäftsführung und ggf. auch von der Vertretung[86] ausgeschlossene Komplementär gemeinsam mit dem Kommanditisten den Willen zum Betrieb eines Handelsgewerbes haben kann. Auch der stille Gesellschafter hat kein Geschäftsführungsrecht, gleichwohl liegt eine Gesellschaft vor[87]. Dafür, daß dem Komplementär jedenfalls ein Minimum an Mitwirkung verbleibt, sorgt die zwingende Vorschrift des § 118 Abs. 2 HGB. Hat er kein Geschäftsführungsrecht, so reicht die Übernahme der persönlichen Haftung als Förderung des Gesellschaftszwecks aus[88]. Daß der Zweck schließlich nicht unbedingt in der Erzielung eines Gewinns seitens des einzelnen Gesellschafters oder im Erwerb einer wirtschaftlichen Vermögensbeteiligung liegen muß, wurde bereits bei der societas leonina[89] dargelegt. Auch ein gleichzeitiger Dienstvertrag, ja sogar ein Arbeitsvertrag zwischen Kommanditist und Komplementär steht der

---

[83] S. 61.

[84] S. 84.

[85] Ablehnend auch Schröder, S. 80 f.

[86] Falls noch mindestens ein Komplementär als organschaftlicher Vertreter übrig bleibt, vgl. oben § 3 II 1 a bb.

[87] RG JW 1912, 462; Düringer/Hachenburg/Flechtheim, § 335 Anm. 2; Schilling in Großkomm. HGB, § 335 Anm. 4; Schlegelberger/Geßler, § 335 Rdnr. 2; Hueck, Gesellschaftsrecht, § 20 III (S. 108); Paulick, Eingetragene Genossenschaft, S. 36; a. A.: Lübbert, ZHR 58, 464 (502); Lang, Die Typen der stillen Gesellschaft, 1930, S. 27, 29.

[88] RGZ 37, 61; Hueck, OHG, § 1 I 1 c (S. 5); Schlegelberger/Geßler, § 105 Rdnr. 5; Fischer in Großkomm. HGB, § 105 Anm. 17; Schulze-Osterloh, S. 13 m. Nachw.

[89] Soeben oben unter III.

Annahme eines Gesellschaftsvertrages nicht entgegen[90]. Sowohl der Komplementär kann Angestellter des Kommanditisten sein[91], wie auch umgekehrt, wenn bei ihnen nur der Wille zur gemeinsamen Zweckverfolgung vorhanden ist.

Danach muß auch eine Vereinbarung, die den Komplementär in der hier dargestellten Weise in eine sehr weitgehende Abhängigkeit bringt und den Kommanditisten zum eigentlichen Herrn des Unternehmens macht, noch als Gesellschaftsvertrag angesehen werden[92].

---

[90] Hiervon zu unterscheiden ist allerdings die Frage der Zulässigkeit eines Arbeitsverhältnisses zwischen Gesellschaftern und Gesellschaft; vgl. hierzu Bulla/Hackbeil, Handbuch der Personengesellschaften, Teil IV Rdnr. 284 ff. m. w. Nachw.

[91] RGZ 169, 105 (107).

[92] So konkludent (mit Ausnahme der im Text erwähnten Arbeiten von Wagner und Schröder) das weit überwiegende Schrifttum und die Rspr. (z. B. RGZ 169, 105). Es wird regelmäßig die Wirksamkeit derartiger Vereinbarungen unterstellt und lediglich nach den Auswirkungen für die Haftung gefragt; vgl. die in FN 5 und 8 des § 1 Genannten. Bedenken hinsichtlich des Vorliegens eines Gesellschaftsvertrags bei Ausschluß von Geschäftsführung und sämtlicher Kontrollrechte bei gleichzeitiger Festlegung einer bestimmten Summe als Gewinnbeteiligung: Düringer/Hachenburg/Flechtheim, § 105 Anm. 2 und Schlegelberger/Geßler, § 105 Rdnr. 6, jedoch ohne nähere Begründung.

Zweiter Teil

Haftungserweiterung aufgrund beherrschender Stellung des Kommanditisten

§ 4. Behandlung des Problems in der Rechtsprechung

Während das *Problem des Zusammenhangs von Herrschaftsbefugnis und Haftung beim Kommanditisten,* wie einleitend erwähnt, im Schrifttum schon sehr früh zunächst in rechtspolitischer Hinsicht, dann aber auch de lege lata Aufmerksamkeit gefunden hatte[1], fehlte lange Zeit eine Stellungnahme der Rechtsprechung. Das Reichsgericht hatte sich zu dieser Frage nicht geäußert; vom Bundesgerichtshof liegt bisher lediglich eine einzige Stellungnahme vor[2].

Bei dieser Entscheidung ging es um den Fall eines Rektors, der aus beamtenrechtlichen Gründen selbst nicht unmittelbar kaufmännisch tätig werden konnte und darum mit einer vermögenslosen Komplementärin eine KG gründete, deren Betriebskapital er allein aufbrachte und deren Geschäfte er kontrollierte. Wie die beherrschende Stellung des Kommanditisten im einzelnen ausgestaltet war, ergibt sich aus der Entscheidung nicht, der BGH sah ihn jedenfalls als den „wirtschaftlichen Alleininhaber" an. Die Klägerin nahm ihn mit der Klage persönlich wegen eines an die KG gezahlten Kredits in Anspruch, bei dessen Vergabe sich der beklagte Rektor besonders aktiv eingeschaltet hatte.

Der BGH verneint zunächst einen Zusammenhang zwischen Handlungsbefugnis und Haftung, der dazu führe, daß ein Kommanditist, der gesellschaftsvertraglich mit der Machtfülle eines persönlich haftenden Gesellschafters ausgestattet ist, deshalb auch unbeschränkt haften müsse. Zwar liege ein solcher Zusammenhang der gesetzlichen Regelung der KG zugrunde, hierbei handele es sich aber nicht um zwingendes Recht. Es liege in der Hand der Parteien, den dispositiv zugrunde gelegten Zusammenhang zwischen Haftung und Herrschaft aufzulösen[3]. Sodann prüft der BGH den Fall unter dem Gesichtspunkt des Miß-

---

[1] Vgl. oben § 1 I.

[2] BGHZ 45, 204; sog. Rektor-Fall.

[3] BGHZ 45, 206.

brauchs der Rechtsform der KG, den er jedoch im Ergebnis ablehnt. Grundsätzlich sei es nicht zu beanstanden, wenn jemand als Kommanditist in Wirklichkeit das Geschäft betreibe und eine vermögenslose Person als persönlich haftenden Gesellschafter vorschiebe. Ein Mißbrauch könne im Einzelfall lediglich dann vorliegen, wenn die betreffende gesellschaftsvertragliche Gestaltung eine Täuschung des redlichen Rechtsverkehrs oder einzelner Personen zur Folge haben würde oder wenn durch die Verwendung der Rechtsform Zwecke und Ziele verfolgt würden, für die diese Rechtsform nicht bestimmt sei[4]. Eine Haftung des Kommanditisten könne allenfalls bei Vorliegen besonderer Umstände angenommen werden, so etwa, wenn der Kommanditist durch Kreditauftrag, Schuldbeitritt oder Garantieversprechen die Mithaft für den der Gesellschaft eingeräumten Kredit übernommen habe[5].

Der BGH tritt damit einem zwingenden Zusammenhang zwischen Herrschaft und Haftung entgegen und gibt dabei gleichzeitig eine grobe Zusammenfassung der bedeutsamsten Lösungsgesichtspunkte, die im einzelnen weiter unten erörtert werden sollen.

Gleichwohl läßt die Entscheidung manche Frage offen. Sie lehnt zwar den zwingenden Zusammenhang zwischen Herrschaft und Haftung ab, läßt aber eine eingehende Auseinandersetzung mit den zur Begründung dieses Zusammenhanges vertretenen Ansichten vermissen. Darüber hinaus räumt sie, abgesehen von besonderen Schuldgründen, die Möglichkeit einer Haftung wegen Mißbrauchs der Rechtsform der KG ein, wenn „durch Verwendung der Rechtsform Zwecke und Ziele verfolgt werden, für die diese Rechtsform nicht bestimmt ist“[6]. Was aber die bestimmungsgemäße Verwendung der Rechtsform ist und wieso man überhaupt von einem bestimmten „Zweck der KG“ ausgehen kann, läßt die Entscheidung offen. Diese Probleme sollen hier bei der Untersuchung einer möglichen Haftungserweiterung in den Mittelpunkt gestellt werden.

Schließlich zeigt der der Entscheidung zugrundeliegende Fall auch sehr deutlich, wie nahe die beiden im ersten Teil dieser Arbeit dargestellten Entwicklungstendenzen (Ausweitung der Herrschaft des Kommanditisten und extreme Haftungsbeschränkung durch Vorschieben vermögensloser Gesellschafter als Komplementäre) beieinanderliegen. Gleichwohl handelt es sich hierbei um zwei Problemstellungen, die in der Entscheidung des BGH nicht deutlich auseinandergehalten werden, bei denen, wie sich noch zeigen wird, aber unterschiedliche Gesichtspunkte von Bedeutung sind. Sie werden daher hier getrennt behandelt.

---

[4] BGHZ 45, 207/208; ähnlich für den Mißbrauch juristischer Personen BGHZ 20, 4 (11); 22, 226 (231).

[5] BGHZ 45, 210.

[6] BGHZ 45, 207/208.

§ 5. Haftung aus besonderen Schuldgründen

I. Unmittelbare Mithaft

Schon bei der soeben vorgenommenen Darstellung des Rektor-Falles des BGH wurde deutlich, daß oft derjenige, der einen Kommanditisten persönlich in Anspruch nehmen will, nicht auf Überlegungen in Richtung darauf festgelegt sein muß, ob möglicherweise ein haftungsbegründender „Mißbrauch der Rechtsform" vorliegt, sondern daß es für ihn unter Umständen viel unproblematischer sein kann, den Kommanditisten aufgrund eines *besonderen Schuldgrundes* in Anspruch zu nehmen; so etwa, wenn dieser eine *Bürgschaft* oder eine *Garantie* für die Schuld der Gesellschaft übernommen hat, oder wenn die Voraussetzungen für einen *Kreditauftrag* oder einen *Schuldbeitritt* vorliegen. Bei Gewährung von Krediten an eine KG verlangen Banken heute üblicherweise eine Bürgschaft oder einen Schuldbeitritt des Kommanditisten, und zwar nicht nur, wenn dieser als der eigentliche wirtschaftliche Inhaber angesehen werden muß[1]. Ist eine Mithaft nicht, wie in diesen Fällen, ausdrücklich vereinbart, so kommt es darauf an, ob und in welcher Weise der Kommanditist an den entsprechenden Kreditverhandlungen beteiligt war. Das Problem liegt dann bei der Auslegung seiner Erklärungen. Hat der Kommanditist allein die Geschäftsführung und handelt er als vertretungsberechtigter Gesellschafter unter besonderem Hinweis auf seinen persönlichen Kredit und möglicherweise noch mit der Bemerkung, er werde für die Erfüllung der Gesellschaftsschulden schon Sorge tragen[2], so werden vielfach die Voraussetzungen für die Übernahme einer Bürgschaft oder wegen der für die Übernahme einer Bürgschaft erforderlichen Schriftform noch eher für einen Schuldbeitritt vorliegen. Es ist daher bedeutsam, in den Fällen, in denen eine Haftungserweiterung aufgrund beherrschender Stellung des Kommanditisten in Betracht kommen könnte, sich zuvor die Frage vorzulegen, ob nicht eine erweiterte Haftung des Kommanditisten schon durch die Übernahme einer unmittelbaren Mithaft entstanden ist. Hier wird man in vielen Fällen zu einer Lösung kommen können, ohne daß es Überlegungen hinsichtlich des Mißbrauchs der Haftungsbeschränkung bedarf.

---

[1] Vgl. z. B. Buchheister, BB 1973, 687; Nitschke, S. 263.

[2] So hatte im Rektor-Fall, wie sich aus der Berufungsentscheidung des OLG Hamm, MDR 1963, 849 (850) ergibt, der Beklagte bei den Kreditbesprechungen erklärt, seine Einlage betrage offiziell 10 000 DM, in Wirklichkeit gebe er mehr; er sei die Firma und verkörpere die Firma; er sei wohl für mehr „gut" als für 10 000 DM, die Klägerin brauche keine Angst zu haben, alles, was gekauft würde, werde auch bezahlt.

II. Mittelbare Haftung aufgrund Pfändung eines internen Freistellungsanspruches des Komplementärs gegen den Kommanditisten

Führt nicht schon die Auslegung einer eventuellen Willenserklärung des Kommanditisten gegenüber dem Gläubiger der Gesellschaft zum Ziel, so besteht in manchen Fällen noch eine andere Möglichkeit, ohne Rückgriff auf die im Rektor-Fall im Mittelpunkt stehenden allgemeinen Überlegungen zu einer Haftung des Kommanditisten zu gelangen.

1. *Ausdrücklich vereinbarte Haftungsfreistellung und auftragsähnliches Innenverhältnis*

Oft wird das Innenverhältnis zwischen Komplementär und Kommanditist einem Auftragsverhältnis ähneln. Bei der im ersten Teil als Strohmann-KG bezeichneten Fallgruppe dürfte dies sogar der Regelfall sein. Hier wird gelegentlich vereinbart, daß der Kommanditist den persönlich haftenden Gesellschafter von den Auswirkungen der persönlichen Haftung auf das Privatvermögen durch einen internen Erstattungsanspruch freizustellen hat. Bei Fehlen einer ausdrücklichen Vereinbarung kommt man durch eine *entsprechende Anwendung des § 670 BGB* auf das auftragsähnliche Innenverhältnis zum gleichen Ergebnis[3].

Diesen internen Freistellungsanspruch kann der Gläubiger der Gesellschaft gem. §§ 829, 835 ZPO pfänden und sich überweisen lassen, um auf diese Weise mittelbar gegen den Kommanditisten vorzugehen. Bedenken bezüglich der Zulässigkeit der Pfändung im Hinblick auf §§ 851 Abs. 1 ZPO, 399 BGB bestehen nicht. Es wird hier allgemein von Rechtsprechung und Lehre angenommen, daß die Abtretung eines Anspruchs auf Freistellung von einer Verbindlichkeit an den Gläubiger dieser Verbindlichkeit zulässig sei, wobei sich der Freistellungsanspruch in der Hand des Gläubigers in einen Anspruch auf die geschuldete Leistung, hier also einen Zahlungsanspruch, verwandelt[4].

Nach Nitschke[5] soll bei völliger Ausschaltung des Komplementärs von seinen Geschäftsführungsbefugnissen zugunsten der Kommanditisten immer ein interner Freistellungsanspruch als „Sanktion anderer Art" gegenüber der unmittelbaren Außenhaftung bestehen, ohne daß es hier-

---

[3] Zu weitgehend Hueck, Gesellschaftsrecht, § 19 VIII 2, der offenbar immer dem entmachteten Komplementär intern einen Haftungsausgleich zuerkennen will. Auf die Feststellung eines Auftragsverhältnisses kann man m. E. nicht verzichten; sehr weit auch RGZ 169, 105 (108), wo ein Haftungsfreistellungsanspruch des Komplementärs allein schon wegen seiner angestelltenähnlichen Position angenommen wurde; dagegen zu Recht U. Huber, Vermögensanteil, Kapitalanteil und Kapitalanteil an Personalgesellschaften des Handelsrechts, S. 305; H. P. Westermann, S. 281.

[4] RGZ 80, 183; 81, 250; 121, 305; 158, 12; BGHZ 12, 136 (141); 23, 17 (22); RGRK-BGB, § 399 Anm. 15; Soergel/Schmidt, § 399 Anm. 3; Stein/Jonas, ZPO, 19. Aufl. 1975, § 851 III 4.

[5] S. 266 ff. (270).

zu einer besonderen Vereinbarung bedürfte[6]. Diese Auffassung beruht auf dem von Nitschke jedenfalls für die Personengesellschaften befürworteten Grundsatz der Einheit von Herrschaft und Haftung, der für ihn in unlösbarem Zusammenhang mit dem Prinzip der Selbstorganschaft steht und der bei Nichtbeachtung diese Sanktion auslöst. Sie soll daher, weil es sich nicht um einen besonderen Schuldgrund im hier erörterten Zusammenhang handelt, an dieser Stelle nur erwähnt und unten[7], zusammen mit der Erörterung der Frage, ob ein solcher Grundsatz besteht, näher behandelt werden.

2. *Mittelbare Haftung bei Verlustausschluß des Komplementärs*

Gerade in jüngster Zeit ist die Frage einer möglichen mittelbaren Inanspruchnahme des Kommanditisten einer durch die veränderte wirtschaftliche Lage in Schwierigkeiten geratenen Abschreibungsgesellschaft, die im Regelfall in der Form einer GmbH & Co KG betrieben wird, wieder aktuell geworden. Im Gesellschaftsvertrag dieser Gesellschaften findet sich häufig die Klausel, daß die Komplementär-GmbH nicht an Gewinn und Verlust beteiligt sein soll[8]. Diese Vereinbarung beruht auf steuerlichen Überlegungen. Es soll durch Ausschluß des Gewinnes bei der GmbH eine Doppelbelastung durch die Körperschaftssteuer vermieden werden. Um allen steuerrechtlichen Schwierigkeiten aus dem Weg zu gehen, die dadurch entstehen könnten, daß der Gewinnausschluß als „unangemessen" angesehen werden und damit steuerlich nicht beachtet werden könnte[9], erhält die GmbH vielfach auch lediglich eine Haftprämie[10]. Ist ausdrücklich die Klausel aufgenommen worden, daß die Kommanditisten die GmbH von der Haftung freizustellen haben, so ist die Rechtslage unproblematisch: die Kommanditisten haften mittelbar unbeschränkt.

Zwar ist bezweifelt worden, ob es sich in solchen Fällen überhaupt noch um eine KG handelt, da die Haftungsbeschränkung der Kommanditisten wirtschaftlich nicht mehr gegeben sei[11]. Diese Ansicht übersieht jedoch den Unterschied zwischen der unmittelbaren Inanspruchnahme des Kommanditisten, die auch bei Bestehen eines Freistellungsanspru-

---

[6] Einzelheiten, insbesondere zur Quotenregelung bei mehreren Kommanditisten: S. 268 f.

[7] § 6 II 2.

[8] Vgl. Fehl, BB 1976, 109; Sudhoff, GmbH & Co, S. 243; Böttcher/Beinert, GmbH & Co, Die moderne Unternehmensform, 4. Aufl., 1970, S. 53; Hesselmann, Handbuch der GmbH & Co, 11. Aufl., 1970, S. 109; Buchheister, BB 1972, 687.

[9] Vgl. die Grundsatzentscheidung des BFH; BFHE 90, 399 (= BB 1968, 283, 367 ff.).

[10] Vgl. hierzu Weber/Jansen, NJW 1971, 1678 (1679).

[11] Buchheister, BB 1973, 687 (688).

ches nicht gegeben ist, und der lediglich mittelbaren Inanspruchnahme bei Pfändung eines solchen Anspruches. Die Rechtsformmerkmale der KG hinsichtlich der Haftung betreffen nur das Außen-, nicht dagegen das Innenverhältnis[12].

Schwieriger zu beurteilen ist dagegen die Frage, ob auch bei Fehlen einer ausdrücklichen Bestimmung der Ausschluß der GmbH von Gewinn und Verlust als gleichzeitige Vereinbarung eines Haftungsfreistellungsanspruches anzusehen ist.

Weber/Jansen[13], die das Problem wohl erstmals zur Diskussion gestellt haben, bejahen diese Frage. Die gesellschaftsvertragliche Vereinbarung, die Komplementär-GmbH nehme am Verlust nicht teil, müsse regelmäßig als Ausschluß der dispositiven Norm des § 167 Abs. 3 HGB ausgelegt werden. Ein Verlustausschluß der GmbH könne nur dann ernst gemeint sein, wenn damit ein Haftungsausschluß im Innenverhältnis bezweckt sei und der endgültige Verlust auch haftungsrechtlich bei den Kommanditisten in Form einer Haftungsfreistellungsverpflichtung verbleibe. Diese mittelbare Haftung sei jedoch subsidiär, sie greife erst dann ein, wenn der auf § 110 HGB beruhende Aufwendungsersatzanspruch, den die GmbH bei persönlicher Inanspruchnahme gegen die KG habe, mangels Gesellschaftsvermögen nicht mehr realisiert werden könne. Sei kein ausreichendes Gesellschaftsvermögen vorhanden, so könnten die Kommanditisten in Anspruch genommen werden. Bei mehreren Kommanditisten seien diese Gesamtschuldner und würden im Innenverhältnis nach dem Anteil ihrer Verlustbeteiligung haften. In der praktischen Konsequenz empfehlen Weber/Jansen[14] für die Vertragspraxis, bei entsprechenden Vereinbarungen hinsichtlich des Ausschlusses von Gewinn und Verlust die Geltung des § 167 Abs. 3 HGB ausdrücklich klarzustellen.

Die von Weber/Jansen vertretene Ansicht ist zum Teil scharf kritisiert worden[15]. Ihr wird entgegengehalten, sie trenne nicht genügend zwischen Verlust und Haftung[16]. Die Klausel, nach der die Komplementär-GmbH am Gewinn nicht teilnehmen solle, besage lediglich, daß der Periodenerfolg der KG wirtschaftlich angemessen zu verteilen sei. Eine Haftungsübernahme der Kommanditisten komme nur bei einer ausdrücklichen Abrede in Betracht[17]. Andernfalls erweise sich die Form der

[12] Ablehnend gegenüber Buchheister auch Fehl, BB 1976, 110.

[13] NJW 1971, 1678; ihnen zustimmend Klamroth, BB 1972, 428 (429).

[14] NJW 1971, 1680/81.

[15] Heinze/Rieker, NJW 1972, 472; Ganssmüller, NJW 1972, 1034; Fehl, BB 1976, 109; U. Huber, Vermögensanteil, S. 308.

[16] Heinze/Rieker, S. 473; Ganssmüller, S. 1034.

[17] Heinze/Rieker, S. 473; U. Huber, Vermögensanteil, S. 308.

KG, die doch offenbar gewählt worden sei, um das Risiko der unbeschränkten persönlichen Inanspruchnahme von den Kommanditisten abzuwenden, als sinnlos[18].

Wie auch schon bei der Kritik der Auffassung von Weber/Jansen zutreffend hervorgehoben wird[19], handelt es sich hier um ein *Auslegungsproblem,* das noch nicht einmal unbedingt spezifisch für die GmbH & Co KG ist, sondern auch bei anderen Formen der KG auftreten kann, bei denen eine entsprechende Vereinbarung hinsichtlich des Ausschlusses von Gewinn und Verlust vorkommt. Kern des Problems ist die Frage, ob § 167 Abs. 3 HGB durch die Vereinbarung eines Verlustausschlusses für die Komplementär-GmbH ausgeschlossen werden soll. Sieht man lediglich den Wortlaut der Vertragsklausel, so folgt aus dem Verlustausschluß zugunsten des Komplementärs im Innenverhältnis, daß ein etwaiger Verlust, wenn er im Außenverhältnis aufgrund der zwingenden Haftungsregelung von der Komplementär-GmbH doch zunächst im Wege einer persönlichen Inanspruchnahme getragen werden muß und auch der Aufwendungsersatzanspruch gem. § 110 HGB gegen die KG mangels Gesellschaftsvermögen nicht realisiert werden kann, durch Freistellung im Innenverhältnis durch die Kommanditisten auszugleichen ist[20]. Nach dem Grundsatz, daß die Parteivereinbarung Vorrang vor der Dispositivregelung des Gesetzes hat, wäre § 167 Abs. 3 HGB damit ausgeschlossen.

Der Unterschied zwischen Verlust und Haftung wird hierdurch nicht verwischt, denn eine Haftung in dem Sinne, daß der Kommanditist sich nicht mehr auf § 171 HGB berufen könne, wird nicht erreicht. Deshalb ist es auch falsch, hier von Durchgriffshaftung zu sprechen[21]. Der Kommanditist haftet nur mittelbar für die Schulden der Gesellschaft, indem er gegenüber der Komplementär-GmbH für den durch die persönliche Inanspruchnahme entstandenen Verlust aufzukommen hat.

Nun ist allerdings zu Recht darauf hingewiesen worden, daß man bei der Auslegung nicht den Zweck aus den Augen verlieren dürfe, den die Gesellschafter mit einer derartigen Klausel verfolgen[22]. Es soll vor allem durch den Gewinnausschluß Körperschaftssteuer gespart werden.

Nach der Rechtsprechung des BFH[23] wird allerdings ein unangemessen niedriger Gewinn (also auch ein Gewinnausschluß) der GmbH, abgese-

---

18 U. Huber, Vermögensanteil, S. 308.

19 U. Huber, Vermögensanteil, S. 307; Ganssmüller, S. 1034; Fehl, S. 111.

20 Dies räumt offenbar auch U. Huber, Vermögensanteil, S. 308, ein.

21 So aber Fehl, S. 110.

22 Vgl. Fehl, S. 111; Ganssmüller, S. 1035.

23 BFH BB 1968, 367.

hen von dem bereits oben erwähnten Fall der Gewährung einer Haftprämie, der hier außer Betracht bleiben soll, steuerlich nicht anerkannt. Entscheidend für die Angemessenheit ist hierbei ein Betrag, mit dem sich eine gesellschaftsfremde Person nach betriebswirtschaftlichen Gesichtspunkten zufrieden gegeben hätte. Ein solcher Gewinnausschluß hätte also gar nicht den von den Gesellschaftern bezweckten steuerlichen Effekt. Eine Ausnahme besteht nur dann, wenn die GmbH vertraglich im Innenverhältnis von der Haftung freigestellt wird. In diesem Falle erkennt der BFH den Gewinnausschluß auch als steuerlich wirksam an[24].

Geht man also vom Zweck der Klausel aus, der auf Einsparung von Körperschaftssteuer gerichtet ist, so kann dieser Zweck nur bei gleichzeitiger Vereinbarung eines Haftungsfreistellungsanspruches erreicht werden. Wenn die Parteien also Körperschaftssteuer sparen wollen und diese Einsparung nur bei Vereinbarung eines Freistellungsanspruches zu erreichen ist, dann müßte die entsprechende Klausel[25] auch in dem Sinne ausgelegt werden, daß gleichzeitig mit dem Gewinnausschluß eine solche Freistellung gewollt ist.

Jedoch ist bei der Auslegung des Gesellschaftsvertrages auch zu berücksichtigen, daß die Parteien oft nur die steuerlichen Vorteile im Auge haben und die zivilrechtlichen Konsequenzen nicht bedenken. Eine allgemeine Antwort läßt sich also nicht finden; es kommt immer auf die Umstände des Einzelfalles an. Den Ausschlag wird hierbei die Beantwortung der Frage geben, *ob nach der Interessenlage der Parteien die steuerlichen Vorteile oder das zivilrechtliche Haftungsprivileg überwiegen.* Wenn auch vielfach das Streben nach beschränkter Haftung im Vordergrund steht, so kann man doch nicht generell sagen, daß bei anderer Beurteilung die Wahl der Rechtsform der KG, die das Risiko und unbeschränkten Haftung von den Kommanditisten abwenden soll, sich als sinnlos erweist. Denn legt man das Schwergewicht auf die steuerlichen Vorteile, dann ist zwar über die Pfändung des Freistellungsanspruches eine mittelbare unbeschränkte Inanspruchnahme möglich. Oft werden die Parteien aber, etwa aufgrund guter Geschäftserwartung, die Wahrscheinlichkeit des Haftungsfalls geringschätzen und in Kauf nehmen. Hierbei könnte vor allem auch die Überlegung eine Rolle spielen, daß sich die praktische Verwirklichung der mittelbaren Inanspruchnahme schon darum in Grenzen hält, weil der Gläubiger den Freistellungsanspruch nur pfänden kann, wenn es ihm gelingt, die Voraussetzungen für dessen Bestehen zu beweisen. Die hierfür bedeutsamen Umstände liegen jedoch im Bereich des gesellschaftsvertraglichen Innenverhältnisses, in

---

[24] BFH BB 1968, 368.

[25] Jedenfalls soweit keine Haftprämie für die GmbH ausgesetzt ist.

das der Gläubiger regelmäßig keinen Einblick hat. Selbst wenn es ihm im Prozeß gelingen sollte, mit Hilfe des Gerichts den Kommanditisten zur Vorlage des Gesellschaftsvertrages zu veranlassen, aus dem sich dann eine Gewinn- und Verlustausschlußklausel ergibt, wird es für ihn häufig ungewiß sein, wie das Gericht diese Klausel auslegt. Wegen dieses Prozeßrisikos[26] ist die mittelbare Inanspruchnahme vielfach nur eine theoretische Möglichkeit. Es kann daher für den Kommanditisten durchaus sinnvoll sein, um steuerlicher Vorteile willen, das Risiko dieser theoretischen Möglichkeit einzugehen. Findet sich also im Gesellschaftsvertrag einer GmbH & Co KG die Klausel, nach der die Komplementär-GmbH von Gewinn und Verlust ausgeschlossen sein soll, so kann darin im Einzelfall die Vereinbarung eines internen Haftungsfreistellungsanspruches gesehen werden, der von den Gläubigern der Gesellschaft pfändbar ist.

Um Auslegungsschwierigkeiten zu vermeiden, sollte für die Vertragspraxis der Rat von Weber/Jansen[27] beherzigt werden, die Geltung des § 167 Abs. 3 HGB ausdrücklich klarzustellen, wenn die Parteien das Risiko einer mittelbaren Inanspruchnahme des Kommanditisten vollständig ausschließen wollen. Allerdings müssen sie dann in Kauf nehmen, daß die steuerliche Anerkennung des Gewinnausschlusses zweifelhaft bleibt.

Wie der Blick auf die Beweisbarkeit des Freistellungsanspruches für die Gläubiger gezeigt hat, darf seine Bedeutung für die Kommanditistenhaftung nicht überschätzt werden[28]. Die mittelbare Inanspruchnahme durch Pfändung eines internen Freistellungsanspruches bietet ebensowenig wie die unmittelbare Mithaft, wo die Schwierigkeiten bei der Auslegung der entsprechenden Erklärungen der Kommanditisten liegen, eine abschließende Antwort auf die Frage nach der Haftungserweiterung des die Gesellschaft beherrschenden Kommanditisten.

§ 6. Haftungserweiterung aus dem Gesichtspunkt der Überschreitung allgemeiner, immanenter Grenzen der Gestaltungsfreiheit

Wo eine Haftung des die Gesellschaft beherrschenden Kommanditisten aus besonderen Schuldgründen nicht in Betracht kommt, stellt sich die *Frage, ob eine unbeschränkte Inanspruchnahme für Schulden der Gesellschaft nicht möglich ist, weil bei der Gestaltung des gesellschafts-*

[26] Auf das Risiko für die Gläubiger weist auch Nitschke, S. 270, hin.

[27] NJW 1971, 1680/1681.

[28] Bemerkenswert ist, daß zur Auslegung der Gewinn- und Verlustausschlußklausel in dem hier untersuchten Zusammenhang, soweit ersichtlich, keine Rechtsprechung vorliegt.

vertraglichen Innenverhältnisses bestimmte allgemeine, der grundsätzlich in diesem Bereich durch § 163 HGB garantierten Gestaltungsfreiheit immanente Grenzen überschritten worden sind und als Sanktion hierfür der Kommanditist sein Haftungsprivileg verliert. Damit wird die bereits oben[1] in Zusammenhang mit der Darstellung des Rektor-Falles des Bundesgerichtshofes aufgeworfene und in der Entscheidung offen gebliebene Frage nach dem „*Zweck der Kommanditgesellschaft*" und den zulässigerweise mit dieser Gesellschaftsform zu verfolgenden Zielen wieder aufgenommen.

Gedanken hinsichtlich der immanenten Beschränkung der Gestaltungsfreiheit durch allgemeine Prinzipien sind in der Vergangenheit immer wieder geäußert worden. Im Mittelpunkt stand hierbei das Problem, ob die Privatautonomie der Gesellschafter es zuläßt, daß sie ganz neue, im Gesetz jedenfalls nicht ausdrücklich vorgesehene Gesellschaftsformen schaffen können. Bei der Behandlung dieses Problems lassen sich verschiedene, sich allerdings teilweise überschneidende dogmatische Lösungsansätze unterscheiden, die zu einer Begrenzung der Vertragsfreiheit in dem hier interessierenden Zusammenhang führen können. Sie sollen zunächst dargestellt (I) und sodann kritisch diskutiert werden (II).

I. Die verschiedenen Lösungsansätze

1. *Das Wesensargument und die Bindungswirkung allgemeiner Grundsätze der Wirtschaftsverfassung*

Ansatzpunkt der ersten Argumentationsrichtung ist das „*Wesen der Kommanditgesellschaft als Personengesellschaft*". Für das Rechtsinstitut der KG werden bestimmte Eigenschaften als unabdingbar angesehen; sie habe als soziale Einrichtung ein besonderes Gepräge, das sich in wesentlichen Gerechtigkeits- und Ordnungsvorstellungen äußere. Keine Vereinbarung dürfe gegen das Wesen der Gesellschaft verstoßen. Das Wesen wird hierbei als ein Inbegriff von Merkmalen angesehen, der sich erst bei einer wertenden Unterscheidung des Wesentlichen vom Unwesentlichen erschließt[2]. Fundstelle für die das Wesen begründenden Merkmale sind die als zentral angesehenen gesetzlichen Normen[3]. Das Wesen als Argumentationshilfe findet sich auch häufig in der Recht-

---

[1] § 4.

[2] Vgl. die Formulierung bei H. P. Westermann, S. 93: „Unter dem Wesen eines Rechtsinstituts ist die Quintessenz der ihm untrennbar anhaftenden Eigenschaften zu verstehen, die durch begriffliche Merkmalszusammenfassung nicht vollständig wiedergegeben werden kann."

[3] Eine umfassende Darstellung des Wesensarguments mit zahlreichen Anwendungsbeispielen und Nachweisen findet sich bei Teichmann, Gestaltungsfreiheit, S. 3 ff.; vgl. auch H. P. Westermann, S. 85 ff. und Schultze-v. Lasaulx, ZfgG 21 (1971), 325 (329).

sprechung[4]. Durch die Erwähnung des „Wesens der Aktiengesellschaft" in § 241 Ziff. 3 AktG hat das „Wesen" sogar Eingang ins Gesetz gefunden. Teichmann[5] geht so weit, das Wesensargument als allgemein anerkannte, nicht unmittelbar aus dem Gesetz folgende Schranke der Vertragsfreiheit zu bezeichnen.

Als wesensgemäßes Element der Kommanditgesellschaft, das durch ihren „Zweck" gefordert werde, wird zuweilen die dem gesetzlichen Normalstatut zugrundeliegende *Zuweisung der Verantwortung an den Komplementär* angesehen. Werde diese zugunsten des Kommanditisten verschoben, so treffe ihn sozusagen als Sanktion die persönliche Haftung[6].

Teilweise unabhängig vom Wesensargument, teilweise zu dessen Unterstützung ist von einem weiteren Ansatzpunkt ein Angriff gegen die Erweiterung des Herrschaftsbereichs des Kommanditisten geführt worden. Im Mittelpunkt stand hierbei die Aussage, daß das Gesellschaftsrecht keine wertfreien Organisationsregeln anbiete, sondern Ausdruck und Ergebnis bestimmter wirtschaftlicher Vorstellungen sei, die bei gesellschaftsrechtlichen Gestaltungen beachtet werden müßten und auf diese Weise eine besondere Bindungswirkung auf die Vertragsschließenden ausübten. Als ein solcher allgemeiner Grundsatz der Wirtschaftsverfassung wird der Satz *„keine Herrschaft ohne Haftung"* angesehen[7]. Er gehöre zu den tragenden Grundpfeilern des gesamtwirtschaftlichen Ordnungsgefüges. Da der Kommanditist in der KG nicht hafte, sei es

---

[4] Für die Kommanditgesellschaft: RG ZAKtDR 1944, 129 (130), mit vor allem zum Wesensargument krit. Anm. von A. Hueck; BGHZ 10, 44 (48); für die OHG: RGZ 165, 260 (265); BGHZ 3, 354 (357); 36, 292 (293); für GmbH und AG: RGZ 112, 273 (278); 113, 188 (192); BGHZ 14, 53 (55); weitere Beispiele bei Scheuerle, Das Wesen des Wesens, AcP 163, 429 ff.

[5] S. 3.

[6] z. B.: Lehmann, S. 333 f.; umgekehrt wird häufig auch das „Wesen" der KG dafür in Anspruch genommen, daß der Kommanditist nicht unbeschränkt haften soll: vgl. Hofmann, NJW 1969, 577 (578) m. w. Nachw. und Schilling in Großkomm. HGB, § 164 Anm. 16.

[7] Als Begründer dieser Lehre muß wohl Müller-Erzbach angesehen werden: Mitgliedschaft, S. 114 ff.; ders., JZ 1956, 705 (708); ders., AcP 154, 299 (342 ff.); besonders prägnant in Festschrift für Heymann, S. 737 f.: „Das Recht darf eine haftungsbefreite oder haftungsbeschränkte Herrschaft nicht dulden"; vgl. weiter Haupt/Reinhardt, S. 79, 83; Nitschke, S. 242, 259, spricht von einem im Gesetz vorausgesetzten „Verhältnis von Macht und Verantwortung"; Reinhardt, Gedanken zum Identitätsproblem bei der Einmanngesellschaft, Festschrift für H. Lehmann, Bd. II, 1956, S. 588; Kuhn, S. 166 ff.; C. Ott, S. 107, 120, 127, 215 ff., 297 (Zusammenfassung); Immenga, Die personalistische Kapitalgesellschaft, 1970, S. 117 ff.; Grossfeld, Aktiengesellschaft, Unternehmenskonzentration und Kleinaktionär, 1968, S. 105 ff.; Grossmann-Doerth, Gutachten zum 5. Deutschen Juristentag, 1931, S. 165 (240); neuerdings auch Beyerle, S. 83; der das „Prinzip der Einheit von Herrschaft und Haftung" zwar bejaht, aber vor allem untersucht, ob es sich im Falle der Haftung eines Kommanditisten aus § 176 HGB umkehren läßt, was er verneint.

also unzulässig, daß er in der Gesellschaft die Führungsrolle übernehme. Die Personengesellschaft verstärke die Macht des einzelnen am Markt und greife als Trägerin des sich in der Wirtschaft betätigenden Unternehmens unmittelbar in das wirtschaftliche Gesamtgefüge ein. Strukturänderungen, welche die Funktionseinheit der Gesellschaft durchbrechen, entzögen das Unternehmen den Ordnungskräften, die den Gesamtablauf sicherten; dadurch werde die Funktionsfähigkeit der Wirtschaftsordnung gefährdet. Nach Immenga[8] gehört die unbeschränkte Haftung zur *„Lenkungsmechanik der Konkurrenzwirtschaft"*. Die der Haftung innenwohnende Sachgesetzlichkeit der vorsichtigen Wirtschaftsführung bewirke einen vorsichtigen Kapitaleinsatz und beuge damit der Verschleuderung volkswirtschaftlichen Vermögens vor (Kapitallenkungs- und Erhaltungsfunktion); außerdem sorge eine möglichst ausgedehnte Haftung für die Entfernung untüchtiger Unternehmer aus dem Wirtschaftsprozeß (Ausleseprinzip)[9]. Die Parteiautonomie sei also als maßgebliches Gestaltungsprinzip dort funktionellen Bindungen unterworfen, wo die zu ordnenden Sozialbezüge in die Sphäre der Gemeinschaft hineinreichten. Das Prinzip des gesamtwirtschaftlichen Risikoausgleichs verlange bei dem die Gesellschaft beherrschenden Kommanditisten eine Übereinstimmung seiner Aktionsmöglichkeit mit dem Umfang des haftenden Vermögens. Hier versage, wie die Vertreter dieser Ansicht meinen, die Parteiautonomie als Legitimation für die Haftungsbeschränkung, weil die Risikoeinheit der Gesellschafter zerrissen und damit *zwingende Grundprinzipien der Wirtschaftsverfassung* nicht beachtet würden[10]. Im Falle der Ausweitung der Herrschaftsbefugnisse des Kommanditisten werde dem Satz „keine Herrschaft ohne Haftung" dadurch Geltung verschafft, daß ihm die Berufung auf sein gesetzliches Haftungsprivileg versagt werde[11].

---

[8] S. 118 f. m. Nachw.

[9] Er sieht in dem Prinzip jedoch (unter Hinweis auf die Auffassung des BGH in BGHZ 45, 204, Rektor-Fall) kein *zwingendes Postulat*, sondern nur ein Prinzip von wirtschaftsverfassungsrechtlicher *Erheblichkeit*, weshalb er eine unbeschränkte Haftung des herrschenden GmbH-Gesellschafters ablehnt (S. 419), jedoch unter bestimmten Voraussetzungen eine erweiterte Haftung über die Kapitaleinlage hinaus bejaht (S. 420 ff.).

[10] Diese Gedanken lassen sich auf Bestrebungen der ordoliberalen Freiburger Schule Walter Euckens zurückführen, in der vor allem Franz Böhm (Wettbewerb und Monopolkampf, 1933, S. 124) für eine aus der gesamtwirtschaftlichen Wertung gewonnene Beurteilung allgemeiner Rechtsinstitute, allerdings primär mit Stoßrichtung gegen die wettbewerbsbeschränkenden Machtzusammenballungen in den Kartellen, eintrat. Unter Berufung auf Böhm hat vor allem Biedenkopf (Festschrift f. Böhm, 1965, S. 113 [119 f.]) in jüngerer Zeit diesen Gedanken, u. a auch für das Gesellschaftsrecht, fortgeführt, indem er die Ausrichtung privatrechtlicher Gestaltungen entsprechend übergeordneten, wirtschaftsrechtlichen Grundsätzen forderte.

[11] So namentlich C. Ott, a.a.O.; ähnlich Müller-Erzbach, Reinhardt und Kuhn (vgl. oben FN 34).

Nach der Auffassung von Nitschke[12], der das Prinzip der Einheit von Herrschaft und Haftung als Grundsatz *„Keine Herrschaft ohne Verantwortung"* modifiziert, soll der Kommanditist zur Aufrechterhaltung seiner beschränkten Haftung selbst ein ausreichendes Korrektiv für die ihm eingeräumte Macht schaffen können, indem er seine Haftsumme so hoch bemißt, daß — abgestellt auf den konkreten Geschäftsbetrieb — seine beschränkte Haftung der unbeschränkten praktisch gleichkommt[13]. Auch soll es ausreichen, daß er von Fall zu Fall auf Verlangen des Komplementärs den Gläubigern der Gesellschaft gegenüber seinen Schuldbeitritt erklärt oder die selbstschuldnerische Bürgschaft übernimmt. Ferner wird es von Nitschke als möglich angesehen, daß der Kommanditist sich intern gegenüber dem Komplementär zur Freistellung von einer drohenden Inanspruchnahme oder zum Ausgleich der aufgrund der unbeschränkten Haftung entstandenen Nachteile verpflichtet. Hat der Kommanditist nicht selbst ein solches Korrektiv zur Aufrechterhaltung des Grundsatzes „Keine Herrschaft ohne Verantwortung" geschaffen, so treffe ihn als Sanktion nicht die unbeschränkte Außenhaftung, sondern die Pflicht zur unbegrenzten Freistellung im Innenverhältnis[14]. Aufgrund der bereits oben[15] behandelten Pfändbarkeit des Freistellungsanspruches besteht jedoch vom wirtschaftlichen Ergebnis her kein Unterschied zwischen der Auffassung Nitschkes und der unmittelbaren Außenhaftung.

2. *Die institutionelle Theorie*

Neben dem Wesensargument und dem Versuch, aus allgemeinen Grundsätzen der Wirtschaftsverfassung unüberschreitbare Grenzen der Privatautonomie abzuleiten, verdient auch der Versuch Beachtung, die institutionelle Theorie zur Bestimmung von Schranken der Gestaltungsfreiheit in Gesellschaftsverträgen fruchtbar zu machen. Auf dem Boden dieser Theorie steht, basierend auf Gedanken von Savigny[16], Esser[17] und Raiser[18] und unter Verwertung der in der französischen institutionellen Lehre[19] erarbeiteten Erkenntnisse, vor allem Teichmann[20].

---

[12] S. 260 ff. unter Berufung auf eine Bemerkung von Brecher, Festschrift für Hueck, 1959, S. 254.

[13] S. 263.

[14] S. 266 f. und bereits oben § 5 II 1.

[15] § 5 II.

[16] System des heutigen römischen Rechts, 1840 ff., § 5 (S. 9 ff.); § 13 (S. 44); § 58 (S. 386).

[17] Grundsatz und Norm, 1956, passim z. B. S. 36 f., 87 f., 102 ff., 321.

[18] Rechtsschutz und Institutionenschutz, in: Summum ius summa iniuria, 1965, S. 163; vgl. auch Rüthers, Die unbegrenzte Auslegung, 1968, S. 278 ff.

[19] Hauriou, Die Theorie der Institution, 1965; Renard, La Théorie de l'Institution, 1930, S. 13 ff.; zum ganzen Teichmann, Gestaltungsfreiheit, S. 26 ff.

[20] Gestaltungsfreiheit, S. 43 ff.

Die Institutionenlehre bemüht sich um ein neues Verständnis von den gesellschaftsrechtlichen Gemeinschaften; sie versucht, in ihnen Eigengesetzlichkeiten aufzuzeigen und damit einen weiteren rechtlich bedeutsamen Faktor neben Gesetz und Vertrag zu bestimmen[21]. Institutionelle Theorie besagt nach einer Charakterisierung von Schultze-v. Lasaulx[22], daß „durch das Widerspiel zwischen Ausgestaltung und Sicherung des individuellen Wirkungsbereichs und der Absicherung gesellschaftlicher Forderungen Verhaltenserwartungen entstehen, die sich in Rechtsinstituten niederschlagen, die die Vertragsfreiheit kraft objektiven Rechts eingrenzen". *Institutionalisierung* ist danach *Verfestigung, Beseitigung der Vertragsfreiheit durch vorgegebene und als solche zu übernehmende Strukturen*[23] *und damit ein Prozeß der Abkehr von der Vertragsfreiheit.* Die institutionelle Theorie begnügt sich nach Teichmann[24] jedoch „nicht mit der Feststellung des Ergebnisses, an dieser oder jener Stelle sei eine Abkehr von der Möglichkeit individuellen Aushandelns, ... eine Gebundenheit an bestimmte Strukturen eingetreten". Sie ist bestrebt, „Gründe aufzuzeigen, weshalb es zu dieser Entwicklung notwendigerweise kommen muß". Dies führt zu den Motivationen für die Institutionalisierung, unter denen Teichmann wie folgt unterscheidet: öffentliches Interesse, Gesellschafterschutz, Gläubigerschutz, Funktion des Rechtsinstituts, Differenzierung nach der Eigenschaft als juristische Person, Prinzip der Selbstorganschaft und der *Grundsatz des Korrektivs der Haftung für die Herrschaftsbefugten*[25]. Aus dem letzteren Prinzip könnte eine Begrenzung der Vertragsfreiheit in dem hier zu untersuchenden Zusammenhang folgen und zu einer erweiterten Haftung des Kommanditisten führen[26].

3. Die Bindung an gesetzliche Strukturtypen

Von der gesellschaftsrechtlichen Typenlehre sind die bei weitem bedeutsamsten Impulse für die Begrenzung der Privatautonomie im Recht der Kommanditgesellschaft und — als Folge hiervon — eine Haftungserweiterung des Kommanditisten ausgegangen. Der Typus ist, wie Engisch[27] zutreffend feststellt, zu einem *„Modebegriff"*, und zwar nicht allein im Bereich des Gesellschaftsrechts geworden.

---

[21] Teichmann, Gestaltungsfreiheit, S. 43.

[22] ZfgG 21 (1971), 325 (338).

[23] Teichmann, Gestaltungsfreiheit, S. 46.

[24] Gestaltungsfreiheit, S. 50.

[25] Gestaltungsfreiheit, S. 96 ff.

[26] Teichmann selbst lehnt i. E. die Geltung dieses Prinzips ab (S. 125 f.), das kann jedoch nicht von einer kritischen Durchleuchtung seines Denkansatzes entbinden, von dem aus ebensogut die Einheit von Herrschaft und Haftung bejaht werden könnte. (Vgl. hierzu noch oben § 6 II 3 a.)

[27] Die Idee der Konkretisierung in Recht und Rechtswissenschaft unserer Zeit, 1953, S. 237, mit umfangreichen Literaturnachweisen zum Typusbegriff

Diesem Ansatz liegt die Vorstellung von einem bestimmten Leitbild oder Modell zugrunde, das dem Gesetzgeber bei der abstrakt-rechtlichen Ordnung der Gesellschaftsformen vorgeschwebt hat[28]. Die im Gesetz vorgenommene Regelung der Gesellschaftsformen soll jeweils auf einen *„gesetzlichen Strukturtyp"* ausgerichtet sein. Dieser Typus erscheint als der „Normalfall, den der Gesetzgeber der Rechtsform zugrundelegt", als „gedachte, anschaulich vorgestellte Erscheinung des Rechtslebens, die das gegenständliche Substrat der abstrakten Definition bildet". Er wird „durch Festhalten der bei verschiedenen Individuen wiederkehrenden, sich deckenden Merkmale und durch Verschwinden der nur vereinzelt auftretenden Eigenschaften"[29] in der Vorstellung des Betrachters gebildet[30]. Bei der Denkform des Typus handelt es sich also um eine Zusammenfassung von wesentlichen Merkmalen, dem eine Erscheinung aufgrund ihres Gesamtbildes zugeordnet werden kann. „Der Typus ergibt sich aus einer ganzheitlichen Zusammenschau der ihn ausmachenden Merkmale, die aber ihrerseits den Wesenskern durchscheinen läßt[31]." Der Typus tritt damit in Gegensatz zum eindeutigen Allgemeinbegriff[32], der auf klassenlogischen Unterscheidungen beruht und bei dem eine strenge Subsumtion im Gegensatz zur bloßen Zuordnung beim Typus als einer „Denkform des Allgemeinen" möglich ist[33]. Durch seine Wirklichkeitsnähe ist der Typus konkreter als der Begriff[34]. Mit dem Denken in Institutionen hat die Denkform des Typus die Hervorhebung einer Struktur gemeinsam[35].

---

in FN 2 - 11; zum Begriff „Typus" auch Mengiardi, Strukturprobleme des Gesellschaftsrechts, Zur Bedeutung der Typuslehre für das Recht der Personengesellschaften und juristischen Personen, ZSR 87/2 (1968), 1 (64 ff.).

[28] Mengiardi, S. 102; Schluep, Die methodologische Bedeutung des Typus, Festgabe f. Obrecht, 1961, S. 14; Leenen, Typus und Rechtsfindung, 1971, 80 ff. (86) m. Nachw.; Koller, Grundfragen einer Typuslehre im Gesellschaftsrecht, 1967, S. 78; Larenz, Methodenlehre der Rechtswissenschaft, 3. Aufl. 1975, S. 449.

[29] U. Huber, Typenzwang, Vertragsfreiheit und Gesetzesumgehung, JurA 1970, 784 (787).

[30] Der hier gemeinte Typus ist also ein normativer Typ im Sinne von „Vollform" im Gegensatz zum empirischen Typ (Häufigkeitstyp); zu dieser Unterscheidung Koller, S. 28.

[31] H. P. Westermann, S. 100.

[32] Engisch, S. 238, 258; Mengiardi, S. 68, 90 ff.; Schluep, S. 10; Strache, Das Denken in Standards, 1966, S. 41 ff.; Leenen, S. 27; H. Julius Wolff, Studium Generale, Heft 4, 1952, 195 (197); Larenz, S. 448; Koller, S. 14 ff.; W. Ott, Die Problematik einer Typologie im Gesellschaftsrecht, dargestellt am Beispiel des schweizerischen Aktienrechts, 1972, S. 36 ff.; H. P. Westermann, S. 103.

[33] Kritisch zum Gegensatz von Begriff und Typus: Zippelius, Festschrift f, Engisch, 1969, S. 224 ff.

[34] Engisch, S. 262; Leenen, Typus, S. 27.

[35] Zippelius, S. 227; zu den Unterschieden zwischen Typus und Institution: Teichmann, S. 137 (140).

Der vom Gesetzgeber zugrundegelegte Typus soll im Gesellschaftsrecht im Rahmen der gesetzlichen Regelung besonders bei den dispositiven Vorschriften durchstrahlen. Der gesetzliche Typ der Kommanditgesellschaft sei vor allem dadurch gekennzeichnet, daß die Komplementäre nach innen und außen, also in bezug auf Geschäftsführung und Vertretung, die maßgeblichen Leiter des Unternehmens sind und dem nur durch einen Kapitalbetrag beteiligten Kommanditisten keinerlei Geschäftsführungs- und Vertretungsbefugnisse zukommen. Dieser Herrschaftsordnung entspreche die Haftungsordnung: Die Komplementäre haften unbeschränkt und die Kommanditisten lediglich mit ihrer Einlage[36]. Nur von einem anderen methodischen Ausgangspunkt aus findet wiederum der Satz von der angeblichen Einheit von Herrschaft und Verantwortung Eingang in die Argumentation, wenn die Auffassung vertreten wird, in dieser typischen Machtverteilung komme eine besondere Ordnungsvorstellung des Gesetzgebers zum Ausdruck. Zwar sei diese typische Gestaltung infolge der Abdingbarkeit der Vorschriften der §§ 164 ff. HGB dispositiv, durch eine Aufhebung der für den gesetzlichen Typ charakteristischen Verbindung von Herrschaft und Haftung würde jedoch eine Leitung des Unternehmens bei beschränkter Haftung ermöglicht und damit gegen gesetzgeberische Ordnungs- und Gerechtigkeitsvorstellungen verstoßen. Die „Typengesetzlichkeit" der Kommanditgesellschaft würde verletzt[37]. *Die Typengesetzlichkeit* wird also *als notwendige Schranke gegenüber einer Abänderung dispositiver, aber gesetzestypischer Normen* empfunden. Dies hat zur Folge, daß nur solche Abänderungen, die mit den wesentlichen Strukturprinzipien des Gesetzes in seiner jeweiligen, aus den Ordnungs- und Gerechtigkeitsfunktionen der dispositiven gesetzlichen Regelung gewonnenen Zielsetzung übereinstimmen, zugelassen werden[38]. Paulick[39] führt in diesem Zusammenhang besonders anschaulich aus: „Man hat bisher auf dem Gebiete des Gesellschaftsrechts Schranken der Gestaltungsfreiheit nur in den zwingenden Vorschriften und in den allgemeinen Rechtsgrundsätzen der §§ 134, 138 BGB, nicht auch in der Typengesetzlichkeit der einzelnen Gesellschaftsformen gesehen und ist so zu einer Überbewertung des Parteiwillens gekommen, die in diesem Zusammenhang nicht gerechtfertigt ist und das Wesen der Gesellschaftstypen als Institutionen der Rechtsordnung nicht hinreichend würdigt." Auch den nachgiebigen Vorschriften könne nicht die Berechtigung „zur Schaffung völlig neuer, im Gesetz

---

[36] Paulick, Die eingetragene Genossenschaft als Beispiel gesetzlicher Typenbeschränkung, 1954, S. 37, 62; C. Ott, S. 176 ff.

[37] Paulick, Eingetragene Genossenschaft, S. 37 ff.; Lehmann, S. 331 ff.; vgl. auch Müller-Erzbach, AcP 154, 299.

[38] Paulick, Eingetragene Genossenschaft, S. 30 ff.; C. Ott, S. 142 ff.; vgl. auch Kuhn, S. 166.

[39] S. 39.

nicht vorgesehener Gesellschaftstypen“ entnommen werden. Die Auffassung, welche die Gestaltungsfreiheit über die Typengesetzlichkeit stelle, übersehe dies[40]. Den dispositiven Vorschriften sei nur eine Ermächtigung zur Entfaltung der Privatautonomie „unter Wahrung der essentiellen Merkmale des Typus“ zu entnehmen[41].

Die Typengesetzlichkeit soll demnach eine *immanente Grenze der Vertragsfreiheit* enthalten. Setzen sich die Parteien hierüber durch eine Erweiterung des Herrschaftsbereichs des Kommanditisten hinweg, so muß durch eine Erweiterung auch der Verantwortung des Kommanditisten im Sinne eines Wegfalls des Haftungsprivilegs des § 171 HGB der für das gesetzliche Leitbild maßgeblichen Verteilung von Macht und Haftung Geltung verschafft werden[42].

II. Sachliche und methodische Analyse und Kritik

Versucht man, bei einer Analyse der verschiedenen Ausgangspunkte der soeben in ihren Grundzügen dargestellten Lösungsansätze das Gemeinsame aller Bestrebungen festzustellen, so stößt man bald auf das übereinstimmende Ziel, bei der Suche nach Schranken der Vertragsfreiheit die für notwendig gehaltenen Beschränkungen auf ein *allgemeines Prinzip* zurückzuführen. Ob nun vom „Wesen“ oder der „Grundstruktur“ der Kommanditgesellschaft, vom „Typenzwang“ oder von „institutionellen Eigengesetzlichkeiten“ die Rede ist, es geht immer um das Bemühen, einen allgemeinen Grundsatz zu entwickeln, um dann im Einzelfall von dorther die Begründung abzuleiten[43].

In diesem gemeinsamen Streben nach einem allgemeinen Prinzip liegt gleichzeitig auch, wie sich zeigen wird, die gemeinsame Schwäche, manche[44] sprechen sogar von „Unbrauchbarkeit“, dieser Lösungsansätze. Die Kriterien für die jeweils entscheidende Bestimmung dessen, was man als „Wesen“, „Typ“ oder „Institution“ bezeichnet, sind unbestimmt. Folglich sind auch die hiermit zu ermittelnden Leitbegriffe in ihrem Aussagewert zu unklar, als daß sich hiermit eine brauchbare Abgrenzung für die Einzelfallentscheidung finden ließe.

1. *Wesensargument*

So drängt sich etwa bei der Beschäftigung mit dem Wesensargument die Frage auf, was unter Wesen einer Gesellschaftsform zu verstehen

---

[40] S. 75.

[41] S. 38.

[42] z. B.: Paulick, Eingetragene Genossenschaft, S. 63, 83 und darstellend H. P. Westermann, S. 272.

[43] Vgl. auch Schultze-v. Lasaulx, ZfgG 21 (1971), 325 (329).

[44] z. B. Schultze-v. Lasaulx, S. 339; für die Typenlehre Esser, AöR 71, 140 (142).

ist. Was ist ihr „Zweck"? Wie ist er zu ermitteln? Der Begriff des Wesens bleibt unscharf. Er wird nie näher umrissen.

Von diesen praktischen Schwierigkeiten abgesehen, muß seit der aufschlußreichen Untersuchung von Scheuerle über das „Wesen des Wesens"[45] jedes Argumentieren mit dem Wesensargument als verdächtig erscheinen. Wie Scheuerle überzeugend und belegt durch zahlreiche Beispiele nachweist, handelt es sich bei dem *Wesensargument* um ein *Kryptoargument,* d. h. eines, hinter welchem sich andere Argumente verbergen. Die wahren Gründe für eine bestimmte Entscheidung werden verdeckt. Das Wesensargument verschleiert damit die ungenannten, „wahren" Erwägungen und Motive[46]. So wird diese Argumentationsweise in dem hier interessierenden Zusammenhang, in dem es um die Grenzen der Gestaltungsfreiheit bei Abschluß eines Gesellschaftsvertrages für eine Kommanditgesellschaft geht, gebraucht, obwohl der gleiche Effekt durch Auslegung zu erreichen ist. Scheuerle[47] spricht darum vom „interpretativen Wesensargument". Es geht letztlich um Interessen, nämlich die der Gesellschafter und der Gläubiger. Scheuerle ist voll zuzustimmen, wenn er feststellt[48], daß das Wesensargument dort, wo es um Interessenbewertung geht, besonders offenkundig als Kryptoargument fungiere und entbehrlich sei. Es genüge, von Auslegung, Interessenanalyse und Subsumtion als interessengerechter Anwendung der in Frage stehenden Normen zu sprechen[49]. Solche Gedanken gehörten zum Rüstzeug und seien ohne Wesenszutat eine „causa sufficiens". Das Wesensargument ist damit abzulehnen, weil es als Kryptoargument gegen die Forderung nach methodischer Offenheit verstößt[50].

2. Der Gleichlauf von Herrschaft und Haftung als zwingender Grundsatz der Wirtschaftsverfassung?

Wie steht es nun mit dem Versuch der Herleitung eines allgemeinen Prinzips zur Begrenzung der Vertragsfreiheit aus der Notwendigkeit einer Entsprechung von Herrschaft und Haftung als angeblich zwingender Maxime des Wirtschaftsverfassungsrechts? Wo ist ein derartiges Prinzip im geltenden Recht niedergelegt? Wo finden sich Ausprägungen dieses angeblich allgemeinen Grundsatzes als zwingendes Strukturelement der Kommanditgesellschaft?

---

[45] AcP 163, 429.

[46] Scheuerle, S. 430.

[47] S. 438.

[48] S. 440.

[49] Ähnlich auch Teichmann, Gestaltungsfreiheit, S. 3 ff., mit der Bemerkung, der Vorbehalt der Wahrung des Wesens verberge nur unklare andere Motivationen.

[50] Scheuerle, S. 471.

Sicherlich ist nach den Untersuchungen im 1. Teil dieser Arbeit nicht zu leugnen, daß wegen der weitgehenden Machtverteilung zugunsten des Komplementärs die Vorstellung einer Entsprechung von Herrschaft und Haftung dem gesetzlichen Normalstatut der KG zugrundegelegen hat. Aber dieses Statut ist, wie ebenfalls im 1. Teil gezeigt, nach dem Wortlaut des Gesetzes eben nicht zwingend. Im übrigen darf sich die Suche nach einem *allgemeinen* Prinzip nicht allein auf die KG beschränken, sondern sie muß sich naturgemäß auf den ganzen Katalog der den Beteiligten vom Gesetzgeber zur Verwirklichung eines beabsichtigten verbandsrechtlichen Zusammenschlusses zur Verfügung gestellten Gesellschaftsformen erstrecken.

Sieht man hierbei zunächst auf die *OHG*, so ist auch hier die Lenkungsbefugnis mit einer unbeschränkten Haftung gekoppelt. Allerdings gilt dies, wie auch bei der Kommanditgesellschaft, nur für die gesellschaftsvertragliche Lenkungsbefugnis. Eine rechtsgeschäftliche Übertragung von Prokura oder Handlungsvollmacht an nichthaftende Dritte ist möglich. Häufig ist es so, daß die Gesellschafter auf diese Weise ihren Prokuristen faktisch die gesamte Leitungsbefugnis überlassen, ohne daß sich hierdurch an deren Nicht-Haftung etwas ändern würde[51]. So zeigt sich, daß die angebliche Maxime schon bei den Personengesellschaften, die oft als Kronzeugen für ihre Geltung genannt werden, nicht unbedingt immer gilt.

Untersucht man nun *andere Gesellschaftsformen*, so findet man dort eine überwiegende Trennung von Leitungsbefugnis und persönlicher Haftung. Bei der GmbH[52] und der AG hat sich der Gesetzgeber für die Möglichkeit einer beschränkten Haftung trotz voller Entscheidungsgewalt entschieden: Die Geschäftsführer bzw. der Vorstand als Leiter des Unternehmens haften den Gläubigern regelmäßig überhaupt nicht. Eine aufschlußreiche Darstellung der Zerrissenheit von „Chance und Risiko" im Aktienrecht findet sich bei Grossfeld[53], der einmal die Möglichkeit aufzeigt, durch Zwischenschaltung mehrerer Aktiengesellschaften die Haftung selbst der Aktionäre zu beschränken[54], und zum anderen auf die durch Aufsplitterung der Aktionäre immer mehr gesteigerte Machtfülle der Verwaltung der AG hinweist, der ihr Risiko, das weiterhin von den Aktionären getragen wird, nicht entspricht[55]. Für den Be-

---

[51] Vgl. Hofmann, NJW 1969, 577 (579 f.); Rasner, S. 132; wenn Nitschke, S. 259 FN 18 a, darauf hinweist, daß der Prokurist theoretisch immer noch weisungsgebunden sei, so kann dies nichts daran ändern, daß er faktisch vielfach die uneingeschränkte Leitungsmacht hat.

[52] Vgl. den Hinweis von H. P. Westermann, S. 274.

[53] S. 110 ff.

[54] „So wird die Voraussetzung geschaffen, um mit einem Minimum an Risiko ein Maximum an Macht auszuüben." Grossfeld, S. 111.

[55] S. 111; ebenso Helm, ZGR 1973, 478 (481).

reich der Großunternehmen ist auch der Hinweis[56] berechtigt, daß durch das Mitbestimmungsrecht der Arbeitnehmer im Unternehmen die Verbindung von Entscheidungsgewalt und Einstehenmüssen für den wirtschaftlichen Erfolg endgültig und gänzlich aufgegeben ist.

Schon der Blick auf diese wenigen Beispiele zeigt, welche *entscheidenden Einschränkungen* der angebliche Grundsatz des Gleichgewichts von Herrschaft und Haftung sich gefallen lassen muß. Von einem durchgängigen Prinzip, dem auch noch eine sich auf die Begrenzung der Vertragsfreiheit auswirkende Integrationswirkung zukommen soll, kann wohl schon nach dieser kurzen Überprüfung nicht gesprochen werden[57].

Man könnte allenfalls daran denken, diese Maxime als möglicherweise erstrebenswerte wirtschaftspolitische Zielvorstellung[58] zu diskutieren. Dem könnte die Überlegung zugrundeliegen, daß die persönliche Haftung das Verantwortungsbewußtsein steigert und auf diese Art und Weise die Auslese erfolgloser Unternehmer recht wirkungsvoll betrieben werden könnte. Hierbei darf jedoch nicht der Umstand aus dem Blickfeld geraten, daß die primär interessierende Frage nur sein kann, ob dieses Ziel als allgemeiner Grundsatz auch tatsächlich positivrechtlich verwirklicht wurde. Dies ist aber, wie gezeigt, nicht der Fall. Im übrigen würde aber auch die Verwirklichung dieser Zielvorstellung nicht unbedenklich sein. Sie würde auf eine einseitige Festlegung unserer Wirtschaftsverfassung im Sinne des Ordoliberalismus hinauslaufen[59]. Verfassungsrechtlich steht dem schon die vom Bundesverfassungsgericht[60] angenommene wirtschaftspolitische Neutralität des Grundgesetzes entgegen. Auch wenn man, wie es manche[61] versuchen, dem Grundgesetz jedenfalls das Postulat der „sozialen Marktwirtschaft“ entnehmen will, so kann hieraus noch nichts über die Ausgestaltung der Unternehmen im einzelnen geschlossen werden[62]. Im übrigen ist, wenn man sich schon im Bereich rechtspolitischer Überlegungen bewegt, wohl auch die

---

[56] Wiedemann, Die Übertragung und Vererbung von Mitgliedschaftsrechten bei Handelsgesellschaften, 1965, S. 328; Helm, S. 481.

[57] Auf die fehlende Verankerung im geltenden Recht weisen vor allem mit Blick auf die GmbH und die AG hin: Wiedemann, Mitgliedschaftsrechte, S. 328 f.; Schröder, S. 95 ff.; H. P. Westermann, S. 274; Wiethölter, Die GmbH & Co KG — Chancen und Grenzen, in: Aktuelle Probleme der GmbH & Co KG, 1961, S. 37; Winkler, NJW 1969, 1009.

[58] Vgl. die rechtspolitisch zu verstehenden Vorstöße von Würdinger, Soz. Prax. 1938, Spalte 193 ff.; Boesebeck, Soz. Prax. 1938, Spalte 715 ff. und Friedrich, Soz. Prax. 1938, Spalte 1159 ff.

[59] Helm, ZGR 1973, 482.

[60] BVerfGE 4, 7; 7, 7 (17); vgl. auch Krüger, DVBl. 1951, 361 ff.

[61] Nipperdey, Freie Entfaltung der Persönlichkeit, in: Die Grundrechte, Bd. IV, 2, S. 869, 968; kritisch: E. R. Huber, DÖV 1956, 97, 135, 172, 200.

[62] Sandrock, Grundbegriffe des GWB, S. 52 f. und ihm zustimmend H. P. Westermann, S. 91; a. A. aber Helm, S. 483, der aus sozialstaatlichen Gründen sogar den Grundsatz der Haftungsbeschränkung für erforderlich hält.

Frage zu Recht gestellt worden[63], wieso nicht auch der Verlust eines in das Stammkapital einer GmbH investierten Vermögens oder der Hafteinlage eines Kommanditisten ein hinlängliches Risiko zur Förderung des Verantwortungsbewußtseins derjenigen, die ein Unternehmen beherrschen, darstellen kann. Ferner sei auch noch darauf hingewiesen, daß auch in der Rechtswirklichkeit die Entwicklung offenbar dahin geht, daß die Bedeutung der Zugriffsmöglichkeit auf das Verbandsvermögen die der persönlichen Haftung des Unternehmers überwiegend wirtschaftlich verdrängt. Die hinter der Einheit von Herrschaft und Haftung möglicherweise stehenden Gesichtspunkte des Gläubigerschutzes werden also durch die Praxis zurückgedrängt[64].

Nicht zuletzt sind auch aus Gründen der *Rechtssicherheit* schwerwiegende Bedenken anzumelden, wollte man tatsächlich auf die faktische Beherrschung eines Unternehmens mit der persönlichen Haftung reagieren. Sollen bei einer körperschaftlich strukturierten KG mit stark zersplitterten Kommanditanteilen, wo die Geschäftsführungsbefugnis einer mit Kapitalmehrheit beschließenden Kommanditistenversammlung zugewiesen ist, alle Mitglieder der Versammlung unbeschränkt haften, auch wenn sie gegen die den Haftungsfall begründende Maßnahme gestimmt haben[65]? Man braucht jedoch gar nicht nur die atypischen Formen der KG anzusehen: Wie will man schon bei einer Kommanditgesellschaft mit gesetzlichem Normalstatut die Haftung aus außergewöhnlichen Geschäften, die der Mitwirkung der Kommanditisten bedürfen, behandeln, wenn dieser kraft Kapitalanteil den Ausschlag für den fraglichen Beschluß gegeben hat[66]? Die Konsequenz einer unbeschränkten Haftung wäre eine gefahrvolle Aufweichung unseres an der Klarheit der Haftungsregelung interessierten Rechts, und dies würde die höchstrichterliche Rechtsprechung bei der Abgrenzung der insoweit in Betracht kommenden Tatbestände in eine überaus bedenkliche Kasuistik führen[67]. Hier ist auch Jutta Limbachs[68] Befund der wirtschaftlichen Wirklichkeit im Bereich der GmbH aufschlußreich: Dort ist zunehmend der Unternehmer aufgrund seiner Rechtsstellung als Eigen-

---

[63] H. P. Westermann, S. 274.

[64] Ballerstedt, ZHR 128 (1964), 119 (112); Mertens, NJW 1966, 1049 (1051); Wiethölter, S. 36: angesichts der Praxis der Kapitalbeschaffung, Finanzierung, Sicherung und Versicherung von Krediten, für die Rechtsformen zweitrangige Probleme sind, werde die persönliche Haftung vor allem von den Gerichten überschätzt.

[65] Vgl. Nitschke, S. 268, der wohl nicht zu Unrecht den Eindruck hat, daß diejenigen, die eine unbeschränkte Außenhaftung als Machtkorrektur empfehlen, vornehmlich eine von einem oder wenigen Kommanditisten beherrschte KG im Auge haben.

[66] H. P. Westermann, S. 276.

[67] R. Fischer, JR 1962, 201; vgl. auch BGH BB 1964, 317.

[68] Theorie und Wirklichkeit der GmbH, 1966, S. 99, 118.

tümer nicht mehr in der Lage, das Schicksal seines Unternehmens hinreichend zu beeinflussen und damit die dem Betrieb drohenden und von ihm ausgehenden Gefahren zu beherrschen. Angesichts dieses rechtstatsächlichen Befundes kann die Eigentümerstellung bei der GmbH nicht mehr schlechthin mit der Herrschaft gleichgestellt werden. Ähnliches gilt auch für die Komplementäre einer KG. Sollen sie, wenn sie zur Beherrschung der Gesellschaft nicht mehr in der Lage sind, plötzlich nicht mehr unbeschränkt haften?

Der BGH[69] trifft den Kern der Sache, wenn er darauf hinweist, daß man mit Sicherheit niemals sagen könnte, wie im Einzelfall die Haftungsverhältnisse in den Gesellschaften zu beurteilen wären, zumal man den angeblich zwingenden wirtschaftsverfassungsrechtlichen Grundsatz über den Zusammenhang von Herrschaft und Verantwortung auch dann zur Geltung bringen müßte, wenn in einer Offenen Handelsgesellschaft ein Gesellschafter von der Geschäftsführung- und Vertretungsbefugnis ausgeschlossen ist. Ein solcher Gesellschafter könnte konsequenterweise nicht unbeschränkt haften; man käme in Wahrheit zu einer KG im Gewande der OHG. Ein unmögliches Ergebnis vom Standpunkt des Verkehrsschutzes und der Rechtssicherheit!

An dieser Stelle erscheint es angebracht, nochmals auf die bereits erwähnte[70] Ansicht Nitschkes zurückzukommen. Er ist mit dem BGH der Auffassung[71], daß eine unbeschränkte Außenhaftung die Gefahr einer unheilvollen Rechtsunsicherheit beinhalte, und schlägt daher vor, den Kommanditisten nicht zur Außenhaftung, wohl aber zur unbegrenzten Freistellung des Komplementärs zu verpflichten. Er sieht darin eine ausreichende *„Sanktion anderer Art"*. Es fällt schwer einzusehen, wieso sich durch diesen Vorschlag an den aus Gründen der Rechtssicherheit erhobenen Einwänden etwas ändern soll, denn der wirtschaftliche Effekt ist für den Kommanditisten der gleiche. Ob er unmittelbar im Außenverhältnis haftet oder ob der Gläubiger den Freistellungsanspruch pfändet und ihn so unmittelbar in Anspruch nimmt[72], der Unterschied ist rein konstruktiv. Auch für die Gläubiger, die Nitschke vor der Unsicherheit aufgrund der unklaren und für Außenstehende nicht überschaubare Innenbeziehungen schützen will, aus denen sich die Außenhaftung ergeben würde, ändert sich nichts, denn auch bei Pfändung des Freistellungsanspruches müssen sie sich auf die Innenbeziehungen berufen. Die hierbei auftretenden Schwierigkeiten sind die gleichen[73]. Auch die Ansicht

---

[69] BGHZ 45, 204, zustimmend auch Schröder, S. 97 und Berg, JuS 1974, 685 (692).

[70] Oben § 6 I 1 a. E.

[71] S. 260, 269 f.

[72] Vgl. bereits oben § 6 I a. E.

[73] Zu diesen Schwierigkeiten bereits oben § 5 II 2.

Nitschkes kann also gegenüber dem Einwand der Rechtsunsicherheit nicht überzeugen.

Alle diese Überlegungen haben gezeigt, daß der Versuch einer Begründung eines Zusammenhanges von Herrschaft und Haftung als gescheitert anzusehen ist. Ein solches Prinzip ist *erstens im geltenden Recht nur andeutungsweise verankert, zweitens auch rechtspolitisch fragwürdig* und *drittens aus Gründen der Rechtssicherheit nicht praktikabel.* Es handelt sich um eine *„Legende“*[74], an die zu glauben man endlich aufhören sollte[75]!

3. *Institutionelles Rechtsdenken*

Die Kritik des institutionellen Ansatzes, wie er im gesellschaftsrechtlichen Bereich vor allem von Teichmann vertreten wird[76], bewegt sich im wesentlichen auf zwei Ebenen. In erster Linie ist der Wert der Gedanken Teichmanns für die Beantwortung der Frage, wann und wo sich konkret im Gesellschaftsrecht eine Institution der Personenhandelsgesellschaft in einer bestimmten Ausprägung gebildet hat und inwieweit sich hieraus Folgen für die Beurteilung einer Kommanditgesellschaft mit herrschendem Kommanditisten ergeben, kritisch zu beleuchten. Schließlich ist in diesem Zusammenhang auch etwas zu Wert und Funktion des Rechtsdenkens in und aus Institutionen im allgemeinen zu sagen.

a) Der Ansatz von Teichmann

Institutionelles Denken ist dem Schuldrecht relativ fremd, denn dieses Rechtsgebiet ist nach seiner ganzen Grundkonzeption auf Vertragsfreiheit ausgerichtet. In anderen Bereichen, etwa im Familienrecht, mögen Institutionen eher zu finden sein[77].

Wer jedoch schon von der Institution als fruchbarem Gesichtspunkt für die Begrenzung der gesellschaftsvertraglichen Gestaltungsfreiheit ausgeht, für den muß die entscheidende Frage sein, wie sich die Bildung einer Institution feststellen läßt. Daß sich daraus Grenzen ergeben, wenn sich eine Institutionalisierung in dem Sinne vollzogen hat, daß

---

[74] Wiethölter, S. 36.

[75] Ablehnend außer den bereits genannten Autoren auch: Hofmann, NJW 1969, 577 m. w. Nachw.; Mögele, S. 60; Düringer-Hachenburg-Flechtheim, § 164 Anm. 6; Schlegelberger/Geßler, § 164 Rdnr. 14; Niethammer, BB 1959, 725; Schilling in Großkomm. HGB, § 164 Anm. 17; Teichmann, Gestaltungsfreiheit, S. 9 ff., 126; Duden, ZGR 1973, 360 (364); OLG Neustadt, NJW 1964, 1804; aus dem älteren Schrifttum: Klotz, S. 37; Zwanzig, S. 36.

[76] Zu weiteren Vertretern des institutionellen Ansatzes vgl. die Nachweise bei Rüthers, Institutionelles Rechtsdenken im Wandel der Verfassungsepochen, 1970, S. 33 und ausf. zur Geschichte der institutionellen Begriffsbildung ders., Die unbegrenzte Auslegung, 1968, S. 278 ff. und Teichmann, Gestaltungsfreiheit, S. 17 ff.

[77] Vgl. auch Mertens, NJW 1966, 1049.

sich die fragliche Wertung erst einmal in einem die Gestaltungsfreiheit begrenzenden Gesetzgebungsakt oder in einer gefestigten Rechtsprechung niedergeschlagen hat, ist keine Frage. Nur, in dem hier in Rede stehenden Bereich ist eben kein Gesetz und keine gefestigte Rechtsprechung vorhanden, aus dem sich ein ausdrückliches Verbot der Ausweitung des Herrschaftsbereiches des Kommanditisten und eine Sanktionierung in Form der unbegrenzten Haftung ableiten ließe. Teichmann verlegt sich angesichts einer fehlenden, durch Gesetzgebungsakt oder Rechtsprechung verdeutlichten Institutionalisierung auf die *Motivationen,* die eine solche hervorrufen können. Durch Aufgreifen dieser Motive vollziehe sich der Prozeß der Institutionalisierung[78]. Als im Prozeß der Institutionalisierung möglicherweise wirksames Motiv nennt er u. a. auch, und nur dieses Motiv ist in dem hier zu untersuchenden Zusammenhang interessant, den Gleichlauf von Herrschaft und Haftung[79].

Nach den oben angestellten Untersuchungen bedarf es hier keiner weiteren Erörterung, daß ein solcher Gleichlauf nicht anzuerkennen ist. Zu diesem Ergebnis kommt, insoweit zutreffend, auch Teichmann[80]. Seine Auffassung wäre also für die vorliegende Arbeit lediglich als Beleg für die eigene Meinung interessant, wenn nicht sein zugrundeliegender Denkansatz auch eine andere Bewertung der Gleichlaufproblematik erlaubte, denn diese Frage ist von dem Lösungsansatz an sich zu trennen. In einem solchen Falle müßte diese Ansicht aber nicht bloß wegen der unzutreffenden Beurteilung der Gleichlaufproblematik auf Bedenken stoßen, sondern schon wegen des problematischen, dahinterstehenden Ausgangspunktes[81].

Indem Teichmann nämlich im Rahmen seines Ansatzes auf die zu Institutionen führenden Motive ausweicht, verläßt er den vielleicht noch tragfähigen Boden der institutionellen Theorie[82]; denn diese baut zwar auf den Motiven, die zur Institution führen, auf, legt aber der Frage, wann sich diese Motive zu institutionellen Regeln verdichten und verfestigen, entscheidendes Gewicht bei. Die bloße Feststellung, daß im Einzelfall ein Motiv vorliegt, besagt noch nichts über dessen Wirkungskraft im Institutionalisierungsprozeß und über die daraus folgende Begrenzung der Vertragsfreiheit. Diese Begrenzung im Rahmen der institutionellen Theorie setzt bereits das Entstandensein einer Institution, z. B. durch Gesetzgebungsakt, voraus. Lediglich das Vorhandensein einer

---

[78] Teichmann, Gestaltungsfreiheit, S. 46.

[79] Teichmann, Gestaltungsfreiheit, S. 125.

[80] S. 125.

[81] Im Rahmen meines Anliegens, die instrumentale Betrachtungsweise möglichst breit abzusichern, sei mir dieses eher vorsorgliche Argumentieren erlaubt.

[82] So auch Schultze-v. Lasaulx, ZfgG 21 (1971), S. 71.

Motivation genügt hier noch nicht. Hier bewegt man sich noch im Bereich der *Vorstufe zur Institution*. Dies ist die entscheidende Schwäche der Ansicht Teichmanns, die trotz der richtigen Beurteilung der Frage einer Kongruenz von Chance und Risiko nicht übersehen werden darf. Das Herausarbeiten der Motive ist lediglich prozeßbeschreibend und gibt noch keine genauen Kriterien dafür, wann sich die Institution tatsächlich gebildet hat. Wer aber hier keine klaren Grenzen setzt, unterliegt der Gefahr, persönliche Wertungen als Motivationen im Institutionalisierungsprozeß darzustellen und sie auf diese Weise zu Grenzen der Vertragsfreiheit zu erheben.

b) Gefahren des institutionellen Rechtsdenkens im allgemeinen

Damit ist gleichzeitig ein Kritikpunkt angesprochen, der auch gegen das institutionelle Rechtsdenken im allgemeinen anzuführen ist. Wer von einer in ihrem Entstehen nicht genau abgegrenzten Institution ausgeht, setzt sich der Gefahr aus, den Gesetzesinhalt von den nach seinem Gutdünken veränderten metajuristischen Grundlagen der Institution her umzudeuten[83]. Teichmann[84] spricht selbst von den „über den Gesetzesinhalt hinausführenden Kriterien" der Institutionenlehre. Die juristische Institution wird so leicht zum *„Isolierungsapparat"*[85], gewisse Wertungen, die einem „passen", werden isoliert, die anderen dagegen verdrängt. Jeder Rechtssatz erhält seinen Platz lediglich als Teil eines vorgegebenen, übergreifenden Ideen- und Sinnzusammenhangs. „Dieses höhere Ganze bestimmt den Inhalt jeder einzelnen Vorschrift[86]." Die in Wahrheit rechtserzeugende, rechtspolitische Tätigkeit des Interpreten wird durch die Berufung auf den Sinn und das Wesen der Institution verdeckt[87]. Hier berührt sich die Kritik an der institutionellen Theorie und dem Wesensargument, das oben[88] bereits in seiner Eigenschaft als Kryptoargument erkannt wurde. Institutionen werden auf diese Weise zu „uneingeschränkt manipulierbaren Leerformeln für nahezu beliebige Zwecke"[89]. Rüthers bezeichnet zu Recht das Auslegen aus außerrechtlich und aufgrund unklarer Kriterien geprägter Institutionenbegriffe als „eine Art *Wunderwaffe der Rechtsfortbildung*"[90]. Mit dem, was man alles in eine Institution hineinpacken kann, wird sie zum „willfähigen Anpassungsinstrument an beliebige äußere und weltanschauliche Wand-

---

[83] Rüthers, Institutionelles Rechtsdenken, S 44; ähnlich ders., Unbegrenzte Auslegung, S. 290 ff.

[84] Gestaltungsfreiheit, S. 140.

[85] Mertens, NJW 1966, 1049.

[86] Rüthers, Institutionelles Rechtsdenken, a.a.O.

[87] Rüthers, Unbegrenzte Auslegung, S. 291.

[88] Oben § 6 II 1.

[89] Rüthers, Institutionelles Rechtsdenken, S. 47 f.

[90] Rüthers, Institutionelles Rechtsdenken, S. 48.

lungen in der Rechtsgemeinschaft, ähnlich wie eine Währungsgleitklausel eines Leibrentenvertrages Anpassungen an den veränderten Geldwert erlaubt“[91]. Die institutionelle Theorie entfernt sich damit vom Gesetz und bedeutet eine nicht zu billigende Lockerung der Gesetzesbindung des Richters[92].

4. *Typengesetzlichkeit*

Es bleibt somit noch die Typengesetzlichkeit als letzter der oben dargestellten Lösungsansätze übrig. Schon vorweg soll klargestellt werden, daß hier keine vollständige und umfassende Würdigung der Typenlehre in ihrer Gesamtheit vorgenommen werden kann, dies würde — nicht zuletzt wegen der hierbei notwendigen Besinnung auf deren erkenntnistheoretische Grundlagen[93] — die Schwerpunkte dieser Arbeit verschieben. Das Ziel ist bescheidener: Es soll versucht werden, vor allem aus der Sicht der praktischen Anwendbarkeit dieser Lehre im Recht der Personengesellschaften, und auch hier wiederum begrenzt auf die Kommanditgesellschaft, einige kritische Akzente zu setzen.

a) Verbreitetes Unbehagen an der Typenlehre

Schon von anderer Seite[94] ist auf eine auffallende Besonderheit, die die heutige Situation der Typenlehre in der Jurisprudenz kennzeichnet, hingewiesen worden. Es handelt sich um die „Diskrepanz zwischen dem erheblichen philosophisch-wissenschaftlichen Aufwand einerseits und den bislang eher dürftigen praktischen Ergebnissen andererseits“. Diese Feststellung verdient ebenso Zustimmung[95] wie die sich daran anschließende These, daß dies kaum einem Zufall zugeschrieben werden kann. Andere Stimmen haben sich in ähnlicher Weise geäußert[96], so daß man wohl von einem verbreiteten Unbehagen an der Typenlehre, zumindest im Gesellschaftsrecht, sprechen kann[97]. Es erscheint lohnenswert, den Gründen hierfür nachzugehen. Welche Bedeutung bei der Mißbrauchsbekämpfung ist der Begrenzung der Vertragsfreiheit durch Typengesetzlichkeit beizumessen?

---

[91] Rüthers, Unbegrenzte Auslegung, S. 293.

[92] Im Sinne von „inhaltlicher Determination durch das Gesetz“. Einzelheiten zum Begriff der Gesetzesbindung: Ebsen, Gesetzesbindung und „Richtigkeit der Entscheidung“, 1974, S. 31 ff.

[93] Hierzu Strache, S. 19 ff.

[94] W. Ott, S. 18.

[95] Leenen, ZHR 137 (1973), 190 (192), bezweifelt die Berechtigung dieser Feststellung, räumt aber selbst ein, daß die in die Typenlehre gesetzten Hoffnungen auf neue Lösungen und Ergebnisse gedämpft werden müssen. Ein Hinweis auf bisher vorliegende *praktische* Ergebnisse fehlt auch bei Leenen.

[96] z. B. Jolidon, Problèmes de structure des sociétés, S. 538 f.

[97] Vgl. die kritische Einstellung bei Esser, AöR 71, 140 (142); Schultze-v. Lasaulx, ZfgG 21 (1971), 325 ff.; Helm, ZGR 1973, 478; Duden, ZGR 1973, 360; Sack, DB 1974, 369, 2097; Morck, DB 1974, 2095.

b) Analyse der Kernaussage bei der Bestimmung immanenter Schranken der Gestaltungsfreiheit

Vor der Beantwortung dieser Frage ist es zunächst angebracht, sich nach der oben[98] vorgenommen bloß referierenden Wiedergabe die Lehre von der Typengesetzlichkeit hinsichtlich des hier interessierenden Fragenkreises in einer zusammenfassenden Analyse vor Augen zu führen. Sie läßt sich auf folgende Grundgedanken zurückführen[99]: Der gesetzliche Strukturtyp als der Normalfall, den der Gesetzgeber der Regelung der Rechtsform zugrundegelegt hat, ist gegenüber der Rechtsform der engere Begriff. Das heißt, es kann der Fall eintreten, daß ein konkretes Gesellschaftsverhältnis zwar unter die Rechtsform der KG subsumiert werden, nicht dagegen dem dieser Rechtsform zugrundeliegenden Strukturtypus zugeordnet werden kann[100]. Dies ist vor allem bei der KG darum der Fall, weil die Normen, die die Rechtsform regeln, von den zwingenden Rechtsformmerkmalen im eigentlichen Sinne (Gesellschaft, die auf den Betrieb eines Handelsgewerbes gerichtet ist und bei der mindestens ein Gesellschafter beschränkt haftet) abgesehen, dispositives Recht darstellen. Die Parteien können also diese Normen soweit abändern, daß das so entstehende Vertragsverhältnis nicht mehr dem Strukturtyp entspricht. Gleichwohl soll sich aus dem Strukturtyp eine Verpflichtung der Parteien ergeben, die diesem zugrundeliegenden Interessenbewertung nicht vollständig zu verändern. Hier besteht also ein Abgrenzungsproblem zwischen bloß atypischen und vollständig typenfremden Gestaltungen. Der Strukturtyp schränkt damit die durch die dispositiven Vorschriften gewährte inhaltliche Gestaltungsfreiheit wiederum ein. Verändern die Parteien durch Ausweitung der Leitungsbefugnisse des Kommanditisten diesen Typus, so müssen sie in Kauf nehmen, daß ihm das Haftungsprivileg genommen wird und der für den gesetzlichen Strukturtyp maßgeblichen Interessenbewertung Geltung verschafft wird.

Die Behandlung typfremder Gesellschaften ist also durch zwei Merkmale gekennzeichnet:

1. Respektierung der gewählten Rechtsform nach außen hin: Auch die KG mit herrschendem Kommanditisten wird als rechtlich wirksame KG angesehen.

2. Eine Art der Rechtsanwendung, die die gesetzlichen Strukturmerkmale beachtet und durch den Wegfall des Haftungsprivilegs damit al-

---

[98] § 6 I 3.

[99] Vgl. hierzu die im wesentlichen übereinstimmende Analyse von U. Huber, Typenzwang, S. 789 ff.

[100] Zum Verhältnis von Rechtsform und Typ auch Schluep, S. 16.

lerdings eines der entscheidenden Rechtsformmerkmale der KG entfallen läßt.

c) Zweifel an der Folgerichtigkeit

Der erste Punkt, der Kritik an der Typenlehre aufkommen läßt, ist der Verdacht fehlender Folgerichtigkeit, zumindest eines gewissen Bruches in der Argumentation:

Wie wir soeben bei der Analyse gesehen haben, gehen die Anhänger[101] nicht soweit, Gebilden, welche die Typengesetzlichkeit verletzen, die rechtliche Anerkennung schlechthin zu versagen, vielmehr werden den Beteiligten, deren Rechtsformwahl respektiert wird, nur die damit verbundenen Haftungsvorteile wieder genommen. Die Inkonsequenz liegt in folgendem: Wenn für Gebilde mit herrschendem Kommanditisten, wie Paulick[102] formuliert, „rechtsdogmatisch *kein Raum* ist", da die Gestaltungsfreiheit im Rahmen der nachgiebigen Bestimmungen zu ihrer *Schaffung* nicht ausreiche, „weil durch Verschiebung des Verhältnisses von Unternehmensbesitz und Unternehmensleitung unter Beibehaltung ... der zwingend festgelegten Haftungsverhältnisse *wesentliche Merkmale der Personengesellschaft* im allgemeinen und der Kommanditgesellschaft im besonderen *beseitigt* würden", so würde man eigentlich die Schlußfolgerung ziehen, daß solche Gestaltungen unwirksam und damit nichtig sind. Paulick umgeht diese Folge, obwohl ihm dies offenbar widerstrebt, mit dem lapidaren Hinweis auf die Praxis, „die solche Gebilde anerkennen zu müssen glaubt"[103]. Angesichts der vorher gezeigten dogmatischen Strenge ist wohl dieses Resignieren ein gewisser Überraschungseffekt[104].

d) Schwierigkeiten bei der Ermittlung des zwingenden Gehaltes des gesetzlichen Leitbildes

Es liegt auf der Hand, daß im Rahmen der Typenlehre der Frage, wie der zwingende Gehalt der gesetzlichen Typen zu ermitteln ist, eine Schlüsselstellung zukommt[105]. Das Problem läßt sich in zwei Unterfragen unterteilen: Welches ist das gesetzliche Leitbild und wo ist die Grenze zu ziehen zwischen den hinnehmbaren, bloß atypischen Gestaltungen und den typenfremden Vereinbarungen, die angeblich einen Rechtsmißbrauch darstellen?

Versteht man unter „Leitbild" die Regelung des gesetzlichen Normalstatus, so ist der erste Teil der Frage relativ leicht zu beantworten;

---

[101] Paulick, Eingetragene Genossenschaft, S. 68; C. Ott, S. 273 ff.; Kuhn, S. 37.

[102] Eingetragene Genossenschaft, S. 68.

[103] Paulick, Eingetragene Genossenschaft, S. 68.

[104] Ähnlich Mögele, S. 41 f.

[105] Ähnlich wie oben bei dem institutionellen Ansatz die Frage der Bildung der Institution, vgl. § 6 II 3 a.

hier kann auf die Feststellungen im 1. Teil der vorliegenden Arbeit verwiesen werden. Die Probleme beginnen jedoch, wenn es darum geht, den zwingenden Gehalt dieses Normalstatus festzustellen.

aa) Zurückhaltende Stellungnahmen bei Vertretern der Typenlehre

An diesem Punkte ist eine auffallende Zurückhaltung der Vertreter der Typenlehre festzustellen[106]. Meistens wird auf die in den dispositiven Vorschriften zum Ausdruck kommenden Ordnungs- und Gerechtigkeitsvorstellungen[107] oder „Grunderfordernisse einer gerechten Ordnung"[108] zurückgegriffen. Koller[109] verweist auf den Sinnzusammenhang der einzelnen Normen, aus dem die Typen, die nur mittelbar ins Gesetz eingegangen sind, zwingend zurückgewonnen werden müßten. Larenz[110] und Leenen[111] empfehlen schließlich eine Gesamtbetrachtung, bei der das dispositive Recht „wichtige Anhaltspunkte" enthalte. Geradezu in den Bereich mystischer Verklärung gerät die Typgewinnung bei Strache[112], bei dem Argumentieren aus dem Typus „keine von einem erkennenden Subjekt gehandhabte Methode (ist), kein Verfahren, über das man verfügen könnte, sondern eher *ein Vorgang, ein Geschehen (?), in das es nach der rechten Weise (?) hineinzukommen gilt*, in dem die Möglichkeit ursprünglichen (?) Erkennens sich auftut"[113]. Diese Formulierungen erscheinen allesamt als zu verschwommen, als daß sie das hier aufkommende Unbehagen eines kritischen Lesers entkräften könnten, der sich an die von Scheuerle[114] beschriebenen *„Tricks und Schleichwege in der Rechtsanwendung"* erinnert fühlt und befürchtet, daß es sich bei dem Typus eigentlich um eine nur sehr bedingt aus dem Gesetz entnommene Schöpfung dessen handelt, der sich zur „Begründung" seiner Auffassung von einer als richtig empfundenen Lösung auf ihn beruft.

H. P. Westermann[115] findet daher auch zu Recht Aussagen wie die, daß der Typus sich aus dem Gesamtinhalt der gesetzlichen Regelung ergibt, nicht genügend präzise. Er meint, die Ermittlung des Typus erfordere

---

[106] Übereinstimmend: Koller, S. 57.

[107] z. B.: Lehmann, S. 333.

[108] C. Ott, S. 78.

[109] S. 58.

[110] Methodenlehre, S. 451.

[111] Typus, S. 179 f.

[112] S. 63.

[113] Vgl. hierzu Esser, AöR 71, 140 (141): „Apotheose phänomenologischer Intuition".

[114] AcP 167, 305 ff.

[115] S. 107; vgl. auch Sack, DB 1974, 369 (372).

die Auslegung aller Einzelnormen mit dem Ziel, den Gesamtsinn des Normenkomplexes aufzudecken. Hierbei seien besonders die dispositiven Vorschriften heranzuziehen, da diese „oft und gerade die Leitidee deutlich widerspiegeln". Es ist fraglich, ob H. P. Westermann sich damit erheblich von den von ihm kritisierten Autoren unterscheidet, vor allem aber, ob durch den Hinweis auf die dispositiven Vorschriften für das Gesellschaftsrecht viel gewonnen ist. Gleichwohl soll seine Bemerkung zum Anlaß genommen werden zu prüfen, welcher Wert den dispositiven Vorschriften bei der Bestimmung des zwingenden Gehalts des Typus beigemessen werden kann.

bb) Die Rolle der dispositiven Vorschriften

Man kann sicherlich der Aussage, daß das nachgiebige Recht die Vorstellungen des Gesetzgebers von einer gerechten Beurteilung der gewöhnlichen Interessenlage widerspiegelt[116], ohne Bedenken zustimmen. Bei einer gerechten Beurteilung der ungewöhnlichen Interessenlage fällt jedoch zumindest im Gesellschaftsrecht der Rückgriff auf die dispositiven Vorschriften, jedenfalls wenn es um die Ermittlung eines zwingenden Gerechtigkeitsgehaltes geht, schwer. Denn indem der Gesetzgeber einen Teil der Vorschriften, z. B. über die KG, für abdingbar erklärt, gibt er zweifellos zu erkennen, daß er diese Rechtsform auch für aus seiner Sicht ungewöhnliche Fälle zur Verfügung stellen wollte. Er sagt damit aber noch nicht, daß die in den Dispositivnormen für den Normalfall enthaltene Interessenbewertung, weil sie „die eigentlich richtige" ist, auch für alle anderen Fälle gelten muß. Hätte er dies gewollt, dann hätte er die entsprechenden Vorschriften zwingend ausgestaltet. Angesichts dieser Situation ist wohl eher die Folgerung berechtigt, daß lediglich für den gewöhnlichen Fall eine Regelung bereitgehalten werden sollte, falls die Parteien nichts anderes vereinbaren, um nicht vor dem Problem zu stehen, daß über wichtige Fragen des Gesellschaftsverhältnisses überhaupt keine Vorschriften bestehen.

Dem steht auch nicht der Hinweis auf die Ordnungs- und Leitbildfunktion entgegen, die dem dispositiven Recht im Rahmen der Inhaltskontrolle von Allgemeinen Geschäftsbedingungen (AGB) beigemessen wird[117]. Um der einseitigen Ausnutzung der Machtstellung des Unternehmers entgegenzuwirken, die dem sachgerechten Funktionieren des Vertragsmechanismus wegen der Ungleichheit der Partner entgegensteht, werden hier mit guten Gründen Abweichungen vom dispositiven Recht nur dann als zulässig angesehen, wenn hierfür ein besonderes In-

---

[116] So zutreffend z. B. H. P. Westermann, S. 107.

[117] BGHZ 41, 154; BGH NJW 1967, 1225; 1970, 32; 1971, 2135; 1973, 1276; umfassend Schmidt-Salzer, Allgemeine Geschäftsbedingungen, 1971, S. 137 ff.; vgl. auch das AGB-Gesetz v. 9. 12. 1976; BGBl. I S. 3317.

teresse des Unternehmers spricht und die berechtigten Belange des Kunden gewahrt sind. Allerdings ist bei der insoweit notwendigen Interessenbewertung zu berücksichtigen, ob die fraglichen dispositiven Vorschriften der Verwirklichung der Vertragsgerechtigkeit dienen oder lediglich auf Zweckmäßigkeitsüberlegungen beruhen[118]. Abgesehen davon, daß die Situation im Gesellschaftsrecht schon darum eine andere ist als bei den AGB, weil beim Abschluß von Gesellschaftsverträgen wohl noch eher von gleichgewichtigen Partnern gesprochen werden kann als im Verhältnis Unternehmer-Kunde, liegt bei den dispositiven Vorschriften des Gesellschaftsrechts die Annahme nahe, daß hier eher Zweckmäßigkeitserwägungen als Gesichtspunkte der Vertragsgerechtigkeit im Vordergrund gestanden haben. *Helm*[119] kommt das Verdienst zu, in diesem Zusammenhang darauf hingewiesen zu haben, wie kontrovers bei den Beratungen zum ADHGB manche dispositive Vorschrift behandelt wurde. Wie die Protokolle[120] deutlich zeigen, spielte bei der endgültigen Fassung vornehmlich die Erwägung eine Rolle, daß die dispositive Regelung ohnehin gegenüber der Privatautonomie der Gesellschafter praktisch zurücktrete. Es sollte damit *keine mit zwingendem Gerechtigkeitsgehalt ausgestattete typische, sondern eine möglichst sichere subsidiäre Lösung* gefunden werden[121]. Es liegt also der Schluß nahe, daß der Gesetzgeber, entsprechend dem liberalen Geist der damaligen Zeit, „der Privatautonomie die Typengestaltung überlassen und die dispositiven Vorschriften nach ganz anderen als typisierenden (und damit auf die Vertragsgerechtigkeit abzielenden) Gesichtspunkten erlassen hat"[122].

Die dispositiven Vorschriften können demnach lediglich, neben anderen Gesichtspunkten, bei der Füllung von Gesetzeslücken oder im Rahmen der teleologischen Auslegung bei der Ermittlung der ratio legis vorsichtig herangezogen werden. Ob ihnen jedoch bei der Ermittlung zwingender immanenter Schranken, die sich aus der gesetzlichen Typenordnung ergeben, eine Funktion zukommt, erscheint nach alledem sehr zweifelhaft.

cc) Verdacht eines Zirkelschlusses

Wenn auch der Hinweis auf die Dispositivnormen nicht zu überzeugen vermag, so ist doch an der oben erwähnten Feststellung H. P. Wester-

---

118 BGH NJW 1973, 1193; Palandt-Heinrichs, § 145 Einf. 6 D d.

119 ZGR 1973, 491; vgl. auch Morck, DB 1974, 2095.

120 Protokolle der Kommission zur Beratung des Allgemeinen Deutschen Handelsgesetzbuches, hrsg. v. J. Lutz, 1958, S. 197 f. (200); S. 992 ff. (994).

121 Der von Leenen, Typus, S. 126 ff. (insb. 133) aufgestellten These von der typologischen Struktur des *gesamten* Schuldrechts kann also in dieser Allgemeinheit nicht gefolgt werden.

122 Helm, ZGR 1973, 491; skeptisch zur Rolle der dispositiven Normen auch Sack, DB 1974, 369 (372) und ihm zustimmend Morck, DB 1974, 2095.

manns[123] richtig, daß die Suche nach dem gesetzlichen Typus der Gesetzesauslegung ähnelt. Bei der Auslegung ist nun die Rolle des Auslegenden „niemals rein passiv“[124], vielmehr ist immer eine auf Bewertung beruhende Festsetzung erforderlich. Die Frage nach dem Typus ist damit Festsetzung, keine eigentliche Erkenntnis. Die Typusmerkmale sind auf Wertung beruhende Postulate[125]. Die Frage nach der Richtigkeit der Typenbeschreibung führt, zu diesem Ergebnis kommt auch W. Ott in seiner auf das schweizerische Aktienrecht abstellenden Untersuchung des typologischen Ansatzes[126], letztlich zu *Scheinproblemen*, die sich nicht lösen lassen. Vom jeweiligen Standpunkt aus hat jeder mit „seinem“ Typus gleich Recht und gleich Unrecht[127]. Der Wert des Typus bei der Bestimmung von Grenzen der Vertragsfreiheit ist damit wohl schon entscheidend in Frage gestellt. Gegen dieses Verfahren liegt im übrigen auch der Einwand eines Zirkelschlusses nahe[128]. Es wird etwas in den Typus durch auslegende Wertung hineingelegt, was sodann bei der Bestimmung der Grenzen der Gestaltungsfreiheit und damit der Grenzen des Mißbrauchs wieder herausgeholt wird.

Wenn Leenen[129] dem entgegenhält, es gehe lediglich bei der Typgewinnung um die Ermittlung eines „ganzheitlichen Bildes“, von dem dann auf Einzelfragen zurückgeschlossen wird, so kann diese Aussage nicht den Kern der mit dem Hinweis auf einen Zirkelschluß ausgedrückten Kritik entkräften; denn damit ist noch nichts darüber gesagt, wieso bestimmten Zügen des „ganzheitlichen Bildes“ ohne ausdrückliche gesetzliche Bestimmung zwingender Charakter zukommen soll.

dd) Die logische Struktur des Typus

Sucht man nach einer Erklärung für die Unmöglichkeit, bei der Bestimmung des zwingenden Gehalts des Typus eine scharfe Grenze zu finden, so fällt der Blick auf die logische Struktur des Typus.

Der Typus ist, wie wir gesehen haben, ein Komplex von abgestuften Merkmalen. Im Gegensatz zum Begriff ist eine absolute Zuordnung nicht möglich. Die *Übergänge* von den typischen zu den atypischen bis

---

[123] Oben § 6 II 4 d aa.

[124] Larenz, Methodenlehre, S. 298 f.

[125] Leenen, Typus, S. 181, spricht von Typgewinnung als *Vorbereitung* wertender Zuordnung. Es erscheint richtiger die Typgewinnung selbst schon als Wertung anzusehen.

[126] S. 80.

[127] Vgl. auch Esser, AöR 71, 140 (142): „Der Typus als ein vom Sein nicht ablösbares Wissen, das je nach dem Aspekt, der sich aus dem Standort des stellungnehmenden Denkens ergibt, so oder auch anders sein kann, ist für die Jurisprudenz nicht brauchbar.“

[128] W. Ott, S. 80 „circulus vitiosus“.

[129] Typus, S. 181.

hin zu den typenfremden Merkmalen *sind fließend*[130]. Jeder Versuch einer Grenzziehung führt zu einem willkürlichen und künstlichen Eingriff in fließende Übergänge[131]. Koller[132] stellt mit Recht fest: „Grenzziehung ist nicht die Stärke der Typusbegriffe." Er sieht den praktischen Wert der Typuslehre im Gesellschaftsrecht u. a. mehr in der Bedeutung für die Erklärung des Gesetzgebungsvorganges als in der Erkenntnis einer neuen Schranke der Vertragsfreiheit[133]. Dem typisierenden Verfahren mag auch, das soll hier trotz aller Kritik nicht verkannt werden, abgesehen vom Gesetzgebungsverfahren, überall dort eine Bedeutung zukommen, wo die rechtliche Ordnung sich noch nicht in begrifflich-tatbestandsmäßig festgelegten Normen kristallisiert hat, etwa bei der Fallgruppenbildung im Rahmen des § 242 BGB als wertausfüllungsbedürftiger Generalklausel[134]. Bei den Rechtsformmerkmalen der Personenhandelsgesellschaften handelt es sich jedoch um tatbestandlich fixierte Normen, hier ist logisch-exaktes Denken angebracht und nicht dessen „Vorstufe"[135], die „vergleichsweise primitive typisierende Methode"[136].

Solange die Grenze der Typizität nicht in justiziablen Regeln zu bestimmen ist, muß schon aus *Gründen der Rechtssicherheit* an der ausschließlichen Begrenzung durch ausdrückliche Vorschriften festgehalten werden, sonst ist die Gefahr der willkürlichen Beschränkung der Vertragsfreiheit als einer gesetzgeberischen Grundentscheidung, von der man nach der ganzen Anlage unseres Schuldrechts im Zweifel immer ausgehen muß, allzu groß[137].

---

[130] Mengiardi, S. 153 ff.; Strache, S. 35 ff.; W. Ott, S. 63; Schluep, S. 17; Nitschke, S. 8, 108.

[131] Helm, S. 490, spricht von der „erwiesenen Unmöglichkeit in Typusbeschreibungen die Essentialia genau festzulegen"; Forstmoser, Großgenossenschaften, Diss. Zürich 1970, S. 72: „Der Hinweis auf zwingende gesellschaftsrechtliche Ordnungsprinzipien gestattet keine auch nur mit einiger Sicherheit voraussehbare Entscheidung des Einzelfalles"; vgl. auch Mertens, NJW 1966, 1049 (1050).

[132] S. 138.

[133] Die Bedeutung der Typenlehre für die Gesetzgebung soll nicht bestritten werden. Hierzu zutreffend Leenen, Typus, S. 80 ff. (insb. S. 86) und Henkel, Rechtsphilosophie, S. 354; H. J. Wolff, S. 200; Schluep, S. 14 f.; Jolidon, S. 530, dort auch zur Bedeutung in der Rechtssoziologie.

[134] Leenen, Typus, S. 66 ff. m. w. Beispielen; H. P. Westermann, S. 104 f.

[135] H. J. Wolff, S. 196.

[136] Strache, S. 78.

[137] Koller, S. 139; Nitschke, S. 8; Mertens, NJW 1966, 1049 (1052); auch H. P. Westermann steht der Erhebung der Typengesetzlichkeit zur immanenten Schranke der Privatautonomie skeptisch gegenüber (vgl. S. 125 - 132). Der Typus als praktizierbare Grenze der Vertragsfreiheit komme nicht in Betracht, wenn es nicht gelinge, „die Typvorstellung in Richtung auf den klassifikatorischen Begriff so weit zu verfestigen, daß das Wesen des Typus im Grunde

ee) Gefahr des Eindringens wirtschaftspolitischer Glaubensbekenntnisse

So kann es wohl nicht als Zufall angesehen werden, daß gerade die Typenlehre als Instrument dazu benutzt wurde, dem Grundsatz von der Einheit von Herrschaft und Haftung im Gesellschaftsrecht Geltung zu verschaffen[138]. In der Verknüpfung dieses angeblichen Prinzips des Wirtschaftsverfassungsrechts mit der Typenlehre liegt ein eindrucksvoller Nachweis für die These, daß dieser Ansatz die Gefahr in sich trägt, als *Einfallstor für wirtschaftspolitische Glaubensbekenntnisse* zu dienen. Diesem „Schwelgen in Typen"[139] gilt es Einhalt zu gebieten.

Dem halte man nicht entgegen, die Typologie habe, wie jede juristische Methode, nur dienenden Charakter, Aussagen über die Richtigkeit oder Verfehltheit von Problemlösungen könne sie nicht machen und es sei falsch, einen Wertungsstreit auf der Ebene der Methodologie austragen zu wollen[140]. Der dienende Charakter jeder juristischen Methode soll nicht angezweifelt werden, ebensowenig soll hier versucht werden, mit der Kritik der konkreten Wertung „Einheit von Herrschaft und Haftung" gleichzeitig und nur deshalb schon den Stab über die Methode zu brechen, in deren Gewand diese Wertung erscheint. Dieser Kritik wurde ein eigener Abschnitt gewidmet[141]. Nur, zwischen der Methode und dem mit Hilfe dieser Methode gewonnenen Ergebnis besteht eine enge Wechselbeziehung: Es muß erlaubt sein, nach einer kritischen Beurteilung des gewonnenen Ergebnisses auch Rückschlüsse auf die Methode zu ziehen. Denn eine Methode soll nicht nur sozusagen nachträglich eine Argumentation „einsichtig machen", sondern auch angeben, auf welchem Wege argumentiert werden kann[142]. Es fragt sich dann jedoch auch immer, inwieweit das zweifelhafte Ergebnis nicht bereits in ihr angelegt war und wenn nicht zwangsläufig, so doch mit einiger Wahrscheinlichkeit zu erwarten war.

---

unveränderlich festliegt" (S. 104). Er schließt den allgemein-methodenkritischen Teil seiner Untersuchung mit der Feststellung „Eine heile Welt der Typengesetzlichkeit hat sich dem kritischen Blick nicht dargeboten" (S. 161).

[138] Treffend Jolidon, S. 527 f.: „Elle (die Typologie) implique une large part de subjectivité, qui met en péril la sécurité juridique" und S. 529: „La typologie en son état actuel, risque fort d'être utilisée comme un étendard derrière lequel se dissimuleraient toutes sortes d' ‚idées' plus ou moins vagues."

[139] Engisch, S. 266.

[140] Leenen, ZHR 137 (1973), 190 (192), in seiner Rezension der Diss. von W. Ott.

[141] Oben § 6 II 2.

[142] Larenz, Methodenlehre, S. 7; a. A. offenbar Leenen, S. 192, dem es bei der Typologie bloß um das „Einsichtigmachen" juristischer Argumentation geht. Er schraubt damit die Erwartungen an die Typologie so weit zurück, daß die Frage angebracht ist, welcher Wert ihr dann überhaupt noch bei konkreten Problemlösungen zukommt. Jedenfalls unterscheidet er sich insoweit sicherlich von Paulick, Kuhn und C. Ott.

Die Bedenken gegen die Anwendung des typologischen Verfahrens bei dem Versuch, immanente Schranken der Vertragsfreiheit im Gesellschaftsrecht, konkret bei der KG, zu entwickeln, rühren nicht daher, daß sich die hinter der Forderung nach allgemeiner Kongruenz von Macht und Verantwortung stehende Wertung als nicht im Gesetz verankertes Prinzip, sondern als ideologisch-vorfixiertes Denken erwiesen hat. Vielmehr ist der entscheidende Punkt, daß die aufgezeigte strukturelle Schwäche der Typenlehre in besonderem Maße das Einfließen solcher Einflüsse begünstigt, sie durch Zwischenschaltung eines „aus dem Gesamtzusammenhang des Gesetzes“ gewonnenen Typs auf eine höhere Ebene hebt und so der in Wahrheit willkürlichen Festsetzung des zwingenden Gehalts des Typus eine erhöhte Richtigkeitsgewähr gibt und damit verdeckt, auf welch tönernden Füßen der Typus tatsächlich steht.

III. Zusammenfassung der Kritik: „Abschied von Illusionen“

Die erörterten Versuche, aufgrund von aus allgemeinen Prinzipien gewonnenen, immanenten Grenzen der gesellschaftsrechtlichen Gestaltungsfreiheit zu einer Lösung bei der Beurteilung der Haftungsbeschränkung des herrschenden Kommanditisten zu kommen, haben nicht zu überzeugen vermocht.

Die Berufung auf das *Wesen* der Personen- oder Kommanditgesellschaft leidet an der Unschärfe des Begriffes „Wesen“. Das Wesensargument wurde überdies in seiner Eigenschaft als Kryptoargument erkannt, das nur verdeckt, daß es sich in Wahrheit um Auslegung aufgrund von Interessenabwägung handelt.

Der *Gleichlauf von Herrschaft und Haftung* konnte nicht als zwingendes Grundprinzip unserer Wirtschaftsverfassung anerkannt werden, da er sich nicht als durchgängiger Leitgedanke, höchstens als ein Instrument unter manchen anderen erwiesen hat. Gegen seine Anerkennung sprechen auch Gründe der Rechtssicherheit. Schließlich wird auch in der Praxis die Bedeutung der persönlichen Haftung von der auf vielfältige Weise gesicherten Zugriffsmöglichkeit auf das Verbandsvermögen verdrängt.

Bei dem Versuch Teichmanns, die *institutionelle Theorie* für die Bestimmung der Grenzen der Gestaltungsfreiheit im Gesellschaftsrecht fruchtbar zu machen, konnten allein die Motive für eine Institutionalisierung keine Antwort auf die entscheidende Frage geben, wann sich der Prozeß der Institutionalisierung vollzogen hat. Die institutionelle Theorie unterliegt im übrigen der Gefahr, die in Wahrheit rechtserzeugende, rechtspolitische Tätigkeit des Interpreten durch Berufung auf eine Institution zu verdecken.

Im Rahmen der *Typenlehre* ist die Schwierigkeit der exakten, d. h. justiziablen Bestimmung des gesetzlichen Leitbildes und vor allem seines zwingenden Gehaltes, der Grenze zwischen der hinnehmbaren, bloß atypischen und der angeblich mißbräuchlichen, typenfremden Gestaltung, nicht überzeugend gelöst worden. Vor allem mit dem Hinweis auf den angeblich zwingenden Gerechtigkeitsgehalt dispositiver Vorschriften ist hier wenig gewonnen. Nicht nur auf den ersten Blick hat diese Überlegung etwas Widersprüchliches: Die Funktion des abdingbaren Rechts ist es eben schon per definitionem nicht, zwingende Grenzen zu setzen, auch nicht in der Form der ihm möglicherweise zugrundeliegenden Rechts ist eben schon per definitionem nicht, zwingende Grenzen zu setzen, auch nicht in der Form der ihm möglicherweise zugrundeliegenden Ordnungsvorstellungen. Der Gesetzgeber wollte nicht einen status quo festschreiben, sondern, im Gegenteil, eine Anpassung der Rechtsform der KG an die sich wandelnden wirtschaftlichen Verhältnisse ermöglichen. Schließlich kann diesem Lösungsansatz auch nicht der Vorwurf eines Zirkelschlusses erspart werden: Es wird in den Typus etwas hineingelegt, was sodann bei der Bestimmung der Grenzen der Gestaltungsfreiheit wieder herausgeholt wird.

Letztlich geht es bei der Beurteilung der Haftungsfrage in den hier zu untersuchenden Fallgruppen der vom gesetzlichen Normalstatut abweichenden Kommanditgesellschaft um Wertungsfragen. Man sollte nicht versuchen, durch das Zwischenschalten von Institutionen oder Typen, die Berufung auf das Wesen oder allgemeine Grundprinzipien der Wirtschaftsverfassung den Wertungen des jeweiligen Interpreten den Anschein einer erhöhten Richtigkeitsgewähr zu geben oder sie gar mit dem Mantel scheinbarer Evidenz zu umgeben. Der Wert solcher Zwischenschaltungen ist nicht überzeugend; die Gefahr, etwas in das Gesetz hineinzulegen, was es in Wahrheit nicht enthält, überwiegt. Es gilt, *Abschied zu nehmen von der „Illusion“*[143]*, daß „sich aus einem allgemeinen Prinzip höherwertige und deshalb zwingende Rechtsregeln, die neben das Gesetzesrecht treten und zusätzlich die freie inhaltliche Gestaltung der Gesellschaftsverträge begrenzen, ableiten lassen“.*

§ 7. Die instrumentale Betrachtungsweise

I. Die Eigenart der instrumentalen Betrachtungsweise, Skizze der eigenen Ansicht

Gegenüber den im vorigen Abschnitt dargestellten und kritisierten Lösungsansätzen muß einer Methode der Vorzug gegeben werden, die sich unter Verzicht auf allgemeine Prinzipien auf die *volle Ausschöp-*

[143] Schultze-v. Lasaulx, ZfgG 21 (1972), S. 347 (349).

fung der hergebrachten Verfahren der Bewertung von Parteivereinbarungen zur Abwehr von Mißbrauchserscheinungen beschränkt. Zu nennen sind hier vor allem die Anwendung der *§§ 138, 826 BGB* und konkret für die Frage des möglichen Mißbrauchs der Haftungsbeschränkung die Auslegung der das Haftungsprivileg begründenden zentralen Norm *des § 171 HGB* unter dem Gesichtspunkt einer möglicherweise notwendigen *teleologischen Reduktion.* Weiter wird auch zu prüfen sein, ob eine erweiterte Kommanditistenhaftung nicht aus *Rechtsscheinsgesichtspunkten* in Betracht kommt. Hier bewegt man sich gegenüber den Gefahren der soeben diskutierten Ansätze auf gesicherterem Boden. Man hat dieses Verfahren *„instrumentale Betrachtungsweise"* genannt[1], weil es den Beteiligten erlaubt, die Rechtsformen des Gesellschaftsrechts unter Verzicht auf aus allgemeinen Prinzipien gewonnenen Grenzen „als Instrument zur Erreichung ihrer individuellen Bedürfnisse einzusetzen"[2]. Diese Bezeichnung soll zur Charakterisierung des im weiteren Verlauf dieser Arbeit eingenommenen Blickwinkels übernommen werden.

Hiergegen könnte man nun einwenden, daß auch im Rahmen dieses Verfahrens der teleologischen Auslegung ein hervorragender Platz eingeräumt wird und bei der teleologischen Methode auch auf Wertungen nicht verzichtet werden kann, wenn es um die Ermittlung der Zwecke des Gesetzes geht, da niemand behaupten kann, daß sich die ratio legis in allen Fällen eindeutig bestimmen lasse[3]. Der gegen die Typenlehre erhobene Vorwurf fehlender Eindeutigkeit ließe sich damit auch gegen die teleologische Auslegung erheben. Treffen demnach die Bedenken gegen die Typenlehre nicht gleichermaßen gegen die hier vertretene Ansicht zu, die sich dann den Vorwurf des Etikettenschwindels gefallen lassen müßte?

Zunächst werden mit Hilfe der Typengesetzlichkeit allgemeine Prinzipien zur Begrenzung der Vertragsfreiheit entwickelt, während es bei der teleologischen Auslegung in erster Linie um eine Interessenabwägung von Fall zu Fall geht. M. E. muß man im ersteren Fall größere Eindeutigkeit verlangen. Zum anderen ist es, wie schon mehrfach angeklungen[4] ist, das Anliegen der methodenkritischen Untersuchungen dieser Arbeit, der Forderung nach „hermeneutischer Unparteilichkeit"[5] möglichst weit nachzukommen. Hiernach ist es dem Richter oder Rechtsgelehrten verboten, „vom geltenden Recht abzusehen, und zu metaju-

---

[1] Schultze-v. Lasaulx, ZfgG 21 (1972), S. 349; Mertens, GmbH-Rundschau 1967, 45; Sack, DB 1974, 369 (372).

[2] Schultze-v. Lasaulx, S. 349.

[3] Vgl. Leenen, ZHR 137 (1973), 190 (192).

[4] Oben § 6 II 3; 4 d aa; 4 d ee.

[5] Vgl. Betti, Die Problematik der Auslegung in der Rechtswissenschaft, Festschrift f. Engisch, 1969, S. 205.

ristischen Instanzen, etwa ethischer, religiöser, sozialer oder wirtschaftlicher Natur, je nach seinen persönlichen Neigungen, überzugehen; im Gegenteil wird vom Interpreten verlangt, daß er sich auf die normativen Wertungen einstellt, welche der Regelung der betreffenden Verhältnisse der bestehenden Rechtsordnung innewohnen“[6]. Daß die Typenlehre im Gesellschaftsrecht wegen der Unmöglichkeit, ein auch nur einigermaßen justiziables, zwingendes Leitbild dem Gesetz zu entnehmen, in besonderem Maße die Gefahr der hermeneutischen Parteilichkeit in sich trägt, wurde bereits mehrfach herausgestellt und am Beispiel des Satzes der Einheit von Herrschaft und Haftung nachgewiesen[7]. Nun ist allerdings auch die teleologische Methode vor dem Eindringen metajuristischer Wertungen nicht geschützt; sie treten jedoch hier offener zutage und können daher klarer als solche erkannt und entsprechend behandelt werden[8] als wenn als Zwischeninstanz ein gesetzlicher Strukturtyp fungiert, der angeblich dem Gesetz „immanent“ ist[9]. Hierin liegt der Vorteil der instrumentalen Betrachtungsweise.

II. Die Schranke der Sittenwidrigkeit

1. § 138 BGB

Im Rahmen der Anwendung hergebrachter Methoden zur Bewertung der Vereinbarungen der Gesellschafter ist der in §§ 138, 826 BGB zum Ausdruck kommende Maßstab der Sittenwidrigkeit der naheliegendste. So ist es auch nicht verwunderlich, wenn H. P. Westermann, nachdem er mit zum Teil abweichender Begründung, jedoch im Ergebnis ebenso wie hier gegen die Ausbildung eines eigenständigen Mißbrauchsbegriffs des Institutionenmißbrauchs Front gemacht hat[10], in einer Lösung „auf dem Boden des § 138 BGB“[11] den richtigen Ansatzpunkt zur Beurteilung von Kommanditgesellschaften mit beherrschenden Kommanditisten sieht[12]. Ob mit dem Hinweis auf § 138 BGB das hier anstehende Problem tatsächlich sachgerecht zu lösen ist, bedarf einer kritischen Überprüfung.

Die für H. P. Westermann grundlegende Überlegung, die ihn zu einer Entscheidung für die Anwendung des § 138 BGB anstelle eines aus der Institutionen- und Typengesetzlichkeit gewonnenen eigenständigen Mißbrauchsbegriffs veranlaßt, geht dahin, daß das Vorliegen einer anstößi-

---

[6] Betti, S. 205.

[7] Oben § 6 II 2; 4 d ee.

[8] Es geht also auch hier letztlich um das Anliegen der Methodenehrlichkeit; vgl. hierzu Brecher, Scheinbegründungen und Methodenehrlichkeit im Zivilrecht, Festschrift für Nikisch, 1958, S. 227 (247).

[9] Vgl. Esser, S. 142.

[10] S. 129 ff.

[11] S. 130.

[12] S. 130 ff., 282 f.

gen, mit der Sozialmoral nicht in Einklang stehenden Abweichung von Ordnungs- und Gerechtigkeitsvorstellungen des Gesetzes immer noch leichter festzustellen sei, als der institutionelle Gehalt dispositiver Normenkomplexe. Dies mag zutreffen. Die Kritik an dieser Auffassung soll auch nicht bei den Schwierigkeiten ansetzen, die bei der Bestimmung der Sittenwidrigkeit im Einzelfall auftreten; entscheidende Bedenken ergeben sich vielmehr aus der *Rechtsfolge des § 138 BGB,* der starren Nichtigkeitssanktion. H. P. Westermann erkennt selbst, daß in der starren Sanktion ein Nachteil seiner Auffassung liegen könnte („es hieße den betroffenen Gläubigern und Mitgesellschaftern Steine statt Brot geben"[13]) und versucht dem durch eine weite Anwendung des § 139 BGB abzuhelfen. Sollte demnach eine zu weitgehende Machtverlagerung auf den Kommanditisten das in der Sittenwidrigkeit zum Ausdruck kommende Unwerturteil verdienen, so würde bei Anwendung des § 139 BGB nur eine Vernichtung der beanstandeten Vertragsklausel, nicht etwa des ganzen Vertrages, in Betracht kommen, der dann durch dispositives Recht ergänzt werden könnte[14].

Ob man jedoch über § 139 BGB zu einer Nichtigkeit lediglich der Vertragsklausel, die dem Kommanditisten die Machtstellung einräumt, kommen kann, während der Gesellschaftsvertrag im übrigen aufrechterhalten wird, erscheint sehr fraglich, denn § 139 BGB ist eine Auslegungsvorschrift[15], sie will der „Verwirklichung des Parteiwillens"[16] dienen; das übrigbleibende Geschäft muß gewollt sein[17]. Im Regelfall kann jedoch nicht davon ausgegangen werden, daß die Parteien den Vertrag auch ohne die entsprechende Vereinbarung zugunsten des Kommanditisten geschlossen hätten. Nach der im 1. Teil dargestellten Motivationslage ist zumindest für den Kommanditisten der erhöhte Einfluß auf die Geschäfte des Unternehmens, das er durch seine Kapitaleinlage überwiegend finanziert, eine Geschäftsgrundlage für den Abschluß des Gesellschaftsvertrages. Die auch von H. P. Westermann als unangemessen empfundene Sanktion der Nichtigkeit des Gesellschaftsvertrages wird sich also regelmäßig nicht vermeiden lassen.

Für H. P. Westermann soll die Anwendung des § 138 BGB jedoch nicht bloß zur Unwirksamkeit einzelner Vertragsklauseln führen, sondern — und hier liegt der Zusammenhang zu der hier zu untersuchenden Frage nach der Erweiterung der Kommanditistenhaftung — die „Berufung

[13] S. 130, 283.

[14] H. P. Westermann, S. 130, 283.

[15] Soergel/Schultze-v. Lasaulx, § 139 Anm. 16; Erman/H. Westermann, § 139 Rdz. 1; Staudinger/Coing, § 139 Anm. 13; Palandt/Heinrichs, § 139 Anm. 3; abw.: Flume, Allgemeiner Teil, Bd. 2, Das Rechtsgeschäft, 2. Aufl. 1975, § 32, 5.

[16] RGZ 122, 141.

[17] BGHZ 45, 380.

auf das in § 138 BGB geforderte Unwerturteil“ soll auch das Privileg der Haftungsbeschränkung entfallen lassen[18]. An dieser Stelle kann man nun der Argumentation nur noch schwer folgen: § 138 BGB kann schon aufgrund der in dieser Vorschrift ausgesprochenen Rechtsfolge lediglich zur Nichtigkeit eines Rechtsgeschäfts oder in Zusammenhang mit § 139 BGB zu dessen Teilnichtigkeit führen; es ist jedoch nicht möglich, die von einer zwingenden gesetzlichen Vorschrift angeordnete Rechtsfolge für einen Tatbestand entfallen zu lassen, ohne den Tatbestand selbst als unwirksam anzusehen. Die Haftungsnorm des § 171 HGB ist aber eine solche Vorschrift, die kraft Gesetzes an das Vorliegen einer KG das Haftungsprivileg des Kommanditisten anknüpft. In Anwendung des § 138 BGB kann man zwar bei Vorliegen der Voraussetzungen zur Nichtigkeit des Gesellschaftsvertrages kommen, nicht jedoch — bei Wirksamkeit oder jedenfalls überwiegender Wirksamkeit des Gesellschaftsvertrages — zum Wegfall des Haftungsprivilegs. Dies ist nicht die in § 138 BGB vorgesehene Rechtsfolge. Eine Haftungserweiterung aufgrund des § 138 BGB scheidet somit aus.

2. § 826 BGB

Im Unterschied zu § 138 BGB ergeben sich bei § 826 BGB keine Bedenken hinsichtlich der Rechtsfolge. § 826 BGB gibt einen Schadensersatzanspruch bei sittenwidriger Schädigung. Eine erweiterte Inanspruchnahme des Kommanditisten wäre hier von der Rechtsfolge her denkbar. Bei einer sittenwidrigen Schädigung bliebe allerdings das Haftungsprivileg des § 171 HGB als solches unangetastet. Der Anspruch auf Schadensersatz würde selbständig neben die Haftungsbeschränkung treten.

Das Problem liegt jedoch hier bei der Frage, wann bei bloßer Verschiebung der Herrschaftsmacht zugunsten des Kommanditisten die strengen Voraussetzungen des § 826 BGB vorliegen könnten. Die Kommanditistenstellung müßte dazu verwendet werden, Dritte in einer gegen die guten Sitten verstoßenden Weise vorsätzlich zu schädigen. Bei Unterkapitalisierung und bei Vorschieben eines vermögenslosen Gesellschafters als Komplementär könnten diese Voraussetzungen vorliegen. Dieser Fall wird im 3. Teil dieser Arbeit zur Sprache kommen. Bei bloßer Herrschaftserweiterung ist dagegen nur das Innenverhältnis betroffen. Ein Fall, in dem die Voraussetzungen des § 826 BGB in bezug auf einen Dritten hier vorliegen könnten, ist nur sehr schwer vorstellbar[19].

---

[18] H. P. Westermann, S. 283.

[19] Hofmann, NJW 1969, 577 (582), der nachdrücklich für eine Lösung des Haftungsproblems bei der atypischen KG auf dem Boden des § 826 BGB eintritt, hat wohl auch vorwiegend den Fall der Unterkapitalisierung im Auge; dazu unten § 9 II 1 b und § 10 I 3.

III. Teleologische Reduktion des § 171 HGB

Nachdem sich der Weg über die Schranke der Sittenwidrigkeit wegen der unangemessenen Rechtsfolge einerseits (im Falle des § 138 BGB) und wegen der zu strengen Voraussetzungen andererseits (im Falle des § 826 BGB) als wenig gangbar erwiesen hat, soll nun bei der das Haftungsprivileg gewährenden Vorschrift des § 171 HGB angesetzt und untersucht werden, ob es nicht möglich ist, in den Fällen der erweiterten Herrschaftsmacht des Kommanditisten im Wege der teleologischen Reduktion dieser Norm zu einer Haftungserweiterung zu kommen.

1. Begriff und Eigenart der teleologischen Reduktion

a) Voraussetzungen und Funktionsweise

Durch die teleologische Reduktion[20] wird eine im Gesetz enthaltene, nach ihrem Wortsinn zu weit gefaßte Regel auf den ihr nach dem Regelungszweck oder den Sinnzusammenhang des Gesetzes zukommenden Anwendungsbereich zurückgeführt[21]. Es werden also ohne einen entsprechenden Zusatz im Gesetz aufgrund des rechtspolitischen Zwecks oder des Sinnzusammenhangs einer Vorschrift bestimmte Fälle ausgenommen, obwohl sie nach dem Gesetzeswortlaut von ihr erfaßt werden. Es handelt sich damit bei der teleologischen Reduktion um eine *Form der ergänzenden Rechtsfortbildung;* ergänzend darum, weil sie sich noch an den Plan und die immanente Teleologie des Gesetzes gebunden hält und im Gegensatz zur „gesetzesübersteigenden Rechtsfortbildung“[22], die über den Plan des Gesetzes hinausgeht und auf deren Grenzen und Voraussetzungen hier nicht näher eingegangen zu werden braucht[23].

Für die teleologische Reduktion als ergänzende Rechtsfortbildung ist nur dort Raum, wo eigentlich aufgrund des Regelungsplans des Gesetzes eine bestimmte Regelung zu erwarten gewesen wäre; erforderlich ist also eine *„planwidrige Unvollständigkeit“*[24], eine Gesetzeslücke. Bei dieser Form der Gesetzeslücke handelt es sich jedoch nicht um den Fall, daß ein einzelner Rechtssatz auf eine bestimmte Frage keine Antwort bereithält, weil keine vom Wortlaut erfaßte Regelung vorhanden ist; diese Situation wird als Normlücke oder offene Lücke bezeichnet[25]. Vielmehr ist hier zwar eine Regelung vorhanden, nur widerspricht sie dem

---

[20] Gebräuchlich ist auch die Bezeichnung Restriktion, vgl. Enneccerus/Nipperdey, Allgemeiner Teil, 15. Aufl, § 59.

[21] Larenz, Methodenlehre, S. 377.

[22] Terminologie nach Larenz, Methodenlehre, S. 354 u. 402.

[23] Vgl. hierzu Larenz, Methodenlehre, S. 402 ff.

[24] Engisch, Einführung in das juristische Denken, 5. Aufl. 1971, S. 138; Canaris, Die Feststellung von Lücken im Gesetz, 1964, S. 39; Larenz, Methodenlehre, S. 358.

[25] Vgl. Zitelmann, Lücken im Recht, 1903, S. 27 ff.

Gesetzesplan. Mit Zitelmann[26] spricht man daher von einer Regelungslücke oder unechten oder *verdeckten Gesetzeslücke*[27].

Von der *Auslegung,* insbesondere der einschränkenden oder engen Auslegung, die terminologisch nicht immer deutlich genug getrennt wird[28], unterscheidet sich die teleologische Reduktion dadurch, daß für sie die noch mögliche Wortbedeutung kein Kriterium darstellt, während sich die Auslegung streng im Rahmen des Vorstellungskerns der gesetzlichen Formulierung hält[29]. Allerdings sind Gesetzesauslegung und Rechtsfortbildung nicht wesensverschieden, sondern nur voneinander verschiedene Stufen desselben gedanklichen Verfahrens. Obwohl die Grenzen oft flüssig sind, empfiehlt es sich dennoch wegen der für die verschiedenen Stufen typischen Methoden an der Unterscheidung festzuhalten[30].

Mit der Analogie hat die teleologische Reduktion die fehlende Bindung an den Gesetzeswortlaut gemeinsam, während für sie jedoch ein Zurückbleiben hinter der Wortbedeutung kennzeichnend ist, geht die Analogie über die Grenzen des Wortlautes hinaus und erstreckt die getroffene Regelung so auf nicht geregelte (offene Lücke), jedoch rechtsähnliche Fälle[31].

b) Grenzen der teleologischen Reduktion

Der Maßstab für die Beurteilung, wann eine planwidrige Unvollständigkeit vorliegt, ist die „dem Gesetz zugrundegelegte Teleologie“[32], sein Regelungsplan.

Mit dieser Feststellung ist der teleologischen Reduktion bereits eine bedeutsame Grenze gesetzt. Die Rechtsprechung ist nicht dazu aufge-

---

[26] S. 27 ff.

[27] Beispiele für Anwendungsfälle solcher Regelungslücken im BGB bei Larenz, Methodenlehre, S. 378 ff.; für den Fall einer teleologischen Reduktion im Handelsrecht (§ 126 HGB) vgl. Schlüter, Die Vertretungsmacht des Gesellschafters und die „Grundlagen der Gesellschaft“ 1965, S. 63 ff. (insb. S. 77 ff.).

[28] In der Rechtsprechung wird zuweilen von einschränkender Auslegung gesprochen, wo es sich um eine teleologische Reduktion handelt; vgl. BGHZ 17, 266 (275 f.) und hierzu auch Schlüter, S. 63.

[29] Larenz, Methodenlehre, S. 350 f.

[30] Larenz, Methodenlehre, S. 350 f., 377; ebenso Canaris, S. 20; hier zeigt sich übrigens im Rückblick auch noch eine weitere Schwäche der oben behandelten Typenlehre (vgl. § 6 I 3 und II 4), für die, wie Leenen (S. 173) selbst einräumt, der mögliche Wortsinn kein sinnvolles Kriterium mehr darstellt. Der Unterschied zwischen Auslegung, die sich noch auf die hinter dem möglichen Wortsinn stehende Autorität des Gesetzgebers berufen kann und der Rechtsfortbildung wird damit verwischt.

[31] Hierzu Larenz, Methodenlehre, S. 366.

[32] Larenz, Methodenlehre, S. 358, 378.

rufen, einen *rechtspolitischen Fehler* des Gesetzgebers zu berichtigen[33]. Sie würde damit die ihr nach dem Prinzip der Gewaltenteilung zukommende Aufgabe überschreiten[34]. Außergesetzliche und damit rechtspolitische Bewertungsmaßstäbe müssen bei der Lückenfeststellung außer Betracht bleiben. Bei der teleologischen Reduktion ist daher immer besonders sorgfältig der Regelungszusammenhang der gesetzlichen Bestimmung herauszuarbeiten, um nicht auf dem Weg über eine verdeckte Regelungslücke in Wahrheit ein rechtspolitisch unerwünschtes Ergebnis zu vermeiden[35]. Weiter ist auch immer zu bedenken, ob nicht trotz widersprechender gesetzlicher Wertung im Einzelfall eine teleologische Reduktion darum nicht vorgenommen werden darf, weil ein *vorrangiges Interesse an Rechtssicherheit* die strikte Einhaltung der Grenze des möglichen Wortsinnes verlangt[36].

c) Verhältnis zur Gesetzesumgehung und zum Rechtsmißbrauch

Bevor unter Beachtung der soeben entwickelten Grundsätze die Möglichkeit einer teleologischen Reduktion des § 171 HGB geprüft wird, soll noch kurz der Frage nachgegangen werden, wie das Verhältnis zur Gesetzesumgehung und zum Rechtsmißbrauch zu bestimmen ist. Veranlassung zur Erörterung dieser Frage besteht darum, weil in der vorliegenden Literatur zur Haftungserweiterung des beherrschenden Kommanditisten, soweit überhaupt eine über das isolierte Aufzählen von Argumenten hinausgehende methodische Einordnung erfolgt, häufig von Gesetzesumgehung und Rechtsmißbrauch die Rede ist[37], während eine teleologische Reduktion nur vereinzelt erwähnt wird[38].

Mit dem Begriff *Gesetzesumgehung* wird ein Verhalten bezeichnet, das den Wortlaut des Gesetzes beachtet, aber gegen dessen Sinn und

---

[33] Zu dem Sonderfall richterlicher Rechtsfindung, falls sich überhaupt keine gesetzliche Wertung zur Lösung eines bestimmten Interessenkonfliktes feststellen läßt: Heck, AcP 112, 1 ff. (201); G. u. D. Reinicke, NJW 1954, 1217; dies., NJW 1955, 1380.

[34] Unzutreffend daher Binder, Philosophie des Rechts, S. 984, der bereits eine Regelungslücke annimmt, wenn „eine durch unsere gegebenen sozialen und wirtschaftlichen Verhältnisse begründete Forderung an das Recht in ihm keine Erfüllung findet". Hierzu ebenfalls kritisch Larenz, Methodenlehre, S. 358 und Schlüter, S. 66.

[35] Zitelmann, S. 35; Bartholomeyczik, Die Kunst der Gesetzesauslegung, 1967, S. 46; Canaris, S. 189; Schlüter, S. 67.

[36] Larenz, Methodenlehre, S. 378; Canaris, S. 192.

[37] Haupt/Reinhardt, S. 79; Paulick, S. 39; Nitschke, S. 259; Hueck, Gesellschaftsrecht, § 19 VIII 3; H. P. Westermann, S. 249 (251 ff.) Koller, S. 141; Wagner, S. 134; Schlegelberger/Geßler, § 164 Rdnr. 14; Baumbach/Duden, § 171 Anm. 1 A; Berg, JuS 1974, 692; BGHZ 45, 204.

[38] Hofmann, NJW 1969, 577 (581); Mögele, S. 55.

Zweck verstößt[39]. Es lassen sich hier zwei Formen unterscheiden[40]: die Umgehung begünstigender Normen oder „Tatbestandserschleichung" und die Umgehung benachteiligender Normen oder „Tatbestandsvermeidung". Im Fall des § 171 HGB kommt nur der Fall der Erschleichung einer begünstigenden Norm in Betracht. Bei der Behandlung der Umgehung begünstigender Normen geht es um die Einordnung des fraglichen Geschäfts unter den Sinn des Gesetzes anhand der gleichen Kriterien wie bei der teleologischen Gesetzesauslegung und der gesetzesimmanenten Rechtsfortbildung[41]. Wenn aber das Verfahren identisch ist, dann handelt es sich zumindest bei der Gesetzesumgehung in der Form der Tatbestanderschleichung lediglich um eine andere Bezeichnung für denselben Vorgang. In diesem Bereich kommt der Gesetzesumgehung somit *keine selbständige Bedeutung* zu, sie ist lediglich ein Anwendungsfall einschränkender Gesetzesinterpretation bzw. teleologischer Reduktion[42].

Beim *Rechtsmißbrauch* ist zu unterscheiden zwischen Mißbrauch im individuellen und im institutionellen Sinne[43]. Ein Mißbrauch im individuellen Sinne liegt vor, wenn der Berechtigte gegenüber dem Verpflichteten das Treue- und Sittengebot verletzt, während bei einer zweck- und funktionswidrigen Ausnutzung einer Norm von institutionellem Rechtsmißbrauch gesprochen wird. Im hier interessierenden Zusammenhang kann nur die zweite Alternative Bedeutung gewinnen, da die Möglichkeit der Berufung auf § 171 HGB gegenüber einem beurteilenden Richter, nicht dagegen das Verhalten zweier Parteien eines Rechtsverhältnisses zueinander in Rede steht. Nach der sog. „Innentheorie"[44] ergibt sich die Möglichkeit institutionellen Rechtsmißbrauchs aus der Divergenz von äußerem und innerem Aufbau einer Norm. Wird ein Recht zwar im Rahmen des Wortlautes, aber außerhalb der Zwecke und Funktion der betreffenden Regelung ausgeübt, so ist die Berufung auf den Gesetzeswortlaut mißbräuchlich. An dieser

---

[39] Staudinger/Coing, § 117 Rdnr. 21; Koller, S. 141; Teichmann, Die Gesetzesumgehung, 1962, S. 48 ff., vgl. auch S. 3 ff. zur geschichtlichen Entwicklung der Gesetzesumgehung.

[40] Terminologie von Römer, Gesetzesumgehung im Internationalen Privatrecht, 1955, S. 33 f.

[41] Teichmann, Die Gesetzesumgehung, S. 49; Koller, S. 141; Flume, Allgemeiner Teil, § 20 2 b cc.

[42] Koller, S. 141; Teichmann, Die Gesetzesumgehung, S. 49, 64; a. A. (für die Einordnung als selbständiges Rechtsinstitut) jedoch Römer, S. 18; Maday, Die sogenannte Gesetzesumgehung, Diss. Bern 1941, S. 30; umfassende Nachweise zur Gegenmeinung bei Teichmann, S. 12 FN 63.

[43] Teichmann, Die Gesetzesumgehung, S. 76 m. Nachw.; Serick, Rechtsform und Realität juristischer Personen, 1955, S. 23 FN 4.

[44] BGHZ 3, 94 (103 f.); grundlegend Siebert, Verwirklichung und Unzulässigkeit der Rechtsausübung, 1934, S. 87.

Stelle erweist sich, daß auch dem institutionellen Rechtsmißbrauch als selbständigem Rechtsinstitut gegenüber der einschränkenden Auslegung und der teleologischen Reduktion keine Bedeutung zukommt[45]. Das Problem ist *identisch*, es geht um die Verwirklichung von Sinn und Zweck des Gesetzes[46].

2. *Die rechtspolitische Zielsetzung (ratio legis) des § 171 HGB*

Zur Feststellung der rechtspolitischen Zielsetzung des § 171 HGB und damit zur Beantwortung der Frage, ob im Fall des herrschenden Kommanditisten eine verdeckte Regelungslücke vorliegt, sind die *von dieser Norm berührten Interessen* und *die in ihr enthaltenen Rechtswerte* und Richtigkeitsgedanken zu *ermitteln* und *gegeneinander* abzuwägen[47]. In unserem Fall sind bei der Ermittlung der Rechtswerte des § 171 HGB die Interessen des Kommanditisten, der persönlich haftenden Komplementäre sowie der Gläubiger und sonstigen Geschäftspartner zu berücksichtigen.

a) Das Haftungsprivileg als materielle Wertentscheidung

Es wäre denkbar, in der Regelung der §§ 161, 171 HGB eine materielle Wertentscheidung zu sehen, nach der das Haftungsprivileg ausschließlich an die im gesetzlichen Normalstatut der KG vorgezeichnete Situation anknüpfen soll. Zur Begründung müßte man hier allerdings auf das nicht zuletzt im Interesse des Gläubigerschutzes erhobene Postulat des Gleichlaufs von Herrschaft und Haftung zurückgreifen, das bereits oben[48] als lediglich rechtspolitische Wunschvorstellung erkannt wurde und zu dem sich hier alle weiteren Erörterungen erübrigen. Nachdem, wie Wiethölter[49] zutreffend herausgestellt hat, seit der Schaffung der GmbH im Grunde jede wirtschaftliche Betätigung die Haftungsbeschränkung verdient, ist auch nicht erkennbar, aufgrund welcher sonstigen Interessen der drei beteiligten Gruppen eine solche materielle Wertentscheidung zu rechtfertigen wäre.

Allenfalls könnte man noch an ein *Schutzinteresse des Komplementärs* denken, der — obwohl aus der Führungsstellung verdrängt — für

---

[45] Teichmann, Die Gesetzesumgehung, S. 77.

[46] Vgl. auch die Formulierung des BGH (BGHZ 3, 94 [104]), Rechtsmißbrauch (im institutionellen Sinne) sei Ausnutzung formeller Möglichkeiten des Gesetzes entgegen ihrem unzweideutigen Rechtsgedanken. Die fehlende Eigenständigkeit des institutionellen Rechtsmißbrauchs verkennt Mögele, S. 54 ff., der zunächst zutreffend die Möglichkeit einer teleologischen Reduktion des § 171 HGB prüft und im Anschluß daran zum institutionellen Rechtsmißbrauch als einem neuen, von der teleologischen Reduktion verschiedenen Lösungsgesichtspunkt übergeht.

[47] Bartholomeyczik, S. 46.

[48] § 6 II 2.

[49] Probleme der GmbH & Co, S. 39.

die vom Kommanditisten abgeschlossenen Geschäfte persönlich unbeschränkt einzustehen hat. Zu seiner Sicherung bedarf es jedoch keiner zusätzlichen unbeschränkten Haftung des Kommanditisten, diese würde nämlich seine eigene Haftung unberührt lassen und lediglich den Gläubigern zu einer erweiterten Zugriffsmöglichkeit verhelfen. Auch erscheint es nach den bereits in Zusammenhang mit der Erörterung des Gleichlaufs von Herrschaft und Haftung angestellten Überlegungen[50] zweifelhaft, ob eine unbeschränkte Haftung den Kommanditisten zu einem vorsichtigeren Wirtschaften veranlassen würde, als er es ohnehin angesichts des drohenden Verlustes seiner Hafteinlage täte. Im übrigen ist der Kommanditist auch in beherrschender Stellung aufgrund der aus dem Gesellschaftsverhältnis fließenden Treuepflicht[51] gehalten, die Interessen des haftenden Komplementärs zu wahren. Diese Sicherung ist ausreichend, nicht zuletzt auch darum, weil sich der Komplementär nicht etwa unter Zwang, sondern kraft eigener Willensentscheidung in seine Situation gebracht hat.

Demgegenüber steht einer materiellen Wertentscheidung des soeben beschriebenen Inhalts eindeutig und unübersehbar das *Interesse beider Gesellschaftsgruppen* gegenüber, die zwischen ihnen bestehenden, durch Interessendivergenzen bedingten internen Spannungen durch eine freie Gestaltung im Innenverhältnis zum Ausgleich zu bringen. Es ist nicht zu bestreiten, daß der Gesetzgeber dem durch die Gewährung völliger Vertragsfreiheit im Innenverhältnis (§§ 109, 161, 163 HGB) voll Rechnung getragen hat. Gleichzeitig sollte *im Interesse eines funktionierenden Wirtschaftsablaufs* durch die Möglichkeit der Haftungsbeschränkung die Kapitalaufbringung erleichtert werden. Bei steigender Kapitalbeteiligung ist es aber ganz selbstverständlich, daß sich auch das organisatorische Schwergewicht von der persönlichen auf die kapitalistische Seite der KG verlagert. Angesichts dieser Situation ist der Ausbau der Kommanditistenstellung bis zur beherrschenden Position so naheliegend, daß niemand behaupten kann, diese Interessenkonstellation sei dem Gesetzgeber sowohl des ADHGB als auch des HGB verborgen geblieben[52].

Daß gleichwohl kein Verbot ins Gesetz aufgenommen wurde, zeigt deutlich, daß derartige Gestaltungen im Interesse der Gesellschafter und eines funktionierenden Wirtschaftsablaufs ohne Haftungsnachteile zulässig sein sollten.

Damit ist die Frage nach einer Regelungslücke bereits negativ entschieden. Außer dem Fehlen einer materiellen Wertentscheidung, die

---

[50] § 6 II 2.

[51] Wagner, S. 133; vgl. auch oben § 2 II 1.

[52] Vgl. Hofmann, NJW 1969, 581; OLG Hamm, MDR 1963, 849 f.

eine Reduktion des § 171 HGB notwendig machen könnte, spricht jedoch noch ein anderer gewichtiger Gesichtspunkt gegen eine Auflockerung der Haftungsregelung: der formale Ordnungscharakter des § 171 HGB.

b) Das Haftungsprivileg als formale Ordnungsvorschrift

Auch für den, der sich den zuletzt angeführten Gedanken nicht verschließt, gleichwohl aber der Ansicht ist, daß das Normalstatut der KG, entgegen der hier vertretenen Meinung, dennoch einen gewissen Richtigkeitsgedanken enthält[53], stellt sich die Frage nach dem Grund für die Zurückhaltung des Gesetzgebers bei dem Verbot einer Herrschaftserweiterung des Kommanditisten. Die Antwort hierauf führt zu einem weiteren bedeutsamen Gesichtspunkt bei der Ermittlung der Ratio des § 171 HGB: Der Gesetzgeber hat *im Interesse des Verkehrs- und Vertrauensschutzes* die *Haftungsvorschriften* der Handelsgesellschaften *bewußt starr* ausgestaltet[54]. Aus Gründen der Rechtsklarheit knüpfen die Haftungsverhältnisse nicht an die tatsächliche Machtlage im Einzelfall, sondern an die durch die Kundgabe der beschränkten Haftung bestimmte Organisationsform an[55]. Eine derartige Interessenbewertung ist dem Handelsrecht auch sonst nicht fremd; sie findet sich z. B. auch bei den Regeln über die organschaftliche Vertretung der OHG und auch der KG, wo ebenfalls Verkehrsschutzgesichtspunkte im Vordergrund stehen[56].

Falls man also in § 171 HGB auch eine materielle Wertentscheidung im Sinne des gesetzlichen Normalstatuts sehen zu können glaubt, so ist diese jedenfalls nicht verabsolutiert, sondern von einer formalen Ordnungsentscheidung aus Gründen der Rechtssicherheit überdeckt. Diese Entscheidung liegt im Interesse der Gesellschafter, die darauf vertrauen, daß sich an dem aus ihrer Sicht für die Rechtsformwahl entscheidenden Haftungsstatut nichts ändert. *Schutzinteressen der Gläubiger* sind dagegen nicht berührt, denn sie können sich aus dem Handelsregister jederzeit über die Haftungsverhältnisse informieren. Das Handelsregister sagt ihnen jedoch nichts über die interne Verteilung der Geschäftsführung. Ein Vertrauensschutz findet insoweit nicht statt. Aus der Eintragung einer KG ins Handelsregister kann nicht auf das Vorhandensein einer dem gesetzlichen Normalstatut entsprechenden Struktur geschlossen werden[57].

---

[53] So Rasner, S. 131; vgl. auch Mögele, S. 59 m. Nachw.

[54] Rasner, S. 131.

[55] Düringer/Hachenburg/Flechtheim, § 164 Anm. 6; Müller-Erzbach, Beiträge, S. 737.

[56] Einzelheiten: Schlüter, S. 74.

[57] Vgl. H. P. Westermann, S. 127, „ein weiter und überaus bedenklicher Schritt“.

Ein Abgehen von dem Charakter des § 171 HGB als formaler Ordnungsvorschrift würde im übrigen auch die formal klar gegebenen Unterschiede zwischen den einzelnen Gesellschaftsformen der Personenhandelsgesellschaften sowie der Stillen Gesellschaft aufheben und müßte so zu einer unheilvollen Rechtsunsicherheit führen, weil die jeweiligen Abgrenzungsprobleme kaum sinnvoll und mit der gebotenen Klarheit zu lösen wären[58].

3. Ergebnis: keine verdeckte Regelungslücke

Die Besinnung auf die ratio legis des § 171 HGB im Gesamtzusammenhang der Vorschriften über die Kommanditgesellschaft hat ergeben, daß eine Anwendung dieser Norm auf eine KG mit beherrschendem Kommanditisten nicht dem gesetzlichen Plan widerspricht, sondern — im Gegenteil — geradezu von ihm gefordert wird. Es liegt keine planwidrige Unvollständigkeit vor, vielmehr wurde § 171 HGB als formale Ordnungsvorschrift erkannt, die aus Gründen der Rechtssicherheit auch bei atypischer Gestaltung im Innenverhältnis starr am normalen Haftungsstatut festhält. Diese Beurteilung entspricht den Interessen von Kommanditist und Komplementär und steht auch den schutzwürdigen Belangen der Gläubiger nicht entgegen. Eine teleologische Reduktion ist damit ausgeschlossen.

IV. Rechtsscheinshaftung

1. Der Rechtsscheinsgedanke im Gesellschaftsrecht

Neben dem Gesichtspunkt der sittenwidrigen Schädigung und der teleologischen Reduktion könnte auch vom Standpunkt der instrumentalen Betrachtungsweise eine Haftung des herrschenden Kommanditisten aus veranlaßtem Rechtsschein in Betracht kommen.

Der Rechtsscheinsgedanke ist im Gesellschaftsrecht seit langem anerkannt. Es gilt der in Rechtsprechung und Schrifttum allgemein befürwortete Grundsatz, daß derjenige, der im Geschäftsverkehr den Anschein erweckt, er sei persönlich haftender Gesellschafter einer Handelsgesellschaft, für Verbindlichkeiten aus Geschäften haftet, die ein Dritter im Vertrauen auf diesen Rechtsschein abgeschlossen hat[59]. Voraussetzung für eine Haftung des Kommanditisten ist demnach die Veranlassung des Rechtsscheins persönlich zu haften, Ursächlichkeit für den Abschluß des fraglichen Geschäftes und Schutzwürdigkeit des Geschäfts-

---

[58] Fischer, Anmerkung zu BGH LM Nr. 7 zu § 171 HGB; vgl. auch bereits oben § 6 II 2 a. F. dort auch Beispiele und weitere Nachweise.

[59] BGHZ 17, 13 (17) — LM Nr. 9 zu § 105 HGB; BGH LM Nr. 8 zu § 242 (E) BGB; Schilling in Großkomm. HGB, § 164 Anm. 16; Schlegelberger/Geßler, § 164 Rdnr. 14; H. Westermann, Handbuch, Rdz. 868.

gegners, dem die wahre Sachlage weder bekannt noch grob fahrlässig unbekannt gewesen sein darf[60].

Während insoweit im Grundsätzlichen Einigkeit besteht, konzentrieren sich die Meinungsverschiedenheiten bei der Rechtsscheinshaftung des Kommanditisten auf zwei Fragenkreise: Einmal ist für die KG der hier behandelten Art fraglich, wann im Einzelfall tatbestandlich eine unbeschränkte Haftung des Kommanditisten vorgetäuscht wird. Es geht also um die *Konkretisierung der Rechtsscheinstatbestände*. Zum anderen besteht auch Streit darüber, ob überhaupt ein Rechtsschein angesichts des Umstandes möglich ist, daß der Kommanditist als solcher zutreffend im Handelsregister eingetragen ist. Schlagwortartig: *Gibt es einen Rechtsschein entgegen dem Handelsregister?*

Das letzte Problem ist logisch vorrangig und soll daher zuerst erörtert werden.

2. *Rechtsschein entgegen dem Handelsregister?*

Zur Begründung des Vorranges der Registereintragung gegenüber einem Rechtsschein wird im allgemeinen[61] auf § 15 Abs. 2 HGB verwiesen, wonach der Kommanditist jedem Dritten die eingetragene Tatsache entgegenhalten kann, sofern dieser nicht beweist, daß er sie weder kannte noch kennen mußte. Hierbei werden an die Erfüllung des Ausnahmetatbestandes strenge Anforderungen gestellt, da als Grundsatz gilt, daß derjenige, der mit Kaufleuten handelt, das Handelsregister und die Bekanntmachungen zu lesen hat[62]. Ein Bedürfnis für einen Vertrauensschutz soll nicht bestehen, wenn das Handelsregister die Rechtsstellung des Kommanditisten richtig verlautbart[63].

In der Rechtsprechung finden sich demgegenüber Entscheidungen, die zwar nicht in unserem konkreten[63a], wohl aber in ähnlichen Fällen die Berufung auf einen von der Registereintragung abweichenden Rechtsschein zulassen.

---

[60] Schilling, a.a.O.

[61] H. P. Westermann, S. 264; Wagner, S. 109 ff.; Hofmann, NJW 1969, 578; BGH BB 1976, 1479.

[62] Schlegelberger/Hildebrandt, § 15 Rdnr. 19; Baumbach/Duden, § 15 Anm. 3 B; zur Rechtsscheinshaftung bei nicht eingetragener KG vgl. BGHZ 61, 59 = NJW 1973, 1691 und G. Fischer, NJW 1973, 2188 m. Nachw.

[63] Wagner, S. 109; gegen eine Rechtsscheinshaftung auch Keutner, S. 42 und Klotz, S. 36 f., der geltend macht, dem Dritten fehle wegen der Registereintragung die Gutgläubigkeit. Dieser Einwand ist jedoch nicht stichhaltig, weil eine Einwirkung der Registereintragung auf das Vorstellungsbild des Dritten auch bei § 15 Abs. 2 HGB nicht erforderlich ist (insoweit richtig gegen Klotz, H. P. Westermann, S. 264 FN 63).

[63a] Vgl. jetzt aber: BGH BB 1976, 1479.

So etwa, wenn eine Gesellschaft, für die Gesamtvertretung eingetragen ist, in tatsächlicher Übung und Duldung der Einzelvertretung den Eindruck erweckt hat, daß diese wieder eingeführt ist[64]. Ferner ist anerkannt, daß derjenige, der im Handelsverkehr als Kaufmann[65] oder persönlich haftender Gesellschafter einer Handelsgesellschaft[66] auftritt, sich von gutgläubigen Geschäftspartnern auch als solcher behandeln lassen muß.

Von verschiedenen Autoren wird gleichsam als Kompromißlösung versucht, das Problem durch Hinweis auf § 164 Abs. 2 BGB zu lösen. Beim Auftreten des Kommanditisten in den Fällen, die für eine Rechtsscheinshaftung in Betracht kommen können, werde der Wille, im Namen der KG zu handeln, nicht erkennbar. Er werde daher persönlich verpflichtet[67]. Die Vorschrift paßt jedoch hier nicht, denn der Kommanditist macht regelmäßig deutlich, daß er für die Gesellschaft handelt. Problematisch ist nur, aufgrund welcher Rechtsstellung (ob als angeblicher Komplementär und organschaftlicher Vertreter oder als Bevollmächtigter mit bzw. ohne Vertretungsmacht[68]). Für die Beantwortung dieser Frage ist mit dem Hinweis auf § 164 Abs. 2 BGB nichts gewonnen[69].

Mit den angeführten Entscheidungen des RG und des BGH spricht mehr dafür, die Möglichkeit eines Rechtsscheins entgegen dem Handelsregister zu bejahen. Die dagegen vorgebrachten Gründe, insbesondere, daß der durch das Register gewährte allgemeine Schutz des Verkehrs das Bedürfnis nach einem allgemeinen besonderen Vertrauensschutz entfallen lasse, überzeugen nicht. Der den redlichen Dritten täuschende Kommanditist steht dem Dritten näher als das Handelsregister. Der unmittelbar gesetzte *Rechtsschein überlagert* die in § 15 Abs. 2 HGB zum Ausdruck kommende *Wirkung der Registereintragung*. Eine Nachprüfung der wahren Situation, etwa durch Einsicht in das Handelsregister, ist dem Vertragspartner nicht zuzumuten[70]. Hierin kann keinesfalls eine

---

[64] RGZ 5, 16 (17); zustimmend BGH LM Nr. 8 zu § 242 (E) BGB m. w. Nachw.; zu diesem Fall auch Wagner, S. 111.

[65] BGHZ 89, 163; BGHZ 22, 238; Würdinger in Großkomm. HGB, Anh. zu § 5 Anm. 7 ff.; Schlegelberger/Hildebrandt, § 5 Anm. 7 ff.

[66] BGHZ 17, 13.

[67] Barella, DB 1951, 149; Düringer/Hachenburg/Flechtheim, § 170 Anm. 4; Schlegelberger/Geßler, § 170 Rdnr. 4; Schilling in Großkomm. HGB, § 170 Anm. 11.

[68] Im letzteren Falle ergibt sich eine Haftung des Kommanditisten aus § 179 BGB; vgl. hierzu H. Westermann, Handbuch, Rdz. 868.

[69] Ebenso H. P. Westermann, S. 263 f.

[70] Auch Fischer in Anmerkung zu BGH LM Nr. 7 zu § 171 HGB deutet die Möglichkeit einer Rechtsscheinshaftung an; grds. zum Vorrang eines speziellen Vertrauenstatbestandes vor dem Handelsregister auch: Baumbach/Duden, § 15 Anm. 3 D; BGHZ 17, 13 (16); 62, 216 (223), wo sich das Gericht jedoch zu Unrecht auf H. P. Westermann beruft; LG Frankfurt, NJW 1975, 1522 (1523); vgl. auch

Beeinträchtigung der Registerfunktion gesehen werden[71], denn die Eintragung kann dem Kommanditisten *keinen Freibrief für täuschendes Verhalten* verschaffen[72].

Ganz so konsequent wie es zunächst den Anschein hat, halten im übrigen auch die Vertreter der Gegenansicht ihre Auffassung nicht durch. In „besonders krassen Fällen“[73] oder bei Vorliegen „besonderer Umstände“[74] soll dem Kommanditisten nämlich trotz des grundsätzlichen Vorrangs des Handelsregisters die Berufung auf die Haftungsbeschränkung als ein venire contra factum proprium verwehrt sein. Der Unterschied zu der hier vertretenen Ansicht ist dann bloß konstruktiver Art. Das Problem spitzt sich bei der Frage zu, welche Voraussetzungen an das zurechenbare Erwecken eines Rechtsscheins zu stellen sind bzw. wann „besondere Umstände“ vorliegen.

3. *Konkretisierung der Rechtsscheinstatbestände*

a) Anknüpfen an die Tatbestände des ADHGB und ausländischer Rechte

Als Ansatzpunkt für die nähere Bestimmung der Umstände, die vorliegen müssen, damit der Kommanditist tatbestandlich eine unbeschränkte Haftung vortäuscht, könnten Vorschriften des ADHGB von 1861 und des damaligen preußischen Entwurfs dienen. Diese Vorschriften knüpften die erweiterte Haftung des Kommanditisten an Tatbestände, die man heute mit dem Setzen eines Rechtsscheins vergleichen könnte.

In *Art. 149 des preußischen Entwurfs* zum ADHGB, in dem die heutige KG noch als Stille Gesellschaft bezeichnet wurde, während man die heutige Stille Gesellschaft nicht als Gesellschaft im Rechtssinne anerkennen wollte, heißt es[75]:

„Ein stiller Gesellschafter, welcher namens der Gesellschaft Rechtsgeschäfte vornimmt oder für dieselbe nur als Faktor oder Bevollmächtigter Geschäfte führt, haftet den Gläubigern der Gesellschaft persönlich und solidarisch.“

In das *ADHGB* aufgenommen wurden schließlich zwei Spezialfälle einer unbeschränkten Haftung, falls der Kommanditist unter bestimmten Voraussetzungen nach außen in Erscheinung trat.

BGH JZ 1971, 334; OLG Karlsruhe, JZ 1971, 335; umfassend Gotthardt, JZ 1971, 312 ff.; BGH BB 1976, 1479.

[71] So aber G. Winkler, DNotZ 1975, 69 (75).

[72] Vgl. Wiedemann, ZGR 1975, 354 (361).

[73] Wagner, S. 112.

[74] H. P. Westermann, S. 264; Schröder, S. 86 FN 1.

[75] Zitiert nach Lutz, Protokolle, Beilagenband, I. Teil, 1861.

Art. 167 Abs. 3 ADHGB:

„Ein Kommanditist, welcher für die Gesellschaft Geschäfte schließt, ohne ausdrücklich zu erklären, daß er nur als Prokurist oder als Bevollmächtigter handelt, ist aus diesen Geschäften gleich einem persönlich haftenden Gesellschafter verpflichtet."

Art. 168 ADHGB:

„Der Name eines Kommanditisten darf in der Firma der Gesellschaft nicht enthalten sein, im entgegengesetzten Fall haftet er den Gläubigern gleich einem offenen Gesellschafter."

Ähnliche Vorschriften enthielt auch *Art. 28 des Code de Commerce von 1807* für Frankreich und *§ 8 des Limited Partnership Act von 1907* für England[76].

Die angeführten Regelungen des ADHGB wurden nicht ins HGB übernommen, weil man sie nicht für erforderlich hielt, um einer Verdunkelung der Verhältnisse der Gesellschaft vorzubeugen. Im übrigen könne Art. 168 ADHGB nicht mit dem anerkennenswerten Interesse an einer Firmenfortführung in Einklang gebracht werden[77]. Zuweilen wird aus dieser Entscheidung des Gesetzgebers im Gegenschluß die Folgerung gezogen, ein Kommanditist dürfe bei Vorliegen der in Art. 167 Abs. 3, 168 ADHGB genannten Umstände auf keinen Fall haften[78]. Andererseits finden sich auch Stimmen, die aufgrund von Erwägungen, die an den Rechtsschein anknüpfen, zu einem ähnlichen Ergebnis wie in Art. 167 Abs. 3 ADHGB kommen wollen[79].

Weder die eine noch die andere Auffassung ist überzeugend. Es erscheint weder gerechtfertigt, generell in den genannten Fällen eine Rechtsscheinshaftung auszuschließen, noch sind heute die angeführten Tatbestände des ADHGB allein geeignet, eine Haftung kraft Rechtsscheins zu begründen. Entscheidender Gesichtspunkt muß vielmehr immer sein, ob in dem redlichen Dritten tatsächlich der Eindruck erweckt wurde, es handele sich bei dem Kommanditisten um einen persönlich haftenden Gesellschafter.

b) Der Name des Kommanditisten in der Firma

Ein solcher Anschein entsteht noch nicht, wenn lediglich der Name des Kommanditisten in der Firma vorhanden ist (vgl. Art. 168 ADHGB). Zwar erscheint regelmäßig nur der Name eines persönlich Haftenden in der Firma (§ 19 Abs. 2, 4 HGB), es kann jedoch auch einmal der Name

---

[76] Hierzu bereits oben § 1 FN 3.

[77] Hahn/Mugdan, Die gesamten Materialien zu den Reichsjustizgesetzen, 6. Band, 1897, Denkschrift zum Entwurf eines Handelsgesetzbuches und eines Einführungsgesetzes, S. 117.

[78] Schilling in Großkomm. HGB, § 164 Anm. 16 m. Nachw.

[79] Düringer/Hachenburg/Flechtheim, § 170 Anm. 4; H. Westermann, Handbuch, Rdz. 868.

des Kommanditisten durch Firmenfortführung in die jetzige Firma gelangt sein (§ 22 HGB). Da der Grundsatz der Firmenwahrheit zugunsten der Firmenbeständigkeit hier durchbrochen ist[80], läßt der Name des Kommanditisten somit keinen Schluß auf die persönliche Haftung zu[81] und zwar auch dann nicht, wenn der Name des Kommanditisten unrechtmäßig in die Firma gelangt ist (weil keine zulässige Firmenfortführung vorlag). Allein die Firmenführung reicht also als Rechtsscheinstatbestand grundsätzlich nicht aus.

Eine Rechtsscheinshaftung aufgrund des Vorhandensseins des Namen des Kommanditisten in der Firma könnte sich lediglich für den *Sonderfall der GmbH & Co KG* ergeben. Nach einer neueren Entscheidung des BGH[82] soll die Gesellschaft dort auch im Falle der Führung einer abgeleiteten Firma in *analoger Anwendung der* *§ 4 Abs. 2 GmbH, 4 Abs. 2 AktG* verpflichtet sein, einen die Gesellschaft bezeichnenden Zusatz, wie etwa „GmbH & Co", in die Firma aufzunehmen. Die Analogie wurde mit einer nahen Verwandtschaft der GmbH & Co KG zu den Kapitalgesellschaften begründet, die einen erweiterten Schutz des Rechtsverkehrs erforderlich mache. Den Gläubigern solle es möglich sein, schon aus der Firma zu ersehen, daß die Gesellschaft keine natürliche Person als persönlich haftenden Gesellschafter habe[83]. Der BGH hatte zwar im konkreten Fall[84] noch keine Rechtsscheinshaftung des Kommanditisten, dessen Name ohne den Zusatz GmbH & Co in der Firma vorhanden war, angenommen, da die Verpflichtung, die Gesellschaftsform der GmbH & Co in der Firma zu verlautbaren, nicht unmittelbar aus dem Gesetz folge und daher nicht ohne weiteres ersichtlich sei. Ein Rechtsschein, daß es sich wegen des fehlenden Zusatzes nicht um eine GmbH & Co handeln könne, sondern um ein Einzelkaufmannsgeschäft oder eine Gesellschaft mit dem Kommanditisten als persönlich haftendem Gesellschafter, sei also noch nicht erzeugt worden. Nachdem aber nunmehr die Verpflichtung zur Führung eines Zusatzes im Falle einer abgeleiteten Firma durch eine höchstrichterliche Entscheidung festgestellt worden ist, die auch im Schrifttum[85] lebhafte Aufmerksamkeit gefunden hat, könnte in Zukunft bei Unterbleiben dieses Zusatzes das Vertrauen darauf, daß es sich nicht um eine GmbH & Co handele und daß mindestens eine natür-

---

[80] BGHZ 58, 322 (324); Baumbach/Duden, §§ 22, 23 Anm. 2 C.

[81] Schilling in Großkomm. HGB, § 161 Anm. 7.

[82] BGHZ 62, 216; bestätigt in BGH BB 1976, 1479.

[83] BGH, S. 226.

[84] BGH, S. 228.

[85] z. B.: Sieveking, MDR 1974, 904; Lamers, DB 1974, 1996; Hesselmann, Anm. zu BGH, GmbH-Rdsch. 1974, 151; Priester, NJW 1975, 238; Schmidt-Salzer, NJW 1975, 1481; Bokelmann, GmbH-Rdsch. 1975, 25; Hesselmann, GmbH-Rdsch. 1975, 57; Wiedemann, ZGR 1975, 355; Winkler, DNotZ 1975, 69, jeweils mit Nachw.

liche Person als persönlich haftender Gesellschafter vorhanden sei, eine Rechtsscheinshaftung begründen[86].

Die Entscheidung, die mit der Verpflichtung zur Führung eines Firmenzusatzes der bislang überwiegenden Ansicht[87] entgegentrat, ist teilweise scharf kritisiert worden[88]. Ihr wurde entgegengehalten, daß die §§ 22, 24 HGB ohne Einschränkung auch auf die GmbH & Co KG anzuwenden sei, da diese als Personengesellschaft anerkannt sei. Angesichts der grundsätzlichen Möglichkeit zur Firmenfortführung könne es nur durch die Beachtung der in § 18 Abs. 2 HGB zum Ausdruck kommenden gesetzlichen Schranke darum gehen, einer Irreführung des Verkehrs durch die Fortführung entgegenzuwirken[89]. Diese Täuschungsgefahr sei aber im Falle der Firmenfortführung durch eine GmbH & Co KG auch nicht größer als in anderen Fällen des Inhaberwechsels, bei denen anstelle des bisherigen kapitalkräftigen und vertrauenswürdigen Inhabers ein Nachfolger von zweifelhafterer Kreditwürdigkeit treten könne, ohne daß dies im Firmennamen zum Ausdruck gebracht werden müsse. Im übrigen könne eine GmbH als Komplementär möglicherweise kapitalkräftiger sein als etwa ein kaufmännischer Angestellter in der gleichen Gesellschafterstellung[90]. Schließlich habe der BGH dem Gesetzgeber vorgegriffen, der in § 26 des geplanten EinführungsG zum GmbHG durch Einfügung eines neuen § 24 a HGB eine ausdrückliche Regelung einzuführen beabsichtige, nach der in den hier erörterten Fällen einer abgeleiteten Firma ein Zusatz aufgenommen werden müsse[91].

Diese Kritik überzeugt nicht. In Übereinstimmung mit einem Teil der seither ergangenen Rechtsprechung[92] und des Schrifttums[93] verdient die Entscheidung des BGH Zustimmung. Die GmbH & Co KG ist gesetzlich

---

[86] Vgl. Schmidt-Salzer, S. 1482; folgerichtig jetzt auch LG Frankfurt, NJW 1975, 1522 (Rechtsscheinshaftung bejaht).

[87] z. B. Schilling in Großkomm. HGB, § 161 Anm. 24; Baumbach/Duden, § 24 Anm. 2 A; Sudhoff, GmbH & Co, S. 27; Herrmann, GmbH-Rdsch. 1967, 96; aus der Rechtsprechung: BayObLG, NJW 1966, 2173 (2174); OLG München, NJW 1971, 1615; weitere Nachweise bei Priester, NJW 1975, 238 (dortige FN 3 und 4); a. A.: aber auch vor BGHZ 62, 216 schon Haas, GmbH-Rdsch. 1969, 20; Schlegelberger/Schröder, § 22 Anm. 20.

[88] Im Schrifttum vor allem Priester, Hesselmann, Winkler, Lamers; in der Rechtsprechung LG Oldenburg, NJW 1976, 152; LG Hannover, GmbH-Rdsch. 1975, 254; zustimmend jedoch BGH, NJW 1976, 48; LG Köln, GmbH-Rdsch. 1975, 60; OLG Köln, GmbH-Rdsch. 1975, 253; LG Frankfurt, NJW 1975, 1522.

[89] Vgl. LG Hannover, S. 255; aber auch schon BayObLG, NJW 1966, 2174 und Baumbach/Duden, § 24 Anm. 2 A.

[90] LG Hannover, BayObLG.

[91] Hesselmann, GmbH-Rdsch. 1974, 152 f. (FN 8).

[92] LG Köln, GmbH-Rdsch. 1975, 60; OLG Köln, GmbH-Rdsch. 1975, 253; LG Frankfurt, NJW 1975, 1522; BGH, NJW 1976, 48.

[93] Bokelmann, GmbH-Rdsch. 1975, 25; Wiedemann, ZGR 1975, 354.

nicht als eigene Gesellschaftsform geregelt. Trotz ihrer grundsätzlichen Einordnung als Personengesellschaft kann daher wegen der besonderen Interessenlage vor allem im Hinblick auf den Gläubigerschutz zweifelhaft sein, ob alle Regeln des Rechtes der Personengesellschaften unbesehen auf die GmbH & Co angewandt werden können. Insoweit besteht also eine Regelungslücke, die durch eine Analogie geschlossen werden kann, wie sie der BGH vornimmt. Die Rechtsprechung ist auch hier nicht gehalten, wegen des unmittelbaren Bevorstehens einer gesetzlichen Regelung zurückhaltend bei der Ausfüllung von Gesetzeslücken zu verfahren, denn eine abschließende Regelung der GmbH & Co ist bisher noch nicht in Angriff genommen worden und die beiläufigen Korrekturen, die mit der GmbH-Reform durchgeführt werden sollten[94], sind mit dieser selbst auf unbestimmte Zeit zurückgestellt worden. Ob Regelungen des Rechts der Kapitalgesellschaften auf die GmbH & Co angewandt werden können, richtet sich nach sachlichen Gesichtspunkten der Interessenbewertung. Eine schematische Anwendung von Bestimmungen des Personengesellschaftsrechts wird der besonderen Interessenlage bei der GmbH & Co KG nicht gerecht[95]. Im Unterschied zur OHG und zur reinen KG besteht bei der GmbH & Co die Besonderheit, daß hier die Haftung ebenso wie bei Kapitalgesellschaften auf ein Sondervermögen beschränkt wird und im Falle der Insolvenz eine Einstandspflicht für die Zukunft nicht besteht. Es ist daher gerechtfertigt, wenn die Rechtsprechung an diese Besonderheit der Haftungsbeschränkung anknüpft und einen im Recht der Kapitalgesellschaft (§§ 4 Abs. 2 GmbHG, 4 Abs. 2 AktG) bestehenden Grundsatz, nachdem die Haftungsbeschränkung auf ein Sondervermögen auch bei abgeleiteter Firma offengelegt werden muß, auf den insoweit der Interessenlage nach vergleichbaren Fall der GmbH & Co anwendet. Hierbei spielt es keine Rolle, daß im Einzelfall das Sondervermögen kapitalkräftiger sein kann als eine natürliche Person, denn es bleibt jedenfalls der Unterschied, daß bei einem Sondervermögen die Einstandspflicht mit der Auflösung im Konkurs endet, während sie bei der natürlichen Person auch über den Konkurs hinaus weiterbesteht.

Durch die Pflicht zur Offenlegung wird übrigens auch nicht der Grundsatz der Erhaltung des Firmenwertes eingeschränkt, nachdem es erlaubt ist, die alte Firma mit allen individualisierenden Merkmalen fortzuführen[96]. Ein auf die Gesellschaftsform hinweisender Zusatz ist nämlich kein die Individualisierung bezweckender Firmenbestandteil. Durch Fortfall oder Hinzufügung eines Zusatzes wird die Firmenidentität, das

---

[94] § 26 EGGmbHG, Regierungsentwurf, BT-Drucksache 7/253.

[95] Wiedemann, S. 356.

[96] Bokelmann, S. 27.

sich dem „Auge und Ohre einprägende Klangbild“[97], nicht berührt. Es handelt sich vielmehr dabei um eine als technisch empfundene Mitteilung an den Verkehr, die vom Firmenkern und den übrigen Zusätzen allgemein getrennt wird[98].

Im Falle der Haftungsbeschränkung auf ein Sondervermögen bei einer Personengesellschaft muß daher auch bei Führung einer abgeleiteten Firma ein rechtsformklarstellender Zusatz im Firmennamen erscheinen. Dies folgt aus einer analogen Anwendung der §§ 4 Abs. 2 GmbHG, 4 Abs. 2 AktG, in denen das Rechtsprinzip zum Ausdruck kommt, daß die auf ein Sondervermögen beschränkte Haftung offengelegt werden muß. Ob die Haftungsbeschränkung nun durch den Einsatz einer juristischen Person oder durch die geschickte Kombination von Gesamthand und juristischer Person erreicht wird, steht wertungsmäßig gleich[99].

Als *Fazit* ergibt sich aus diesen Überlegungen für unsere Fragestellung folgendes: Bei dem Sonderfall der GmbH & Co KG kann sich aufgrund des Vorhandenseins des Namens des Kommanditisten in der Firma eine Rechtsscheinshaftung ergeben. In den sonstigen Fällen der „reinen KG“ genügt der Name in der Firma allein nicht. Hier kann der Gebrauch der Firma im Zusammenhang mit dem sonstigen Verhalten des Kommanditisten jedoch das Mittel sein, um den Anschein der Eigenschaft eines persönlich haftenden Gesellschafters zu erwecken. Dabei macht es dann jedoch keinen Unterschied, ob der Name des Kommanditisten in rechtmäßiger oder unrechtmäßiger Weise in der Firma enthalten ist, denn auch bei rechtmäßiger Firmenfortführung kann der Kommanditist, der den Eindruck erweckt, persönlich haftender Gesellschafter zu sein, diesen Eindruck noch durch den Hinweis auf die Firma verstärken.

c) Eintragung des Kommanditisten als organschaftlicher Vertreter

Vielfach wird an die Eintragung des Kommanditisten als organschaftlicher Vertreter der Rechtsschein der Komplementärstellung geknüpft, da organschaftlicher Vertreter gemäß § 170 HGB nur ein persönlich haftender Gesellschafter werden könne[100].

Mit Rechtsscheinsgrundsätzen läßt sich diese Ansicht allerdings nicht begründen, denn das Handelsregister ist in einem solchen Falle widersprüchlich, da es einmal die Kommanditisteneigenschaft und zum ande-

---

[97] RGZ 104, 341 (342).

[98] Wiedemann, S. 358.

[99] Wiedemann, S. 360.

[100] J. v. Gierke, Handelsrecht, § 37 VII 1; Haupt/Reinhardt, § 21 II; Schlegelberger/Geßler, § 170 Rdnr. 4; Schröder, S. 86 FN 1; zur Frage der organschaftlichen Vertretung des Kommanditisten vgl. oben § 2 III 1; § 3 II 1 a bb.

ren die hiermit nicht zu vereinbarende organschaftliche Vertretung verlautbart. Solange der Kommanditist jedoch als solcher eingetragen ist, wird der Schein einer persönlichen Haftung nicht begründet. Zu einer unbeschränkten persönlichen Haftung käme man lediglich, wenn man aus der organschaftlichen Stellung des Kommanditisten gleichzeitig eine Verantwortung in Form der Haftung ableiten wollte[101]. Dies hat aber nichts mehr mit Rechtsschein zu tun und wurde im übrigen bereits oben[102] abgelehnt.

d) Sonstiges Verhalten des Kommanditisten

Wenn auch grundsätzlich weder der Name des Kommanditisten in der Firma noch seine unrechtmäßige Eintragung als organschaftlicher Vertreter für sich genommen ausreichen, so können diese Umstände doch dazu beitragen, daß sich aus dem sonstigen Gesamtverhalten des Kommanditisten der Anschein einer Komplementärstellung ergibt. Hierbei wird es aber nicht genügen, wenn er lediglich z. B. erklärt, er sei der wahre Chef des Unternehmens, er habe alle Fäden in der Hand, denn der eigentliche Herr einer KG kann, wie im ersten Teil dieser Arbeit dargestellt, auch der Kommanditist sein. Dieser Umstand ist auch allgemein im Geschäftsleben nicht unbekannt. Ein Dritter verdient insoweit keinen Vertrauensschutz. Erforderlich ist vielmehr, daß der Kommanditist ausdrücklich oder konkludent den Eindruck persönlicher Haftung aufgrund seiner Gesellschafterstellung erweckt.

Im *Rektor-Fall des BGH*[103] war ein solcher Anschein, soweit man den Gründen der Berufungs- und der Revisionsentscheidung entsprechende Angaben entnehmen kann, nicht vorhanden. Hier hatte der Kommanditist lediglich erklärt, er sei die Firma und verkörpere diese, er sei für mehr „gut" als seine Hafteinlage betrage, die Klägerin brauche keine Angst zu haben, alles, was gekauft würde, werde auch bezahlt[104]. Bezugspunkt der Erklärung war nicht die Einstandspflicht aufgrund der Gesellschafterstellung, sondern allenfalls die Bereitschaft, unabhängig von dieser für die Befriedigung der Klägerin zu sorgen. Dies reicht zur Erweckung des Anscheins einer Komplementärstellung nicht aus, gibt jedoch Anlaß zu der Prüfung, ob nicht möglicherweise eine selbständige Mithaft übernommen wurde[105].

---

[101] Ähnlich H. Westermann, Handbuch, Rdz. 867.

[102] § 6 II 2.

[103] Oben § 4.

[104] Vgl. OLG Hamm, MDR 1963, 849 (850).

[105] Der BGH verwies den Fall daher zur weiteren Aufklärung an das Berufungsgericht zurück.

V. Zusammenfassung

Vom Ausgangspunkt der instrumentalen Betrachtungsweise kommt eine erweiterte Haftung des Kommanditisten aufgrund seiner beherrschenden Stellung im Unternehmen nur in Ausnahmefällen in Betracht.

Eine Prüfung unter dem Gesichtspunkt des *§ 138 BGB* führt nicht zu einer erweiterten Haftung, weil § 138 BGB diese Rechtsfolge nicht ausspricht. Für eine vorsätzliche sittenwidrige Schädigung (*§ 826 BGB*) fehlt es an den Voraussetzungen, denn ein Fall, in dem der Kommanditist seine Stellung mit dem Zweck, die Gläubiger zu schädigen, aufbaut, ist nur schwer vorstellbar.

Die Untersuchung der Möglichkeit einer *teleologischen Reduktion des § 171 HGB* führte nach der Erörterung der rechtspolitischen Zielsetzung dieser Vorschrift zu dem Ergebnis, daß für den hier interessierenden Zusammenhang keine Regelungslücke vorliegt. Lediglich aufgrund *veranlaßten Rechtsscheins* ist, abgesehen von den schon früher[106] erörterten Fällen der selbständigen Übernahme einer Mithaft und der mittelbaren Haftung durch Pfändung eines internen Freistellungsanspruches, eine Inanspruchnahme des Kommanditisten denkbar. Dem steht die Eintragung des Kommanditisten im Handelsregister nicht entgegen, vielmehr kann die Wirkung der Handelsregistereintragung durch den Rechtsschein überdeckt werden. Tatbestandlich reicht es für eine solche Rechtsscheinshaftung jedoch grundsätzlich nicht aus, daß der Name des Kommanditisten in der Firma erscheint oder daß er unrechtmäßig als organschaftlicher Vertreter eingetragen ist. Vielmehr muß aus seinem sonstigen Gesamtverhalten der Eindruck gewonnen werden können, daß es sich bei ihm um einen aufgrund seiner Gesellschafterstellung unbeschränkt haftenden Gesellschafter handelt[107]. Lediglich bei der GmbH & Co KG kann sich schon aufgrund des Kommanditistennamens in der Firma eine Rechtsscheinshaftung ergeben, wenn nicht gleichzeitig ein rechtsformklarstellender Zusatz aufgenommen wurde.

---

[106] Oben § 5.

[107] Die Bezeichnung „Durchgriffshaftung", wie sie vor allem in der Diskussion um die Haftungserweiterung der Gesellschafter einer GmbH verwandt wird, ist für diese Fälle einer möglichen erweiterten Inanspruchnahme allerdings unangebracht, denn das Haftungsprivileg des § 171 HGB bleibt als solches unangetastet (anders wäre es nur bei einer teleologischen Reduktion gewesen), die Rechtsform wird damit nicht durchbrochen, um den Zugriff auf die „Hintermänner" zu eröffnen. Vielmehr treten die hier befürworteten Haftungstatbestände selbständig neben das als solches weiter bestehende Haftungsprivileg.

Dritter Teil

Haftungserweiterung bei der sogenannten „unterkapitalisierten" KG

§ 8. Geringe Beachtung des Problems in Rechtsprechung und Schrifttum

Bei dem Stichwort „Unterkapitalisierung" denkt der gesellschaftsrechtlich interessierte Jurist am ehesten an die GmbH. Von dorther ist uns der mit dieser Formulierung umschriebene Tatbestand seit langem in Verbindung mit der Diskussion um den *„Haftungsdurchgriff"*[1] bekannt. Es geht um die Frage, ob bei einer GmbH mit im Vergleich zum Geschäftsumfang unangemessen niedrigem Eigenkapital auf die hinter der Gesellschaft stehenden Gesellschafter „durchgegriffen" werden und auf diese Weise das zwischen der Gesellschaft als juristischer Person und den Gesellschaftern bestehende *Trennungsprinzip* durchbrochen werden kann[2]. Dieses Problem war bei der GmbH bereits Gegenstand einer beträchtlichen Anzahl höchstrichterlicher Entscheidungen[3], auch das Schrifttum hat mittlerweile, nicht zuletzt stimuliert durch Bestrebungen zur Reform des GmbH-Rechts, die nunmehr mit der Vorlage eines Regierungsentwurfs[4] für ein neues GmbHG einen vorläfigen Abschluß gefunden haben, einen nahezu unübersehbaren Umfang angenommen[5].

---

[1] Dieser Begriff ist von Serick in dessen Tübinger Habilitation „Rechtsform und Realität juristischer Personen" (Berlin, Tübingen 1955) geprägt worden, wobei sich Serick an den aus dem US-amerikanischen Recht bekannten „disregard of legal entity" anlehnt (S. 25 FN 1; S. 54). Zur näheren Bestimmung des Begriffs vgl. auch Kamm, Gesellschafterdarlehen an Kapitalgesellschaften, nach deutschem Recht unter Berücksichtigung des schweizerischen und französischen Rechts, 1970, S. 50 ff.; Winkler, BB 1969, 1202 (1203); Erlinghagen, GmbH-Rdsch. 1962, 169 ff.; Unger, KTS 1959, 33.

[2] Hiervon streng zu trennen ist die Frage, ob die Gesellschafter den Gläubigern nicht schon aus einem besonderen Schuldgrund verpflichtet sind; vgl. oben § 5. Für die GmbH zu dieser Frage: Unger, S. 38; Erman, KTS 1959, 130; Erlinghagen, S. 169.

[3] Vgl. die Übersicht bei Winter, Der Konkurs der unterkapitalisierten GmbH, 1973, S. 61 ff. und im einzelnen unten § 9 I.

[4] Bundestags-Drucksache 7/253.

[5] Vgl. Winter, S. 78 ff. und unten § 9 II.

Bei der KG ist das Problem der Unterkapitalisierung dagegen kaum erörtert worden[6]. Dies überrascht außerordentlich, denn auch bei dieser Gesellschaftsform ist die möglichst weitgehende Haftungsbeschränkung, wie wir oben[7] im 1. Teil dieser Untersuchung gesehen haben, eines der maßgeblichen Motive bei der Ausgestaltung der Gesellschaft. Für die Gläubiger der Gesellschaft kann sich eine in ihren wirtschaftlichen Auswirkungen von der unterkapitalisierten GmbH kaum unterscheidbare Situation ergeben, wenn die Hafteinlage des Kommanditisten sehr gering bemessen ist und er das Unternehmen weitgehend durch Darlehen finanziert, die er kurz vor dem Eintritt eines möglichen Konkurses, um einer nur quotenmäßigen Befriedigung aus der Masse zu entgehen, zum Nachteil der anderen Gläubiger wieder abzieht. Zwar steht den Gläubigern im Unterschied zur GmbH bei der KG noch der unbeschränkt haftende Komplementär zur Verfügung, jedoch ist dies oft nur ein schwacher Trost. Denn wenn nicht ohnehin als persönlich haftender Gesellschafter eine Kapitalgesellschaft, meist eine GmbH, fungiert, die ihrerseits wiederum nur beschränkt haftet, ist der Komplementär vielfach vermögenslos. Er hat für den Kommanditisten lediglich als Strohmann gedient[8].

Das Reichsgericht hatte, soweit ersichtlich, in keiner Entscheidung Anlaß, zu der Frage einer erweiterten Kommanditistenhaftung in den Fällen der soeben beschriebenen Art Stellung zu nehmen. Der BGH hatte sich zwar im bereits erwähnten Rektor-Fall[9] mit einer Gestaltung zu beschäftigen, in der er Gelegenheit zu einem Eingehen auf die Frage der Unterkapitalisierung gehabt hätte, er beschränkte sich jedoch auf die Feststellung, daß in dem Vorschieben eines vermögenslosen Gesellschafters noch kein Rechtsformmißbrauch zu sehen sei[10]. Der Umstand, daß der beklagte Kommanditist in großem Umfang Darlehen an die Gesellschaft gewährt hatte, wird in den Gründen nicht verwertet. Dies mag damit zusammenhängen, daß die Gesamtumstände hier bereits für die Übernahme einer unmittelbaren Mithaft (Schuldbeitritt bzw. Bürgschaft) des Kommanditisten sprachen, weshalb der BGH die Sache auch zur erneuten Verhandlung an das Berufungsgericht zurückverwies[11]. *Eine Antwort auf die Frage nach der Behandlung der Unterkapitalisierung ist damit jedenfalls der Rechtsprechung nicht zu entnehmen*[12].

[6] Vgl. H. Westermann, Handbuch, Rdz. 909.1.

[7] § 3 II 2, 4.

[8] Hierzu bereits oben § 3 II 2.

[9] BGHZ 45, 204; oben § 4.

[10] BGH, S. 209.

[11] BGH, S. 210.

[12] Deshalb ist es auch irreführend, den Rektor-Fall als „leading-case" anzusehen, der die wichtigsten Leitmotive der gesellschaftsrechtlichen Diskussion um den Mißbrauch der Haftungsbeschränkung gedrängt zusammenfaßt. So aber H. P. Westermann, S. 266.

Im Schrifttum finden sich, meistens in Zusammenhang mit Erörterungen des Problems bei der GmbH, nur spärliche, oft nur andeutungsweise Hinweise[13]. Typisch ist die Bemerkung von Kamprad[14], der pauschal bereits in der Einleitung seiner Untersuchung über Gesellschafterdarlehen an die GmbH meint, die Ergebnisse seiner Arbeit ließen sich sinngemäß auch auf Kommanditgesellschaften übertragen. Abgesehen davon, daß hierbei offen bleibt, welche Bedeutung das „sinngemäß" haben soll, liegt es auf der Hand, daß bei einem solchen Vorgehen die nicht unbedeutenden Unterschiede zwischen KG und GmbH verwischt werden. Zwar haben auch wir soeben festgestellt, daß die wirtschaftlichen Auswirkungen einer Unterkapitalisierung bei GmbH und KG ähnlich sind, dies berechtigt jedoch keinesfalls ohne weiteres zu einer Übertragung der für die GmbH gefundenen Ergebnisse.

Der somit festgestellte Befund, nach dem das Problem der Unterkapitalisierung im Bereich der KG bisher nur geringe Beachtung gefunden hat, während zu dem Parallelproblem bei der GmbH umfangreiches Schrifttum, Rechtsprechung und der Entwurf einer ausdrücklichen gesetzlichen Regelung vorliegen, rechtfertigt das weitere Vorgehen: In der Erkenntnis, daß die Entwicklung der Wissenschaft weitgehend davon lebt, bekannte Modelle auf ungelöste Probleme anzuwenden, sollen zunächst die wichtigsten für die GmbH gefundenen Lösungsansätze zusammengestellt und analysiert werden (§ 9); sodann soll aufgrund dieses Materials, aber unter Beachtung der zwischen den beiden Gesellschaftsformen bestehenden Unterschiede, eine Lösung für die KG vorgeschlagen werden (§ 10).

§ 9. Das Parallelproblem bei der GmbH

I. Das Fehlen einer gesicherten dogmatischen Grundlage in der höchstrichterlichen Rechtsprechung zum Haftungsdurchgriff wegen Unterkapitalisierung

1. Die Rechtsprechung des Reichsgerichts

Das Recht der Kapitalgesellschaften wird vom Trennungsgrundsatz beherrscht[1]. Vermögensrechtlich bedeutet dies, daß den Gesellschafts-

[13] z. B. Unger, KTS 1959, 33 (39); Erman, KTS 1959, 129; H. Westermann, Handbuch, Rdz. 909.1; speziell zur unterkapitalisierten KG nur C. Ott, S. 284 ff.; H.P. Westermann, S. 284 ff.; Hofmann, NJW 1969, 577; zum Sonderfall der GmbH & Co KG auch Winkler, NJW 1969, 1009; G. Kuhn, Haftungsprobleme bei der GmbH & Co, Ehrengabe für Heusinger, 1968.

[14] Gesellschafterdarlehen an die GmbH als verdeckte Stammeinlage, 1968, S. V.

[1] Zum Trennungsprinzip Erman, KTS 1959, 129 (130); Höper, Die Haftung der Gesellschafter bei einer unterkapitalisierten GmbH, Diss. Göttingen 1972, S. 6 ff.; Serick, Rechtsform, S. 1 ff.; Müller-Freienfels, AcP 156, 522 (525); RGZ 85, 380 (382 f.).

gläubigern nur das Gesellschaftsvermögen haftet[2]. Personenrechtlich sind Gesellschaft und Gesellschafter verschiedene Rechtspersönlichkeiten mit jeweils eigenen Rechten und Pflichten[3]. Die Rechtsprechung zum Haftungsdurchgriff muß also in dem übergeordneten Zusammenhang mit der Frage einer Trennung von Korporation und Mitglied gesehen werden.

Während das Reichsgericht noch im Jahre 1914[4] das Trennungsprinzip streng einhielt, brachte das Jahr 1920 die entscheidende Wende, als sich das Gericht[5] im Falle einer Einmann-GmbH über die verschiedenen Rechtspersönlichkeiten von Gesellschaft und Gesellschaftern mit der Erwägung hinwegsetzte, daß der Richter „vor den juristischen Konstruktionen die Wirklichkeit des Lebens und die Macht der Tatsachen zu berücksichtigen habe". Ähnliche Entscheidungen finden sich seitdem häufig, wobei entweder eine Berufung auf die „Natur der Sache"[6], die „wirtschaftlichen Bedürfnisse"[7] oder auf „Treu und Glauben"[8] stattfand.

Die grundlegende Entscheidung zur konkreten Frage des Haftungsdurchgriffs wegen Unterkapitalisierung datiert aus dem Jahre 1937. Einem Einmann-Gesellschafter, der seine Gesellschaft zum Betrieb einer chemischen Fabrik mit nur 30 000 RM Stammkapital ausgestattet hatte, wurde im Konkurs die Geltendmachung schuldrechtlicher Ansprüche aus Darlehen, Geschäftsbesorgung etc. gegen die Gesellschaft verwehrt. Das RG sah es als im Sinne von §§ 242, 826 BGB sittenwidrig an, wenn ein Gesellschafter eine Gesellschaft in der Weise gründet, daß er bei einem Mißerfolg möglichst viel für sich auf Kosten der Gläubiger retten kann[9].

In einer späteren Entscheidung wird das Handeln eines Gesellschafters, der seine Gesellschaft mit einem Kapital ausstattet, das „für den von vornherein geplanten Umfang des Unternehmens viel zu klein ist", und der das weiter erforderliche Kapital als Darlehen zuführt, „um sich im Falle eines Mißerfolges die Rolle eines Gläubigers zu verschaffen", als mißbräuchlich angesehen. Angebliche Darlehen wurden als das behandelt, was sie nach Meinung des Senats in Wirklichkeit sind, nämlich Gesellschaftereinlagen[10].

---

[2] Vgl. § 13 Abs. 2 GmbHG; Schilling, JZ 1953, 161; Kreifels, GmbH-Rdsch. 1956, 81 (82).

[3] Scholz, GmbHG, § 13 Anm. 5.

[4] RGZ 85, 380 (382).

[5] RGZ 99, 232 (234).

[6] RGZ 103, 64 (66).

[7] RGZ 129, 50 (53 f.).

[8] RGZ 169, 248; vgl. auch die Rechtsprechungsanalysen bei Siebert, BB 1954, 417 ff.; Unger, KTS 1959, 33 ff.; Winter, S. 61 f.; Höper, S. 74 ff.

[9] RG JW 1938, 862; ähnlich für den Fall der Aktiengesellschaft RGZ 158, 302.

[10] RG JW 1939, 355 ff.

Während in den bisher mitgeteilten Entscheidungen mehr oder weniger deutlich auf ein subjektives Element im Handeln des betreffenden Gesellschafters abgestellt wurde, scheint sich im Jahre 1941 insoweit eine Wende abzuzeichnen, als nunmehr einzig ein objektives Mißverhältnis zwischen Kapitalgrundlage und Aufgabe der Gesellschaft entscheidend sein soll[11].

2. *Die Rechtsprechung des Bundesgerichtshofs*

Der BGH hatte im Jahre 1956 zum ersten Mal Gelegenheit zu einer Stellungnahme[12]. Er stellte den Grundsatz auf, daß die Rechtsfigur der GmbH in dem Umfang keine Beachtung finden könne, in dem ihre Verwendung dem Zweck der Rechtsordnung widerspreche, und sieht die unzulängliche Kapitalausstattung als möglichen Grund für eine Inanspruchnahme des Gesellschafters neben der Gesellschaft an. Auffallend an dieser Entscheidung ist die Beschränkung auf objektive Haftungsvoraussetzungen. Von dieser Linie rückte der BGH im folgenden Jahr wieder ab, als er grundsätzlich auch das Vorhandensein eines subjektiven, in der Absicht der Gläubigerbenachteiligung liegenden Elementes forderte, daß das Verhalten des sich auf die Selbständigkeit der GmbH berufenden Gesellschafters als einen Verstoß gegen Treu und Glauben oder gegen die guten Sitten kennzeichne[13].

In der bekannten Grundsatzentscheidung aus dem Jahre 1959 (*Lufttaxi-Fall*[14]) beschränkt sich das Gericht ebenfalls auf objektive Gesichtspunkte. Hinsichtlich der Rechtsfolgen geht es hierbei insoweit über die vorausgegangene Rechtsprechung hinaus, als es nicht nur eine konkursrechtliche Unterordnung der Gesellschafterdarlehen an eine unterkapitalisierte GmbH verlangt, sondern auch die *Erstattung von kurz vor Konkurseintritt zurückgezahlten Darlehensmitteln an die Konkursmasse*. In den Gründen führt der BGH aus, daß die Gelder nicht als Gesellschaftsschulden erscheinen dürften, wenn der mit dem Darlehen verfolgte *Konkursabwendungszweck* erreicht werden sollte. Zu dieser Folge, die durch den Konkursabwendungszweck der Geldmittel und die wirtschaftliche Struktur des Unternehmens bedingt ist, setze sich der Gesellschafter durch die Rückforderung des „Darlehens“ und die Entgegennahme der Rückzahlung in Widerspruch, sein Handeln sei ein venire contra factum proprium (§ 242 BGB)[15]. An dieser Entscheidung

[11] RGZ 166, 51 (57). Als Abkehr von subjektiven Gesichtspunkten wertet auch Kamprad, S. 54 und Winter, S. 66, die Entscheidung; anders Kamm, S. 67, der in der Bezugnahme auf RG JW 1938, 862, ein Festhalten an subjektiven Kriterien sieht.

[12] BGHZ 22, 226.

[13] BGH GmbH-Rdsch. 1958, 111.

[14] BGHZ 31, 258.

[15] BGHZ 31, 272.

ist vor allem die Tendenz bemerkenswert, den Anknüpfungspunkt für die Haftung von der Unterkapitalisierung als solcher auf den Konkursabwendungszweck der Gesellschafterdarlehen zu verlegen[16].

In jüngerer Zeit knüpft der BGH an die vorgenannten Grundsätze an. Der Gesellschafter, der ein kapitalersetzendes Darlehen abziehe, müsse sich wie im Falle der unzulässigen Schmälerung der Haftgrundlage behandeln lassen (§§ 30, 31 GmbHG). Kriterium für das Vorliegen eines kapitalersetzenden Darlehens sei die Frage, ob ein Dritter nach Vermögensstand und Geschäftslage bereit gewesen wäre, der Gesellschaft zu gleichen Konditionen Kredit zu geben[17].

3. *Kritik*

Für die soeben dargestellte höchstrichterliche Rechtsprechung ist das *Fehlen einer festen dogmatischen Grundlage* kennzeichnend[18]. Vor allem bei den Entscheidungen des Reichsgerichts fällt das Verschanzen hinter Schlagworten wie „Wirklichkeit des Lebens" und „Macht der Tatsachen" auf. Sie ebnen den Weg zu richterlichen Billigkeitsentscheidungen, deren Folge eine weitgehende Rechtsunsicherheit sein kann, wenn man nicht zu einer methodischen Besinnung und dogmatischen Kontrolle zurückfindet[19]. Die wohl bedeutendste Quelle dieser Rechtsunsicherheit, auch in der Rechtsprechung des BGH, liegt darin, daß der Zentralbegriff der Unterkapitalisierung nicht in justiziabler Weise konkretisiert wird. Formulierungen wie „Mißverhältnis zwischen Kapitalgrundlage und Aufgabe"[20] oder „Haftkapital und Gesellschaftszweck"[21] lassen offen, wann ein solches Mißverhältnis besteht. Auch die zur Kontrolle zuweilen gestellte Frage, ob ein Dritter unter gleichen Konditionen ein Darlehen gegeben hätte[22], ist wenig ergiebig, denn regelmäßig kann man wohl keinen Anstoß daran nehmen, wenn ein Gesellschafter seiner notleidenden Gesellschaft bessere Bedingungen einräumt als ein Dritter.

Insgesamt kann man schon nach dieser kurzen Kritik sagen, daß es der Rechtsprechung bislang nicht gelungen ist, den Gedanken des Haftungsdurchgriffs auf den Gesellschafter einer unterkapitalisierten GmbH zu einem Rechtsinstitut der Gläubigersicherung mit eindeutig definierten Voraussetzungen und Rechtsfolgen auszubauen[23].

---

[16] Vgl. Winter, S. 68.

[17] BGH WM 1972, 74 ff.

[18] So schon Serick, Rechtsform, S. 13; vgl. auch Müller-Freienfels, AcP 156, 523; Winter, S. 71; Erlinghagen, GmbH-Rdsch. 1962, 169; Höper, S. 92; Kühn, S. 137 FN 2.

[19] Müller-Freienfels, S. 523.

[20] RGZ 166, 51 (57).

[21] BGHZ 31, 258 (268).

[22] BGH WM 1972, 75.

[23] Winter, S. 71.

II. Die wichtigsten im Schrifttum vertretenen dogmatischen Lösungskonzeptionen

Angesichts des unter Verzicht auf eine feste dogmatische Grundlage eher punktuell-kasuistischen Lösungsstils der Rechtsprechung[24] überrascht es nicht, daß es in der Literatur nicht an Versuchen fehlt, dem Mangel an einem dogmatischen Unterbau abzuhelfen[25]. Hier sollen nur kursorisch die wichtigsten Ansätze[26] im Hinblick auf eine mögliche Verwertbarkeit für den Fall der KG erörtert werden.

1. Der deliktische Ansatz

An erster Stelle verdient hier ein Versuch Beachtung, der sich in besonders wohltuender Weise von den teilweise an Zauberformeln erinnernden Formulierungen der Rechtsprechung freimacht und das Problem vorrangig über eine Haftung nach Deliktsgrundsätzen lösen will. Hierbei lassen sich zwei Gesichtspunkte unterscheiden: Einmal wird versucht, die *Rechtsfigur der Organisationsmangelhaftung* zur Begründung der Inanspruchnahme der Gesellschafter einer unterkapitalisierten GmbH heranzuziehen (unten a); für andere ist die Haftung aus *§ 826 BGB* der richtige Ansatzpunkt (unten b).

a) Die Organisationsmangelhaftung

Als Hauptvertreter der Organisationsmangelhaftung ist Erlinghagen[27] anzusehen, der sich maßgeblich auf Gedanken von Reinhardt[28] stützt.

Für Reinhardt besteht eine *allgemeine Pflicht des Unternehmers, sein Geschäft mit angemessenem Eigenkapital auszustatten.* Dieser Grundsatz hat, Reinhardt zufolge, den Rang eines *„Leitprinzips der Verkehrswirtschaft“* und gleichzeitig die *„Bedeutung eines Bestandteiles des ordre public“*[29]. Es solle verhindert werden, daß der unternehmerische

---

[24] Vgl. auch BGH WM 1961, 1103 (1104), wo der BGH selbst betont, frühere Urteile dürften nur mit größter Vorsicht herangezogen werden.

[25] Andererseits finden sich auch resignierende Äußerungen wie z. B. von Ballerstedt, ZHR 128, 123, der meint, das Problem des Durchgriffs sei mit juristischen Mitteln nicht zu lösen.

[26] Insb. die subjektive Durchgriffslehre Sericks (Rechtsform, S. 203 ff.), nach der ein zur Haftung führender Mißbrauch bei Gesetzesumgehung, Verletzung vertraglicher Pflichten und fraudulöser Schädigung Dritter vorliegen soll, hat heute nach der überzeugenden Kritik von Müller-Freienfels in AcP 156, 522 kaum noch Bedeutung. Auch die Rechtsprechung stellt seit dem Lufttaxi-Fall auf objektive Kriterien ab. Umfassende Darstellung und Kritik dieser Auffassung bei Höper, S. 119 ff.

[27] Haftungsfragen bei einer unterkapitalisierten GmbH, GmbH-Rdsch. 1962, 169 ff.

[28] Gedanken zum Identitätsproblem bei den Einmanngesellschaften, Festschrift für Lehmann, Bd. 2, 1956, S. 756 ff.

[29] Reinhardt, S. 589 ff. (591); zustimmend Wüst, Gläubigerschutz bei der GmbH, 1964, S. 11, 18.

Nutzen zwar dem Unternehmen, die Risiken aber dem Verkehr zufallen. Jeder, der sich durch Ausübung unternehmerischer Funktionen im Wirtschaftsleben betätige, habe auch die mit dem Unternehmen verbundenen Risiken zu tragen.

Erlinghagen knüpft hieran an, wenn er von der Verpflichtung der Gesellschafter ausgeht, die juristische Person in einer den Erfordernissen des wirtschaftlichen Lebens entsprechenden Weise zu organisieren und für Mängel dieser Organisation einzustehen[30]. Als dogmatisches Vorbild für eine Haftung wegen Verletzung dieser Organisationspflichten, zu denen auch die angemessene Eigenkapitalausstattung gehören soll[31], wird die zu *§ 31 BGB* entwickelte Lehre vom Organisationsfehler bei der Haftung für Hilfspersonen angeführt[32].

b) Die sittenwidrig-vorsätzliche Schädigung

Vor allem Hofmann[33] ist der Ansicht, die von unserem Haftungssystem her gebotene Lösung folge aus § 826 BGB. Er erinnert daran, daß der Anwendungsbereich der §§ 138, 826 BGB in Rechtsprechung und Schrifttum auch auf wirtschaftliche Sachverhalte (z. B. Knebelung und Gläubigergefährdung) ausgedehnt worden ist[34]. Die Unterkapitalisierung als solche sei allerdings noch kein Sittenverstoß in diesem Sinne, sie könne jedoch das Mittel zu einem sittenwidrigen Verhalten sein. In diesem Punkte unterscheidet sich Hofmann von Reinhardt, der neben der Organisationsmangelhaftung auch den Gesichtspunkt des § 826 BGB erörtert, wobei er die Unterkapitalisierung an sich bereits als Sittenverstoß ansehen will[35].

2. Die Erklärungshaftung

Erman[36] versucht, die Haftung der Hintermänner überschuldeter Gesellschaften mit dem Gedanken der Erklärungshaftung zu begründen. Er ist der Ansicht[37], der Hintermann hafte, weil und soweit er konkludent erkläre, sich in seiner Rolle als Hintermann redlich verhalten zu wollen. Als Redlicher wolle aber derjenige, der am Wirtschaftsleben un-

---

[30] Erlinghagen, S. 176.

[31] Ders., S. 173.

[32] Ders., S. 171; zu dieser Lehre vgl. RGZ 89, 136 (138); 157, 228 (234 f.); von einem Organisationsfehler zur Begründung einer Haftungserweiterung bei der GmbH & Co KG geht auch G. Kuhn, Ehrengabe für Heusinger, 1968, S. 203 (208, 210, 211), aus.

[33] Zum „Durchgriffs"-Problem bei der unterkapitalisierten GmbH, NJW 1966, 1941 (1946); vgl. auch ders., NJW 1969, 577; Unger, KTS 1959, 33 (39); andeutungsweise auch Reinhardt, S. 591.

[34] Hofmann, NJW 1966, 1946 m. Nachw.

[35] Reinhardt, S. 591.

[36] KTS 1959, 129 ff.

[37] S. 132.

ter Haftungsbeschränkung teilnehme, dies nur unter Wahrung der sichernden Voraussetzungen tun, an die der Gesetzgeber teils ausdrücklich, teils sinngemäß die Befugnis zur Beschränkung der Haftung geknüpft habe.

Zu diesen Voraussetzungen gehöre die *Entsprechung von Risiko und Haftkapital.* Der Gesellschafter erkläre also mit dem Gebrauchmachen von der Haftungsbeschränkung, er werde die Gesellschaft weder von Anfang an unterkapitalisieren, noch ihren Aufgabenkreis so erweitern, daß er dem ursprünglich vorhandenen Kapital gegenüber zu groß werde[38]. Möglichkeiten für diese Konstruktion sieht Erman in einer *erweiterten Anwendung der §§ 5 und 15 HGB*[39].

3. *Die Aufbringungshaftung (Verlust des Haftungsprivilegs)*

Wiedemann[40] und unter Berufung auf ihn auch Winkler[41] gehen von der Grundvoraussetzung aus, daß es sich bei der Haftungsbeschränkung um ein von der Rechtsordnung verliehenes Privileg handele. Dieses Privileg sei mit Gefahren für die Gläubiger verbunden und bedürfe der Rechtfertigung. Die Gesellschafter müßten zur Rechtfertigung ihres Privilegs für einen *dem Unternehmenszweck angemessenen Kapitaleinsatz* sorgen[42], andernfalls greife die Haftungsbeschränkung nicht ein. Die gesetzliche Mindestsumme von 20 000 DM dürfe nicht sozusagen als „bloße Eintrittskarte für die Aufnahme der Gesellschaft in den Verein der Körperschaften" (miß)verstanden werden. Der Zweck des Garantievermögens werde so lange verfehlt, als kein Zusammenhang zwischen der Höhe des Nominalkapitals und seiner Verwendung hergestellt werde. Sinn und Zweck erhielten die Gläubigerschutzvorschriften erst durch die Verbindung von Eigenkapital und voraussichtlichem Risiko[43].

Namentlich Winkler[44] folgert hieraus, daß die Gesellschafter sich solange den Gläubigern gegenüber auf ihr Haftungsprivileg nicht berufen könnten, wie das angemessene Haftkapital nicht erbracht sei. Die Gesellschafter haben danach im Schadens-, also Konkursfall die ursprüngliche Finanzierungslücke bis zur Höhe des betriebsnotwendigen Kapitals auf-

---

[38] Teilweise wird von einem ähnlichen Ausgangspunkt wie bei Erman eine Haftung aus Rechtsscheinsgesichtspunkten befürwortet. Hinsichtlich der Darstellung und Kritik dieser Auffassung soll hier auf Höper, S. 107 ff., Bezug genommen werden.

[39] Erman, S. 133.

[40] Haftungsbeschränkung und Kapitaleinsatz in der GmbH, in: Die Haftung der Gesellschafter in der GmbH, 1968, S. 5.

[41] Die Haftung der Gesellschafter einer unterkapitalisierten GmbH, BB 1969, 1202 (1204 f.).

[42] Wiedemann, Haftungsbeschränkung, S. 17 f.

[43] Wiedemann, Haftungsbeschränkung, S. 18; Winkler, S. 1205.

[44] S. 1205.

zufüllen. Auf diese Weise seien sie nachträglich zu einem begrenzten Risikobeitrag verpflichtet[45].

4. *Kritik*

Gegenüber der *Ansicht von Erman* ergeben sich Einwände. Mit dem Betreiben einer GmbH erklärt der Gesellschafter keineswegs, die Gesellschaft nicht unterkapitalisiert zu halten. Es fehlt sowohl am Erklärungsbewußtsein[46] und am Geschäftswillen[47] des Gesellschafters als auch an einem entsprechenden äußeren Erklärungtatbestand[48]. Erman arbeitet in Wahrheit mit einer *Fiktion*. Sie mag zwar möglicherweise auf begrüßenswerten rechtspolitischen Überlegungen beruhen; hiermit ist aber noch keine dogmatische Begründung für ihre Zulässigkeit gegeben[49]. Nach geltendem Recht stellen derartige Fiktionen Ausnahmen dar, die nur in gesetzlich geregelten, besonderen Fällen zulässig sind[50]. Damit erweist sich der Ansatz von Erman schon für die GmbH als wenig überzeugend. Eine Verwertung für die KG scheidet damit aus.

Auch die zu § 31 BGB entwickelte *Lehre vom Organisationsfehler* erscheint als *ungeeignet*, eine Haftung der Gesellschafter für Verbindlichkeiten der Gesellschaft zu begründen. Sie soll in ihrem Anwendungsbereich lediglich verhindern, daß eine juristische Person sich dadurch der strengen Haftung nach § 31 BGB entzieht und ihre Haftung für Hilfspersonen auf § 831 BGB[51] beschränken kann, daß sie überhaupt keinen organschaftlichen Vertreter bestellt, obwohl dies eigentlich bei ordnungsgemäßer Geschäftsführung erforderlich gewesen wäre[52]. Mangelhafte Organisation kann danach also vor einer an sich gegebenen Haftung nicht schützen. Ob eine solche Haftung aber besteht, darüber sagt die Organisationsmangellehre nichts, und darum geht es gerade bei der GmbH (und

---

[45] Winkler, S. 1206, der sich in diesem Punkte gegen Wiedemann wendet, den er dahin versteht, daß er eine unbegrenzte Haftung des Gesellschafters ohne Rücksicht auf das an sich angemessene Eigenkapital befürwortet. Hierbei handelt es sich jedoch um ein Mißverständnis der Ansicht Wiedemanns (der im übrigen auch Winter, S. 101, unterliegt). Wiedemann neigt auch eher der Aufbringungshaftung zu, die er Differenzhaftung nennt (vgl. S. 20: „Eine Differenzhaftung . . ., fügt sich am besten in das Gesamtgefüge des deutschen Rechts der Vermögensbindung"), hat aber auch insoweit Bedenken (vgl. S. 21 f.).

[46] Kamprad, S. 57; Kamm, S. 114.

[47] Kamprad, S. 57.

[48] Kamprad, S. 57; Kamm, S. 114; Winter, S. 85; G. Kuhn, S. 230 f.

[49] Kamprad, S. 57; Winter, S. 86; kritisch auch H. P. Westermann, S. 292.

[50] §§ 496 Satz 2, 516 Abs. 2 Satz 2, 568 Satz 1 BGB, §§ 362 Abs. 1 Satz 1 und 2, 377 Abs. 2 HGB u. a.

[51] Mit der dort gegebenen Exkulpationsmöglichkeit.

[52] RGZ 89, 136 (138), 157, 228 (243 f.).

ebenso bei der KG). Hierfür vermag die Lehre keine Begründung zu liefern[53].

Den verbleibenden Konzeptionen ist gemeinsam, daß sie alle, mehr oder weniger deutlich ausgesprochen, die *Pflicht der Gesellschafter zur angemessenen Kapitalausstattung* voraussetzen. Soweit eine solche Pflicht auf „ungeschriebene Ordnungsgrundsätze"[54] gegründet wird, besteht der Verdacht, daß es sich auch hier, ähnlich wie bei dem angeblichen Ordnungsgrundsatz einer Einheit von Herrschaft und Haftung[55], lediglich um den Ausdruck einer rechtspolitischen Wunschvorstellung handelt. Bei einer isolierten Erörterung dieser Frage im Hinblick auf die GmbH würde jedoch die hier in erster Linie interessierende Problematik der KG zu sehr aus dem Blickfeld geraten, sie soll daher unten[56] in Zusammenhang mit der Verwertung dieses Gesichtspunktes für die KG abschließend beantwortet werden.

III. Die Position des Regierungsentwurfes zu einem neuen GmbH-Gesetz

Auch der Anfang 1973 vorgelegte Gesetzesentwurf der Bundesregierung für ein neues GmbHG[57] hat keine allgemeine Regelung der mit der Unterkapitalisierung einer GmbH verbundenen Probleme gebracht. Er beschränkt sich darauf, die Finanzierung durch Gesellschafterdarlehen als einen besonders wichtigen Teilbereich der Problematik zu regeln[58]. Wenn der Gesellschaft tatsächlich Kapital zugeführt wird, indem ein Gesellschafter in einem Zeitpunkt, in dem ein ordentlicher Kaufmann Eigenkapital zugeführt hätte, ein Darlehen gewährt, soll er das mit der Kapitalzuführung verbundene Risiko nicht dadurch auf die Gläubiger abwälzen können, daß er im Konkurs die Darlehensforderung gleichberechtigt mit den Forderungen anderer Gesellschaftsgläubiger geltend macht[59]. § 49 Abs. 1 des Entwurfes bestimmt daher, daß der Anspruch auf Rückgewähr des Darlehens im Konkurs über das Vermögen der Gesellschaft oder im Vergleichsverfahren zur Abwendung des Konkurses nicht geltend gemacht werden kann[60].

---

[53] Wie hier Winter, S. 98.

[54] Reinhardt, S. 593; Wüst, S. 19 f.

[55] Oben § 6 II 2.

[56] § 10 I 2, II 2.

[57] Bundestags-Drucksache 7/253.

[58] §§ 49/50 Entw. GmbHG; vgl. auch §§ 47/48 des Referentenentwurfes eines GmbHG, hrsg. v. Bundesministerium der Justiz, 1969.

[59] Vgl. S. 110 der Begründung des Regierungsentwurfs in Bundestags-Drucksache 7/253.

[60] Weitere Vorschriften (§ 49 Abs. 2 bis 6) dienen der Absicherung gegen Umgehungen dieses Verbotes.

Als Beispiel für den Fall einer gebotenen Kapitalzuführung nennt der Entwurf die Darlehenshingabe zur Abwendung der Zahlungsunfähigkeit. Eine Rückgewähr des Darlehens vor Konkurseintritt kann gem. § 50 des Entwurfes vom Konkursverwalter als den Konkursgläubigern gegenüber unwirksam angefochten werden.

Für die Problematik der KG ist § 26 des gleichzeitig von der Bundesregierung vorgelegten Entwurfs eines Einführungsgesetzes zum GmbHG besonders wichtig, der durch Einfügung eines neuen § 172 a ins HGB die Regeln der §§ 49, 50 des Entwurfes eines GmbHG auch für Kommanditgesellschaften, deren persönlich haftende Gesellschafter nur eine oder mehrere Kapitalgesellschaften sind, sinngemäß bei Darlehenshingabe durch Kommanditisten für anwendbar erklärt.

IV. Zusammenfassende Analyse

1. *Echter und unechter Durchgriff*

Bei einer zusammenfassenden Betrachtung der unterschiedlichen Lösungsansätze in der Literatur fällt auf, daß es sich nur bei der unter 3. dargestellten Ansicht um einen Durchgriff in dem Sinne handelt, daß der Schleier der juristischen Person gelüftet wird und die Gesellschafter sich nicht mehr auf § 13 Abs. 2 GmbHG berufen können.

Methodisch wird insoweit mit einer *teleologischen Reduktion* dieser Vorschrift gearbeitet[61]. Nur für diesen Fall ist der Begriff „echter Durchgriff" angebracht. Bei der Deliktshaftung handelt es sich dagegen um *selbständige Schuldgründe* in der Person der Gesellschafter, die das Trennungsprinzip[62] formal unberührt lassen (unechter Durchgriff)[63]. Die Position der Rechtsprechung ist uneinheitlich, wenngleich überwiegend wohl auch eine teleologische Reduktion des § 13 Abs. 2 GmbHG bzw. — wenn es um die Erstattung zurückgezahlter Darlehen an die Masse geht — eine analoge Anwendung der §§ 30, 31 Abs. 1 GmbHG vorgenommen wird[64]. Der Regierungsentwurf geht den Weg einer konkursrechtlichen Lösung, indem er dem Konkursverwalter ein gegenüber den Vorschriften der Konkursordnung (§§ 30 ff. KO) erweitertes Anfechtungsrecht gewährt (unechter Durchgriff).

2. *Der Haftungsumfang*

Sehr bedeutsam ist indessen auch der unterschiedliche Haftungsumfang, zu dem man bei Anwendung der verschiedenen Ansätze gelangt:

---

[61] Vgl. Hofmann, NJW 1966, 1941 (1944).

[62] Hierzu bereits oben § 8.

[63] Hofmann, S. 1943; Kalbe, Herrschaft und Haftung juristischer Personen, Diss. Heidelberg 1965, S. 49; Winter, S. 78, 89.

[64] Vgl. insb. BGHZ 31, 258 ff.

Aufgrund des deliktischen Ausgangspunktes kommt man zu einer *vollen Ausfallhaftung*. Die betreffenden Gesellschafter haben also den gesamten, durch das Scheitern der Gesellschaft aufgrund der Unterkapitalisierung verursachten Schaden zu ersetzen[65].

Bei der Aufbringungshaftung hängt der Haftungsumfang davon ab, was man als *erforderliches Eigenkapital* ansieht.

Zu einer Haftung beschränkt auf das *tatsächliche eingesetzte Kapital*, einschließlich der gewährten kapitalersetzenden Darlehen, kommt man dagegen aufgrund der übrigen Konzepte, sowie in Anwendung der Regeln des Regierungsentwurfs.

§ 10. Die Rechtslage bei der KG

Aufbauend auf die vorigen Abschnitt vorgenommene Materialsammlung im Bereich des GmbH-Rechts soll nun untersucht werden, ob die dort diskutierten Konzeptionen von zutreffenden Voraussetzungen ausgehen und inwieweit sie sich auf die KG übertragen lassen. Als Richtschnur für diese Untersuchung dient die bei der zusammenfassenden Analyse des GmbH-Materials bereits angesprochene Unterscheidung nach dem unterschiedlichen Haftungsumfang.

Theoretisch wäre es möglich, den Kommanditisten, soweit man überhaupt seine erweiterte Haftung befürwortet, entweder auf den vollen, im Konkurs entstehenden Ausfall haften zu lassen[1] (hierzu sogleich unten I.), ihn einer Aufbringungshaftung bis zur Höhe des an sich angemessenen Eigenkapitals zu unterwerfen (unten II.) oder ihn nur insoweit in Anspruch zu nehmen, wie er selbst Kapital eingesetzt hat[2] (unten III.). Schließlich ist es aber, obwohl diese Lösung, soweit ersichtlich, für die GmbH nirgendwo vertreten wird, auch denkbar, vom Kommanditisten lediglich in bestimmten Fällen die Rückgewähr eines zurückgezahlten Darlehens oder sonstiger nichthaftender Mittel zur Masse zu verlangen, wobei er aber seine Forderung gleichberechtigt mit den anderen Konkursgläubigern zur Konkurstabelle anmelden kann. Der Unterschied zur Lösungsmöglichkeit III. liegt darin, daß der Kommanditist nicht den gesamten Darlehensbetrag verliert, sondern jedenfalls noch Aussicht auf eine quotenweise Befriedigung hat (hierzu unten IV.).

---

[65] So ausdrücklich Hofmann, NJW 1966, 1946; die bereits oben von den weiteren Erörterungen ausgeschiedene Erklärungshaftung kommt zu einer Haftung auf das angemessene Kapital, wobei offen bleibt, wie dies im einzelnen zu ermitteln ist.

[1] Entsprechend der Deliktshaftung bei der GmbH.

[2] Entsprechend der Lösung in BGHZ 31, 258 oder im Regierungsentwurf für ein neues GmbHG.

I. Volle Ausfallhaftung

1. Methodischer Ausgangspunkt (§ 826 BGB)

Zur Begründung einer vollen Ausfallhaftung kommt von den im Schrifttum zur GmbH diskutierten Lösungsansätzen lediglich die vollen Schadensersatz gewährende Deliktshaftung in Frage. Nachdem oben[3] die Organisationsmangelhaftung als bereits für die GmbH wenig ergiebig verworfen wurde, bleibt für eine Verwertung des deliktischen Ansatzpunktes im Bereich der KG nur der Weg über § 826 BGB übrig.

Voraussetzung für eine Inanspruchnahme des Kommanditisten nach dieser Vorschrift ist die vorsätzlich sittenwidrige Schädigung des Gläubigers infolge der Unterkapitalisierung. Die Hauptschwierigkeit liegt hier bei der Ausfüllung des Tatbestandsmerkmals der Sittenwidrigkeit. Wie wir gesehen haben, werden hierzu für die GmbH zwei unterschiedliche Ansichten vertreten. Während Reinhardt[4] bereits die nicht angemessene Eigenkapitalausstattung als solche als Verstoß gegen die guten Sitten ansieht, ist für Hofmann[5] die *Unterkapitalisierung an sich* noch nicht verwerflich, sie kann jedoch das *Mittel* zu einem sittenwidrigen Verhalten gegenüber einer anderen Person sein. Was ist von diesen beiden Auffassungen im Hinblick auf die Rechtslage bei der KG zu halten?

2. Unterkapitalisierung an sich als Sittenverstoß (Reinhardt)

Reinhardt stützt die von ihm vorgenommene Qualifizierung der Unterkapitalisierung als Sittenverstoß mit dem *ungeschriebenen Grundsatz des Erfordernisses eines richtigen Verhältnisses zwischen Eigenkapital und Unternehmensrisiko,* der bei ihm den Rang eines „allgemeinen Ordnungsgrundsatzes der Wirtschaft“ hat[6]. Er zieht zwar die Konsequenz aus diesem Leitprinzip nur für die Einmann-GmbH; da es sich aber um einen allgemeinen Grundsatz handeln soll, könnte er genausogut auch für die KG gelten, bei der in der Person des Kommanditisten ebenfalls das für die GmbH als Kapitalgesellschaft schlechthin charakterisierende kapitalistische Element vorhanden ist. Die Auseinandersetzung mit seiner Auffassung muß danach bei der Frage ansetzen, ob die Geltung eines allgemeinen Grundsatzes der Ausgewogenheit von haftendem Eigenkapital und Unternehmensrisiko befürwortet werden kann.

Der Geltungsgrund für diesen Grundsatz soll im *Gläubigerschutzprinzip* liegen. Der gewöhnliche Gläubiger — im Gegensatz zu Banken und Großgläubigern — sei oft im Verkehr mit beschränkt haftenden Gesell-

---

[3] § 9 II 4.

[4] S. 591.

[5] NJW 1966, 1946; vgl. auch NJW 1969, 577 ff.

[6] S. 593; zustimmend Wüst, S. 10.

schaften macht- und intellektmäßig überfordert. Die im Gläubigerschutz liegende Ordnungsaufgabe des Rechts müsse verhindern, daß der Unternehmer durch ein eklatantes Mißverhältnis zwischen Unternehmensrisiko auf der einen Seite und den durch das Stammkapital repräsentierten Mitteln des Unternehmens auf der anderen Seite die nach Art und Umfang dem Unternehmer adäquaten Risiken auf die Gläubiger abwälzen könne[7].

Es fragt sich gegenüber dieser These schon für den Bereich der GmbH, welche Funktion eigentlich noch dem im Handelsregister deklarierten Stammkapital zukommen soll, wenn man immer einen risikoadäquaten Haftungsumfang fordern will. Allein dieser Hinweis zeigt bereits, daß offenbar nach der gesetzlichen Wertung der Gläubigerschutz darauf beschränkt ist, den Gläubigern ein bestimmtes Mindestkapital zu garantieren, dieses dann aber auch allein dem Unternehmen zugute kommen zu lassen und dem Zugriff der sonstigen Gläubiger der Gesellschafter zu entziehen, die ihrerseits wiederum darauf vertrauen können, daß ihr Schuldner über seinen Haftanteil hinaus nicht aus Geschäften der Gesellschaft in Anspruch genommen wird.

Wiedemann[8] gibt demgegenüber zu bedenken, daß die der Erhaltung des Stammkapitals dienenden Gläubigerschutzvorschriften im GmbH-Recht (§§ 30, 31 GmbHG) erst Sinn und Wirkung durch die Verbindung von Eigenkapital und voraussichtlichem Risiko erhalten. Dem ist zuzugeben, daß die praktischen Wirkungen der Gläubigerschutzvorschriften gering sind, wenn die Einlagen zu klein bemessen sind und es bereits zum Konkurs gekommen ist. Hierdurch verlieren die Gläubigerschutzvorschriften — und dies gilt auch für entsprechende Vorschriften bei der KG (§§ 172 ff. HGB) — jedoch nicht ihren eigentlichen Sinn, denn sie sollen durch die gesetzliche Bindungswirkung die Basis für das Vertrauen *und auch das Mißtrauen* (!) des Verkehrs dadurch schaffen, daß jedenfalls ein bestimmtes Vermögen aufgebracht und gegen Ausschüttungen gesichert wird[9].

Eine Verpflichtung, Risiko und Betriebsvermögen in ein bestimmtes, wirtschaftlich angemessenes Verhältnis zu bringen, besteht nach der Re-

[7] Wüst, S. 8; Reinhardt, S. 590 f.

[8] Haftungsbeschränkung, S. 18.

[9] Winter, S. 107; Wiedemann versucht überdies seine These durch einen rechtsvergleichenden Erst-recht-Schluß aus dem US-amerikanischen Recht zu belegen. Dort gebe es kein Nominalkapital als Garantiefond, trotzdem (?) gelte der Grundsatz des adequate capital. Um wieviel mehr müsse dieser Grundsatz dann im Geltungsbereich der Idee der Vermögensbindung zum Schutz für die Gläubiger gelten (S. 19). Diese Schlußfolgerung ist verblüffend! Gerade das Gegenteil liegt nahe. Weil nämlich im anglo-amerikanischen Recht kein Nominalkapital gefordert wird, hat das adequate capital dort eine besondere Bedeutung, während es bei uns genügt, den Gläubigerschutz auf die Erhaltung des Nominalkapitals zu beschränken.

gelung des Gesetzes ebensowenig, wie ein Schutz der Gläubiger davor, daß die Gesellschafter nicht auch noch über ihr Haftkapital hinaus in das Unternehmen Mittel investieren. Bei der KG besteht noch nicht einmal das Erfordernis eines Mindestkapitals. Der Kommanditist garantiert mit der Übernahme der Hafteinlage lediglich, daß er bis zu einer bestimmten Geldsumme für die Verbindlichkeiten der KG einstehen will, wenn und soweit er nicht Einlagen an die Gesellschaft leistet[10]. Damit ist den Gläubigern der Gesellschaft gegenüber als *eigentlicher Kreditnehmer der unbeschränkt haftende Komplementär* anzusehen. Hinsichtlich des Kommanditkapitals besteht ein Gläubigerschutz im Rahmen der §§ 172 ff. HGB nur insoweit, als die tatsächliche Zuführung des Kapitals gesichert wird, deren Höhe im übrigen anhand des Handelsregisters für jedermann in Erfahrung zu bringen ist. Wenn der Gesetzgeber im Interesse des Verkehrs für derartige Schutzmöglichkeiten sorgt, so ist nach seinem Willen auch davon auszugehen, daß er dem Verkehr den Gebrauch dieser Selbstschutzmöglichkeit auch zumutet. Daß viele hiervon keinen Gebrauch machen und daß die Praxis eher dazu neigt, leichtsinnig und unbesonnen Kredit zu gewähren, ist kein überzeugendes Gegenargument[11]. Winter[12] weist zu Recht darauf hin, daß die mögliche Überforderung bestimmter Gläubigergruppen eine rechtspolitisch und allein de lege ferenda zu lösende Frage ist. *Die richterliche Rechtfortbildung stößt hier auf Grenzen.* De lege lata ist eine Differenzierung nach objektiven Schutzwürdigkeitskategorien (z. B. Kaufmann, Nichtkaufmann) oder gar nach der individuellen Schutzwürdigkeit kaum zu begründen.

Eine ausdrückliche Normierung der Pflicht zur angemessenen Eigenkapitalausstattung ist auch tatsächlich in bestimmten Spezialgesetzen erfolgt[13]. Die Gründe hierfür lagen dort in dem besonderen und gesteigerten Vertrauensanspruch, mit dem sich die betroffenen Unternehmen (Banken und Kapitalanlagegesellschaften) an die Öffentlichkeit wenden[14]. *Ausnahmsweise* hielt der Gesetzgeber es in diesen Fällen für erforderlich, den Verkehr besonders zu schützen. Die Eigenart der betroffenen Unternehmen verbietet eine Ausdehnung des Grundsatzes der angemessenen Eigenkapitalausstattung über diesen Bereich hinaus.

Dem von den Befürwortern des hier zu untersuchenden Grundsatzes angeführten Schutzprinzip ist mit Recht, vor allem für den kaufmänni-

---

[10] Düringer/Hachenburg/Flechtheim, § 164, Anm. 6 a. E.; H. P. Westermann, S. 287.

[11] Hofmann, NJW 1966, 1945.

[12] S. 88.

[13] § 10 KWG; § 2 KAGG; §§ 8 bzw. 115 VAG.

[14] Winter, S. 99.

schen Bereich, der *Gedanke der Vigilanz* entgegengehalten worden[15], nach dem jeder seine Risiken selbst zu ermessen und sich so gut wie möglich vorzusehen hat. Das Risiko der Bonität des Schuldners trägt aber grundsätzlich der Gläubiger. Dieser Gedanke ist auch der Rechtsprechung nicht fremd. So trifft etwa der BGH im 29. Band[16] mit Recht die Feststellung: „Das Vertrauen in die Zahlungsfähigkeit und Kreditfähigkeit eines anderen genießt im Geschäfts- und Wirtschaftsleben keinen besonderen Schutz." Dies kann nicht nur für natürliche, sondern muß auch für juristische Personen gelten.

Allerdings geht der Hinweis auf das Vigilanzprinzip zu Lasten der Deliktgläubiger, denn bei ihnen besteht keine Möglichkeit, sich im Hinblick auf eine ungenügende Eigenkapitalausstattung der Gesellschaft vorzusehen[17]. Diese Situation zeigt indessen keine Besonderheiten gegenüber dem allgemeinen Rechtsverkehr, denn gegen die Zahlungsunfähigkeit eines deliktisch Handelnden schützt nur eine allgemeine obligatorische Haftpflichtversicherung[18].

In der hiermit ausgesprochenen Ablehnung einer Kongruenz von Haftkapital und Geschäftsrisiko sowohl für die GmbH und erst recht für die KG liegt keinesfalls eine „Resignation vor den Anforderungen, die die Gerechtigkeitsidee an die Normanwendung stellt"[19]. Gerechtigkeitsvorstellungen im Hinblick auf einen so weitgehenden Gläubigerschutz erscheinen — abgesehen davon, daß sie im geltenden Recht keinen Rückhalt finden — auch rechtspolitisch überzogen. Dies gilt besonders für die hier vor allem interessierende Situation bei der KG. *Der Grund, weshalb für diese Gesellschaftsform nicht ebenso wie bei der GmbH ein Mindestkapital festgesetzt wurde, liegt vor allem in der persönlichen Haftung des Komplementärs.* Das Gesellschaftsvermögen ist also nicht das einzige Zugriffsobjekt für die Gläubiger. Wie bereits erwähnt, ist es im Außenverhältnis im Grunde der Komplementär, der Kredit erhält. Hinsichtlich dessen Bonität besteht kein Vertrauensschutz. Es ist deshalb auch nicht ohne weiteres zu beanstanden, wenn der Komplementär weitgehend vermögenslos ist, ebensowenig wie es verwerflich ist, wenn jemand ohne Kapital ein Handelsgeschäft eröffnet. Die Situation ist hier also dieselbe wie beim Einzelschuldner. Auch dort kann jemand ohne entsprechende Kapitaldecke ein risikoreiches Geschäfts eröffnen — jedenfalls solange

---

[15] Bär, Die Haftung des Gesellschafters nach schweizerischem GmbH Recht, in: Die Haftung der Gesellschafter in der GmbH, 1968, S. 62 (82); vgl. auch Rittner, Diskussionsbeitrag, in: Die Haftung der Gesellschafter in der GmbH, 1968, S. 149.

[16] BGHZ 29, 100 (106).

[17] Hierauf weist Wiedemann, Haftungsbeschränkung, S. 16 f., hin.

[18] So auch H. P. Westermann, S. 288.

[19] So H. P. Westermann, S. 288.

er dies nicht tut, um seine Gläubiger bewußt zu schädigen —. Niemand käme auf die Idee, allein schon hierin eine Gläubigerbenachteiligung, die den Makel der Sittenwidrigkeit trägt, zu erblicken. Ebensowenig kann dies bei der KG der Fall sein. Der Kommanditist jedenfalls erklärt, lediglich im Rahmen einer bestimmten Haftsumme haften zu wollen, insoweit soll er auch in Anspruch genommen werden können, nicht mehr und nicht weniger!

Der Vergleich mit dem Einzelschuldner öffnet zudem auch den Blick für einen weiteren, sowohl für die GmbH als auch die KG gleichermaßen treffenden Einwand. Durch die Pflicht, das Unternehmen mit angemessenem Haftkapital auszustatten, würden die Gesellschaftsgläubiger gegenüber den Gläubigern eines Einzelschuldners, bei dem kein Bonitätsschutz besteht, entscheidend besser gestellt, ohne daß sich hierfür eine überzeugende Erklärung finden ließe.

Letztlich führt die Pflicht zur Bereitstellung eines angemessenen Haftkapitals zu einer Gewährleistung für alle durch die Tätigkeit der Gesellschaft verursachten Schäden. Das stünde einer Risikoabwälzung von den Gläubigern auf die Gesellschafter, und zwar gerade auch auf die beschränkt haftenden, gleich. H. P. Westermann[20] stellt zu Recht fest, daß auf diese Weise die KG und die GmbH zur OHG würden.

Nach alledem ist ein Leitprinzip des von Reinhardt behaupteten Inhalts unserer Rechtsordnung nicht immanent[21]. Die Grundvoraussetzung für die von ihm vorgenommene Qualifizierung der bloßen Unterkapitalisierung als Sittenverstoß ist damit entfallen.

Der allgemeine Grundsatz des rechten Verhältnisses von Eigenkapital und Unternehmensrisiko hat sich, ebenso wie der oben[22] bereits untersuchte Grundsatz der Einheit von Herrschaft und Haftung als im geltenden Recht nicht verankerte *rechtspolitische Wunschvorstellung* erwiesen.

3. Unterkapitalisierung als Mittel zu einem Sittenverstoß

Auch Hofmann[23] tritt den Thesen Reinhardts entgegen und kommt zu dem Ergebnis, daß die Unterkapitalisierung an sich noch keinen Sittenverstoß begründet, daß sie aber als Mittel zu einem solchen Verstoß dienen kann.

Für die KG bildet er zur Illustration folgendes Beispiel: Jemand gründet eine KG mit einem vermögenslosen Komplementär zu dem Zweck,

---

[20] S. 290.
[21] So i. E. auch Ballerstedt, GmbH-Rdsch. 1967, 66 (69).
[22] § 6 II 2.
[23] NJW 1966, 1946; ausdrücklich für die KG in NJW 1969, 577 ff.

ein Geschäft abzuschließen, das erwartungsgemäß und mit seiner Billigung bei den Geschäftspartnern einen Vermögensschaden verursacht.

Daß Fälle dieser Art in den Anwendungsbereich des § 826 BGB (und ggf. auch den der §§ 823 Abs. 2 BGB i. V. m. 263 StGB) fallen, bedarf keiner weiteren Erörterung. Ebenso, daß ein Sittenverstoß bei Vermögensvermischung in Zusammenhang mit einer Unterkapitalisierung vorliegen kann. Ist es wegen fehlender Trennung der Vermögensmassen von Gesellschaft und Gesellschafter nicht möglich, Klarheit über Einlagenrückzahlungen zu gewinnen und geschah die Vermögensvermischung zu diesem Zweck oder sollen durch die Zuführung von Gesellschaftervermögen unter Täuschung des Verkehrs die Kreditaussichten der Gesellschaft verbessert werden, so ist an der Absicht der Gläubigerbenachteiligung mit der Folge einer Anwendung des § 826 BGB nicht zu zweifeln[24].

Indessen besteht bei all diesen Fällen die große praktische Schwierigkeit des Nachweises der Schädigungsabsicht. Der betreffende Kommanditist wird sich regelmäßig mit der Erklärung der Haftung entziehen können, er habe persönlich an den Erfolg der Gesellschaft geglaubt[25]. Obwohl also in Zusammenhang mit einer unterkapitalisierten KG eine Konstellation auftreten kann, die zu einer Haftung aus § 826 BGB bzw. §§ 823 Abs. 2 i. V. m. 263 StGB führt, wird der Anwendungsbereich dieser Fälle so klein sein, daß damit keineswegs das Problem als abschließend geklärt angesehen werden kann[26].

II. Differenzhaftung

1. Methodischer Ausgangspunkt

Die Differenzhaftung hat im Unterschied zu der soeben erörterten vollen Ausfallhaftung eine Inanspruchnahme des Kommanditisten nicht auf den gesamten Konkursausfall, sondern lediglich auf den *Differenzbetrag zwischen der tatsächlich vorhandenen Hafteinlage und dem unter Berücksichtigung des Geschäftsrisikos an sich erforderlichen Kapital* zum Inhalt. Für den Bereich der GmbH haben vor allem Wiedemann und Winkler eine solche Lösung vorgeschlagen[27]. Dogmatisch bedeutet die Verpflichtung des Kommanditisten, im Konkurs diesen Differenzbetrag zu erbringen, daß er sich insoweit nicht auf die haftungsbeschränkende

---

[24] Zu dem Fall der Vermögensvermischung wie hier auch H. P. Westermann, S. 305.

[25] Vgl. auch Erlinghagen, GmbH-Rdsch. 1962, 169; Kamprad, S. 61; auch in BGHZ 31, 238 ff., konnte eine Schädigungsabsicht nicht nachgewiesen werden.

[26] Anders Hofmann, S. 1946; wie hier für den Bereich der GmbH z. B. Erman, KTS 1959, 130; Unger, KTS 1959, 39.

[27] Vgl. oben § 9 II 3; Wiedemann, Haftungsbeschränkung, S. 17; Winkler, BB 1969, 1202 (1204 f.).

Norm des § 171 HGB berufen kann. Methodischer Ausgangspunkt ist damit eine *teleologische Reduktion* dieser Vorschrift für die Fälle, in denen der Haftungsumfang dem Geschäftsrisiko nicht entspricht.

2. Teleologische Reduktion des § 171 HGB für die unterkapitalisierte KG?

Hinsichtlich des Begriffs, der Voraussetzungen und Grenzen der teleologischen Reduktion im allgemeinen kann auf die Erörterungen im 2. Teil dieser Arbeit verwiesen werden[28]. Die hier interessierende Schlüsselfrage geht dahin, ob aufgrund der dem Gesetz zugrundeliegenden Teleologie insoweit eine planwidrige Unvollständigkeit vorliegt, als § 171 HGB dem Kommanditisten auch bei im Vergleich zum Geschäftsumfang geringer Hafteinlage die Berufung auf die beschränkte Haftung in vollem Umfang gewährt. Entsprechend der oben[29] vorgenommenen Untersuchung bezüglich des Parallelfalls des beherrschenden Kommanditisten, geht es auch hier um die rechtspolitische Zielsetzung des § 171 HGB, also die Ermittlung und Abwägung der betroffenen Interessen, sowie der in der Vorschrift enthaltenen Rechtswerte und Richtigkeitsgedanken, diesmal unter dem Gesichtspunkt der Unterkapitalisierung.

Zur Begründung einer den Anwendungsbereich des § 171 HGB in dem soeben dargelegten Sinn einschränkenden materiellen Wertentscheidung könnte man lediglich auf das bereits behandelte Leitprinzip der angemessenen Haftkapitalausstattung zurückgreifen. Mit der soeben vorgenommenen Kritk dieses Prinzips ist der teleologischen Reduktion des § 171 HGB praktisch bereits die Grundlage entzogen. *Zusätzlich* zu den im Rahmen der Behandlung der vollen Ausfallhaftung bereits angeführten Kritikpunkten erscheinen jedoch an dieser Stelle noch einige weitere Bemerkungen angebracht.

Die Differenzhaftung würde letztlich auf die *Einführung eines gleitenden, nämlich jeweils angemessenen Stammkapitals* hinauslaufen. Wie ist aber dieses angemessene Kapital exakt zu bestimmen? Wann und in welchem Ausmaß ist eine Gesellschaft unterkapitalisiert?

Im Rahmen der im vorigen Abschnitt erörterten Frage, ob die Unterkapitalisierung als solche als sittenwidrig anzusehen ist, könnte man sich möglicherweise der auch summenmäßig genauen Beantwortung dieser Frage dadurch entziehen, daß man nur die Fälle sanktioniert, in denen das haftende Kapital der Gesellschaft offensichtlich und erheblich hinter dem betriebsnotwendigen Eigenkapital zurückbleibt[30]. Bei der Diffe-

---

[28] § 7 III 1.

[29] § 7 III 2.

[30] Vgl. z. B. Erlinghagen, GmbH-Rdsch. 1962, 176, für die von ihm vertretene Organisationsmangelhaftung.

renzhaftung ist jedoch die genaue Bestimmung des Differenzbetrages unerläßlich. Allgemeine Formulierungen wie „offensichtlich" und „erheblich" können diese Grenzziehung zwischen angemessen und unangemessen nicht deutlich machen.

Man könnte zunächst daran denken, unkorrigiert Erkenntnisse der Betriebswirtschaftslehre für die Lösung unseres Problems fruchtbar zu machen. Davor ist jedoch mit Recht gewarnt worden[31]. Die Zwecke betriebswirtschaftlicher und rechtlicher Begriffsbildung sind zu verschieden. In der Betriebswirtschaftslehre steht die Beurteilung der angemessenen Kapitalausstattung unter dem Gesichtspunkt optimaler Rentabilität bei minimalem Eigenrisiko des Unternehmers im Vordergrund. Diese auf die Interessen des Unternehmers ausgerichtete Betrachtungsweise ist für den Juristen zu einseitig; er hat auch andere Interessen, namentlich der Gesellschaftsgläubiger, zu bedenken und gegen die der sonstigen Beteiligten abzuwägen[32].

Bei der Bestimmung des angemessenen Haftkapitals geht es immer um die Einschätzung des mit dem betreffenden Betrieb verbundenen Risikos. Dieses Risiko ist aber im allgemeinen nicht objektiv bestimmbar, es hängt vielmehr von der vielfach subjektiven Einschätzung der zukünftigen Entwicklungschancen ab. Bei Banken mag man noch eine sogenannte goldene Bilanzregel über das Verhältnis von Eigenkapital und Fremdmittel aufstellen können und so einen Maßstab für die Bestimmung des angemessenen Kapitals erhalten, obwohl dieses Verfahren auch dort kritisiert wird[33]. Bei anderen Unternehmen können derartige Regeln immer nur mehr oder weniger unbestimmte Richtwerte sein. Die Beurteilung der Entwicklungschancen eines Unternehmens ist eine Frage des unternehmerischen Instinktes und dieser läßt sich nicht objektivieren. Testfragen wie die, ob ein anderes Unternehmen gleicher Art und Größe bei gesunder Finanzierung mit Eigenkapital gearbeitet hätte, erheben den Durchschnitt zur Norm und hemmen so Wagnis und Risiko und damit die unternehmerische Eigeninitiative, abgesehen davon, daß sie keine Entscheidung zulassen, wenn einmal kein vergleichbares anderes Unternehmen vorhanden ist. Der zweiten Testfrage, wonach es darauf ankommen soll, ob ein Dritter unter gleichen Bedingungen ein Darlehen ge-

---

[31] Wüst, S. 7 und 8; Kühn, Die Konkursantragspflicht bei Überschuldung einer GmbH . . ., Diss. Münster 1969, S. 118; a. A.: Kamm, S. 41.

[32] Kühn, S. 118.

[33] Einzelheiten und Kritik zur goldenen Bilanzregel bei Lohmann, Zur Problematik der goldenen Bilanzregel, Die Wirtschaftsprüfung, 1959, S. 114 ff. m. Nachw.; zur Benutzung der goldenen Bilanzregel in der Rspr. des RFH und des BFH zu § 3 Abs. 1 KVStG a. F.; vgl. Kamprad, GmbH-Rdsch. 1975, 54 (56) n. Nachw. Kritik auch bei Wiedemann, Haftungsbeschränkung, S. 24.

währt hätte, hält Wiedemann[34] zu Recht entgegen, daß der Versuch einer Beantwortung zu einer Gleichung mit lauter Unbekannten führe.

Ein anschauliches Beispiel für die Schwierigkeit bei der Feststellung des angemessenen Haftkapitals bietet auch die Entscheidung BGHZ 31, 258, wo das Gericht die konkrete Feststellung des erforderlichen Kapitals offen läßt und sich schließlich mit der Feststellung begnügt, das Haftkapital sei jedenfalls für die satzungsmäßigen Zwecke zu gering[35].

Selbst wenn man der hier bestrittenen Auffassung folgt, daß es gelingen könnte, daß für jede einzelne Gesellschaft erforderliche Eigenkapital festzusetzen[36], so wäre eine permanente Anpassung des Haftkapitals nicht praktikabel. Im Konkursfall im nachhinein feststellen zu wollen, ob und seit wann die Gesellschaft mit weiterem Eigenkapital hätte ausgestattet werden müssen, ist ein nahezu aussichtsloses Unterfangen. Mit der Rechtssicherheit aller Betroffenen wäre eine solche Verfahrensweise keinesfalls verträglich[37]. Bei der KG ergeben sich noch zusätzliche Schwierigkeiten dadurch, daß die persönliche Haftung des Komplementärs in Haftkapital umgesetzt werden müßte, um die tatsächliche Eigenkapitalausstattung zu ermitteln und auf diese Weise den exakten Differenzbetrag zum angemessenen Kapital zu bestimmen.

Auch die teilweise[38] zur Bestimmung des angemessenen Kapitals vorgeschlagene Übertragung von Grundsätzen des Steuerrechts, wo § 3 Abs. 1 KVStG a. F.[39] die einlagengleiche Behandlung von Gesellschaftsdarlehen anordnet, wenn es am gebotenen Kapitaleinsatz fehlt, ist nicht ohne weiteres möglich. Die Zielrichtung von Steuerrecht und Zivilrecht sind zu verschieden. Einmal soll ein Darlehen mit kapitalgleichem Nutzeffekt in der Gegenwart wie Eigenkapital behandelt werden, im ande-

---

[34] Haftungsbeschränkung, S. 31; vgl. auch Winter, S. 27.

[35] Vgl. hierzu Wolany, Rechte und Pflichten des Gesellschafters einer GmbH, 1964, S. 72.

[36] Vgl. Albach, Zfges. Staatsw. 1962, 653; zu Recht kritisch Wiedemann, Haftungsbeschränkung, S. 31 f.

[37] Geßler, GmbH-Rdsch. 1966, 102 (108); ähnlich auch die *Begründung des Regierungsentwurfes* zu einem neuen GmbHG (Vorbem. zu den §§ 49 und 50, Bundestags-Drucksache 7/253): Der Entwurf sehe von Vorschriften darüber ab, daß die Gesellschaft mit einem ihrem Gesellschaftszweig und Geschäftsumfang entsprechenden Eigenkapital ausgestattet werden muß, weil derartige Bestimmungen sich als nicht durchführbar, vor allem aber als mit dem Gebot der Rechtssicherheit als nicht vereinbar erwiesen hätten.

[38] z. B. Erlinghagen, GmbH-Rdsch. 1962, 174.

[39] Zur Verfassungsmäßigkeit vgl. BVerfGE 13, 153; aus der Rspr. des BFH zu § 3 KVStG vgl. BFH, BStBl. 1962 II, S. 445; BStBl. 1963 III, S. 21, 367 und 382; BStBl. 1970 II, 279; die Vorschrift wurde durch das KVStÄndG vom 23. 12. 1971 (BGBl. I 1971, 2134) mit Wirkung vom 1. 1. 1972 gestrichen, nachdem die durch wechselnde Auslegungen dieser Vorschrift durch den BFH (vgl. BFH BStBl. 1970 II, 279) entstandene Rechtsunsicherheit unerträglich geworden war; vgl. auch Kamprad, GmbH-Rdsch. 1975, 54 (56).

ren Fall geht es um die Behandlung eines Darlehens als Eigenkapital für die Vergangenheit[40]. Im übrigen ist es auch im Steuerrecht bei der Auslegung des § 3 Abs. 1 KVStG a. F. nicht gelungen, in allen Fällen justiziable Kriterien für die Entscheidung der Frage zu entwickeln, wann Darlehen Einlagencharakter beizumessen ist[41]. Schließlich versagt die Parallele zum Steuerrecht vollends, wenn die Differenz zwischen effektivem und angemessenem Kapital nicht durch Eigen-, sondern vollkommen durch Fremdmittel aufgefüllt wird[42].

Einer teleologischen Reduktion des § 171 HGB steht damit neben der allgemeinen, bereits im 2. Teil[43] herausgearbeiteten Feststellung, daß es sich bei dieser Norm um eine formale Ordnungsvorschrift handelt, zusätzlich in dem hier diskutierten konkreten Zusammenhang auch entgegen, daß wegen der *Unmöglichkeit der Bestimmung des „angemessenen Haftkapitals“* das vorrangige Interesse an Rechtssicherheit die strikte Einhaltung des durch den Wortsinn gegebenen Anwendungsbereiches verlangt[44].

Im Falle der KG würde zudem durch die Einführung eines gleitenden Haftkapitals der gesetzgeberische Plan für diese Gesellschaftsform vollends auf den Kopf gestellt. Das Haftkapital des Kommanditisten hat hier nicht die überragende Bedeutung wie die Einlage der GmbH-Gesellschafter. Im Vordergrund steht vielmehr, wie bereits erwähnt, die persönliche Haftung des Komplementärs, mag er auch einmal vermögenslos sein. Dem Kommanditisten soll gerade die Möglichkeit eines Kapitaleinsatzes bei *beschränktem* Risiko gegeben werden. Bei diesem Gesichtspunkt geht es im übrigen, und dies wird oft übersehen[45], nicht bloß um die Interessen des Kommanditisten und der Gesellschaftsgläubiger. Zu berücksichtigen sind vielmehr auch die *Interessen der persönlichen Gläubiger des Kommanditisten,* die bei einer Durchbrechung der Haftungsbeschränkung für Gesellschaftsschulden, auf die auch sie bei der Kreditgewährung vertraut haben, zugunsten von Gesellschaftsgläubigern zurückgesetzt werden, die möglicherweise gedankenlos der Gesellschaft Kredit gewährt haben, ohne sich über das Geschäftsrisiko ausreichend zu informieren. Dies kann nicht hingenommen werden. Auch

---

[40] So auch Wiedemann, Haftungsbeschränkung, S. 31: „Das Steuerrecht negiert, das Zivilrecht korrigiert.“

[41] Vgl. die Gründe, die zur Streichung dieser Vorschrift führten (soeben FN 39).

[42] Gegen eine Übertragung der Grundsätze zu § 3 KVStG auch Woeste, GmbH-Rdsch. 1959, 131.

[43] Oben § 7 III 2 b.

[44] Vgl. § 7 III 1 b; BGHZ 31, 258 (268); Larenz, Methodenlehre, S. 378; Canaris, S. 192.

[45] Soweit ersichtlich greift nur Kühn, S. 161, diesen Gedanken für die GmbH auf.

insoweit hat § 171 HGB eine formale Ordnungsfunktion[46], die einer teleologischen Reduktion entgegensteht.

Eine Differenzhaftung kommt nach alledem nicht in Betracht.

III. Funktionshaftung[47] (Grundsatz der einsatzbezogenen Risikoübernahme)

Der für den Bereich der GmbH vor allem im *Lufttaxi-Fall* des BGH[48] und im Regierungsentwurf für ein neues GmbHG[49] eingeschlagene Weg einer „Funktionshaftung" beschränkt die erweiterte Inanspruchnahme des Kommanditisten dem Haftungsumfang nach in bestimmten Fällen auf das tatsächlich eingesetzte Kapital, auch wenn es die Hafteinlage überschreitet. Dies kann einmal bei der Gewährung von Darlehen der Fall sein, aber auch, wenn die Pflichteinlage die Hafteinlage überschreitet[50]. Wenn das nichthaftend eingesetzte Kapital an sich erforderliches haftendes Eigenkapital ersetzen soll, wird es als Haftkapital behandelt, d. h. im Konkurs ist ein vorher zurückgezahltes Darlehen oder eine ermäßigte und abgezogene Pflichteinlage zur Masse zurückzugewähren und kann auch im Konkurs nicht als Gesellschafterforderung geltend gemacht werden. Ziel ist also der *Rückgriff auf das tatsächlich eingesetzte Kapital ohne Rücksicht auf die Rechtsform der Investition*[51].

1. Methodischer Ausgangspunkt (Analogie zu § 172 Abs. 4 HGB; § 242 BGB

Methodisch wäre eine Übertragung des der Funktionshaftung zugrundeliegenden Ausgangspunktes auf die KG im Rahmen einer *analogen Anwendung des § 172 Abs. 4 HGB* möglich: Bestimmte Darlehen und Pflichteinlagen würden dem Haftkapital gleichgestellt und müßten bei Abzug aus der Gesellschaft zur Konkursmasse zurückgewährt werden[52]. Im Konkurs könnten sie nicht als normale Forderungen geltend gemacht werden, weil eine Berufung auf den Forderungscharakter z. B. eines Darlehens, das Haftkapital ersetzen sollte, als ein *venire contra factum proprium* (§ 242 BGB) anzusehen und daher unzulässig wäre.

---

[46] Vgl. bereits oben § 7 III 2 b in Zusammenhang mit der Erörterung der teleologischen Reduktion für den beherrschenden Kommanditisten.

[47] Der Ausdruck stammt, soweit ersichtlich, von H. P. Westermann, S. 299; vgl. auch H. Westermann, Handbuch, Rdz. 909.1.

[48] BGHZ 31, 258.

[49] Vgl. oben § 9 III.

[50] Zum Unterschied von Hafteinlage und Pflichteinlage vgl. Schilling, in Großkomm. HGB, § 161 Anm. 12.

[51] H. P. Westermann, S. 298.

[52] So auch H. P. Westermann, S. 304, der die Funktionshaftung auch für die KG als angemessene Lösung ansieht.

Unter einer Analogie ist die Übertragung der für einen Tatbestand (A) oder für mehrere untereinander ähnliche Tatbestände im Gesetz gegebenen Regel auf einen gesetzlich nicht geregelten, aber „ähnlichen" Tatbestand (B) zu verstehen[53]. Die Übertragung dient somit der Schließung einer offenen Gesetzeslücke[54]. Sie wird darauf gegründet, daß infolge der Ähnlichkeit der Tatbestände in den für die gesetzliche Wertung maßgeblichen Punkten beide Tatbestände gleich zu bewerten sind[55]. Bei einer Analogie zu § 172 Abs. 4 HGB für bestimmte Fälle eigenkapitalersetzender Kommanditistenzuschüsse kommt es somit auf die Ähnlichkeit dieser Mittel mit der Hafteinlage aufgrund einer wertenden Beurteilung an. Der gleiche Gesichtspunkt ist für die Frage entscheidend, wann die Geltendmachung dieser Mittel im Konkurs als widersprüchliches Verhalten im Sinne von § 242 BGB angesehen werden kann. *Wann und inwieweit ist also die Hingabe von nichthaftendem Kapital der Zuführung von Haftkapital wertungsmäßig gleichzustellen?*

2. Begründung für eine Gleichbewertung von effektivem Kapitaleinsatz und Haftkapital

a) GmbH

Bei der GmbH hat der BGH in dem schon mehrfach erwähnten *Lufttaxi-Fall* zunächst klargestellt, daß es der Gesellschaft grundsätzlich nicht verwehrt sein kann, eine Unterkapitalisierung oder einen bloß vorübergehenden Geldbedarf durch Darlehen ihrer Gesellschafter zu decken[56]. Diese Feststellung, nach der nicht jeder die Hafteinlage übersteigende Kapitalzuschuß schon für sich rechtlich zu beanstanden ist, ist zutreffend. Er gilt auch für die KG. Insoweit bestehen keine Unterschiede.

Für den BGH war in den letzten Entscheidungen der maßgebliche Gesichtspunkt, der ihn zu einer wertungsmäßigen Gleichsetzung von Haftkapital und Gesellschafterdarlehen veranlaßte, daß die „Darlehen" dazu dienten, die für die GmbH nach *§ 64 Abs. 1 GmbHG* bestehende *Konkursantragspflicht* abzuwenden[57]. Ohne den Zahlungszuschuß, so argumentiert das Gericht, wäre die Gesellschaft zahlungsunfähig gewesen. Bei Behandlung der Gelder als Darlehen wäre aber gleichzeitig eine Verschuldung eingetreten oder eine bestehende vergrößert worden, womit ebenfalls eine Konkursantragspflicht ausgelöst worden wäre. Sollte der mit dem „Darlehen" verfolgte Zweck also erreicht werden, so dürf-

---

53 Larenz, Methodenlehre, S. 366.

54 Vgl. bereits oben § 7 III 1 a.

55 Larenz, Methodenlehre, S. 304.

56 BGHZ 31, 258 (268).

57 BGH, S. 272.

ten diese Gelder nicht als Schulden der Gesellschaft erscheinen, sondern seien als haftendes Kapital zu behandeln. Wenn der Gesellschafter also das zur Abwendung der Konkursantragspflicht hingegebene Darlehen zurückfordere und die Darlehenssumme in Empfang nehme, setze er sich zu seinem früheren Verhalten in Widerspruch. Damit verstoße er gegen Treu und Glauben (§ 242 BGB). Er müsse sich also gefallen lassen, daß auf die Darlehensrückzahlung *§ 31 Abs. 1 GmbH* (Rückgewähr von zurückgezahlten Einlagen) angewendet werde.

Diese Rechtsprechung verdient Zustimmung. In der Tat liegt der entscheidende Ansatzpunkt für die wertungsmäßige Gleichsetzung von Gesellschaftsdarlehen und Haftkapital in der zum Gläubigerschutz in § 64 Abs. 1 GmbHG geregelten Konkursantragspflicht[58]. Zwar trifft die Konkursantragspflicht nach § 64 GmbHG nur die Geschäftsführer der Gesellschaft; der darlehensgewährende Gesellschafter muß aber nicht immer auch Geschäftsführer sein, wenngleich dies oft der Fall sein wird[59]. Dies ändert jedoch grundsätzlich nichts daran, daß sich auch ein nichtgeschäftsführender Gesellschafter bei einer Darlehensgewährung zur Anwendung der Konkursantragspflicht durch die spätere Rückforderung im Konkurs zu seinem früheren Verhalten in Widerspruch setzen kann, denn er hat jedenfalls den Geschäftsführer durch seine Darlehensgewährung dazu veranlaßt, den Antrag zu unterlassen und somit jedenfalls mittelbar an der Irreführung des Rechtsverkehrs mitgewirkt.

Wenn der darlehensgewährende Gesellschafter die an sich bestehende Antragspflicht abwendet, erweckt er bei den Gläubigern der Gesellschaft das Vertrauen darauf, daß ein zur Antragstellung verpflichtender Konkursgrund nicht vorhanden ist; denn es gilt der Rechtsgrundsatz, nach dem „der Geschäftsverkehr, wenn nach dem Gesetz bestimmte Tatsachen zu offenbaren sind, grundsätzlich davon ausgehen (kann), daß das Gesetz beachtet wird und somit, wenn es an einer Offenbarung fehlt, der betreffende Tatbestand nicht erfüllt ist“[60]. Da die Darlehensgewährung zwar eine Zahlungsunfähigkeit abwenden kann, aber eine Überschuldung nur, wenn man das Darlehen als Eigenkapital ansieht, ist das Verhalten des Gesellschafters wertungsmäßig einer Erhöhung des Eigenkapitals gleichzusetzen. Dieser Fall der Darlehensgewährung zur Ab-

[58] Zum Schutzzweck dieser Norm im einzelnen: Kühn, S. 3 ff.; Gilles/Baumgart, JuS 1974, 226; OLG Celle, OLGZ 1971, 367.

[59] Für die Geschäftsführer kommt bei Unterbleiben des Konkursantrages auch *eine Schadensersatzpflicht nach § 823 Abs. 2 BGB i. V. m. § 64 Abs. 1 GmbHG* in Betracht, da § 64 Abs. 1 GmbHG als Schutzgesetz anzusehen ist. Nichtgeschäftsführende Gesellschafter, die kraft ihrer tatsächlichen Machtstellung die Geschäftsführer beeinflußt haben, können nach §§ 830 Abs. 2, 823 Abs. 2 BGB i. V. m. § 64 Abs. 1 GmbHG als Anstifter oder Gehilfen haften. Einzelheiten und Nachweise bei Kühn, S. 97 ff. und Gilles/Baumgart, JuS 1974, 226.

[60] BGHZ 62, 216 (228).

wendung des Konkurses ist auch einigermaßen klar von den nicht zu beanstandenden Fällen einer Finanzierung durch Gesellschaftermittel abzugrenzen[61].

b) GmbH & Co KG

Für die GmbH & Co KG gilt ähnliches. Hier ist eine Zahlungsunfähigkeit oder Überschuldung der KG auch immer ein für die Komplementär-GmbH gem. § 64 GmbHG die Konkursantragspflicht auslösender Tatbestand[62]. Mit einem vom Kommanditisten, der gleichzeitig Gesellschafter der Komplementär-GmbH ist, an die KG gewährten Darlehen kann somit auch hier der Zweck verfolgt werden, eine Konkursantragspflicht gem. § 64 GmbHG abzuwenden. Hinsichtlich der Behandlung dieses Darlehens in dem dann doch eingetretenen Konkurs gilt dann dasselbe wie bei der GmbH[62a]. Insoweit ist die Regelung, die der Regierungsentwurf für die GmbH & Co KG trifft und nach der Kommanditistendarlehen entsprechend den Darlehen der Gesellschafter einer GmbH behandelt werden, auch vom Standpunkt des geltenden Rechts folgerichtig. Die Regelung verdient also Zustimmung[63].

c) Reine KG

aa) Der Unterschied zur GmbH

Anders ist die Rechtslage bei der reinen Kommanditgesellschaft. Hier besteht im Gegensatz zur GmbH *keine Konkursantragspflicht entsprechend § 64 GmbHG*. Der Grund liegt darin, daß die Gläubiger wegen des Vorhandenseins eines natürlichen, persönlich haftenden Gesellschafters dem Gesetzgeber nicht so schutzwürdig erschienen. Zwar besteht das Risiko eines nur geringen Haftungssubstrats beim physischen Schuldner nicht minder als bei der juristischen Person, es gibt jedoch einen entscheidenden Unterschied, der darin zu finden ist, daß die natürliche Per-

---

[61] Es wäre auch besser gewesen, die gesetzliche Regelung der Behandlung von Gesellschafterdarlehen im Regierungsentwurf nur auf diesen Fall zu beschränken, statt die Geltendmachung aller Ansprüche aus Darlehen zu verhindern, die zu einem Zeitpunkt gewährt wurden, in dem ordentliche Kaufleute Eigenkapital zugeführt hätten und den Konkursabwendungszweck nur als Beispiel anzuführen (§ 49 Regierungsentwurf-GmbHG, Bundestagsdrucksache 7/253). Die Ausfüllung dieser Generalklausel dürfte äußerst schwierig sein und zu einer nicht zu unterschätzenden Rechtsunsicherheit führen. Wenn es in der Begründung zum Regierungsentwurf heißt, man habe auf eine genaue Abgrenzung verzichtet, um der weiteren Entwicklung Raum zu lassen, so besteht hier der Verdacht, daß lediglich der Schwarze Peter der exakten Abgrenzung an die Rechtsprechung weitergegeben werden sollte; ähnlich auch Kamprad, GmbH-Rdsch. 1975, 54 (56 f.).

[62] Die Konkurseröffnung bei der GmbH hätte dann gem. §§ 728 BGB, 105 Abs. 2, 161 Abs. 2 HGB die Auflösung der Gesellschaft zur Folge.

[62a] So jetzt ausdrücklich: BGH NJW 1977, 104 (105) mit Anm. K. Schmidt.

[63] Allerdings mit den auch für die GmbH gemachten Einschränkungen hinsichtlich des § 49 Reg. Entw.; vgl. FN 61.

son nach Aufhebung des Konkursverfahrens weiterhin als Schuldner erhalten bleibt und mit ihrem neuerlichen Vermögenszuwachs auch weiter dem Zugriff der ausgefallenen Gläubiger unterliegt, während der Konkurs einer juristischen Person durch Beendigung der Rechtspersönlichkeit zu einem endgültigen Ausfall für die Gläubiger führt[64]. Diese Wertung liegt auch dem Regierungsentwurf für ein neues GmbHG zugrunde, der eine besondere Regelung der Gesellschafterdarlehen hinsichtlich der KG nur für die Fälle enthält, in denen als persönlich haftender Gesellschafter keine natürliche Person vorhanden ist[65].

Wegen des Fehlens einer dem § 64 GmbHG entsprechenden Regelung bei der reinen KG können die Gläubiger nicht bei Unterbleiben eines Konkursantrages und gleichzeitigem Zufluß von Darlehensmitteln auf die Abwesenheit von Konkursgründen und damit auf die Verhaftung der Darlehensmittel schließen.

bb) Kritik der Auffassung H. P. Westermanns

Diesen Unterschied berücksichtigt H. P. Westermann nicht genügend, wenn er sich auch bei der KG für die Funktionshaftung einsetzt[66]. Bei der reinen KG ist nach der gesetzlichen Wertung der eigentliche Kreditnehmer der Komplementär. Das Risiko einer Zahlungsunfähigkeit der KG deckt sich weitgehend mit derjenigen des Komplementärs. Dieses Bonitätsrisiko ist aber den Gläubigern zugewiesen. Sie genießen gegenüber dem Fall des Einzelschuldners keinen erweiterten Schutz. Wenn ein Kommanditist Darlehen an die Gesellschaft gewährt, seine Pflichteinlage erhöht oder Gewinne in der Gesellschaft beläßt, so unterscheidet er sich hierbei nicht von jedem anderen Gläubiger der Gesellschaft. Eine weitergehende Haftungsübernahme ist hiermit nicht verbunden.

Die Darlehensgewährung an eine notleidende KG beschwört auch für die Gesellschaftsgläubiger keine gegenüber der Darlehensgewährung durch Dritte erhöhte Gefahr herauf[67]. Daß ein Dritter an eine sich in Konkursnähe befindliche KG kein Darlehen mehr gewähren würde, läßt sich in dieser Allgemeinheit nicht sagen. Man stelle sich nur den Fall einer Familien-KG vor, die vor dem Konkurs steht und bei der sich ein zur Familie gehörender Nichtgesellschafter aus Gründen der Erhaltung des guten Familiennamens zu einer Darlehensgewährung zu günstigen Konditionen entschließt. Welcher Unterschied besteht zwischen

[64] Würdinger, GmbH-Rdsch. 1964, 151 (153); Winter, S. 45; ausführlich zur unterschiedlichen Beurteilung der Kreditgrundlage von Kapitalgesellschaften einerseits und einzelkaufmännischen Unternehmen oder Personengesellschaften andererseits und zu den Folgerungen für den Gläubigerschutz BGHZ 62, 216 (226).

[65] § 26 Entwurf eines Einführungsgesetzes zum GmbHG.

[66] S. 299.

[67] So aber H. P. Westermann, S. 303.

diesem Darlehen und dem eines Kommanditisten in derselben Situation? Gleichwohl ist bisher, und zwar aus guten Gründen, noch nirgendwo der Versuch gemacht worden, eine Metamorphose dieses Darlehens des Dritten in eine Hafteinlage zu begründen. Die Darlehensgewährung durch den Kommanditisten wäre allerdings, aber auch nur dann, relativ risikolos und würde so zu einer erhöhten Gläubigergefährdung führen, wenn es dem Kommanditisten ohne weiteres gestattet wäre, das Darlehen kurz bevor die Gesellschaft restlos konkursreif ist, aufgrund der ihm zukommenden Insiderstellung[68] zum Nachteil der Gläubiger abzuziehen. Ob dies möglich ist, ist jedoch eine andere, unten zu erörternde Frage[69]. Wenn man sie verneint, wäre dies im übrigen noch keine Begründung für eine volle Verhaftung des Darlehensbetrages, sondern lediglich für eine Rückzahlung der abgezogenen Valuta zur Masse, wo dann gegebenenfalls noch Aussicht auf quotenweise Befriedigung bestünde.

Nach alledem ist es jedenfalls nicht gerechtfertigt, daß der darlehensgewährende Kommanditist sich auf dem Wege über eine Funktionshaftung eine weitergehende Identifizierung mit dem primären Schuldner gefallen lassen muß als der einfache Geldgeber[70].

cc) Kritik der Auffassung C. Otts

Neben H. P. Westermann versucht auch C. Ott[71] für den Kommanditisten eine Funktionshaftung auf das eingesetzte Kapital zu begründen[72]. Er geht hierbei von der Erwägung aus, daß es nicht in das Belieben des einzelnen gestellt werden kann, das Maß seiner Verantwortlichkeit verbindlich und einseitig durch Festlegung einer bestimmten, von der Pflichteinlage abweichenden Hafteinlage festzusetzen. Ein solcher einseitiger Akt könne nicht rechtens sein, denn er würde die „normative Risikoordnung" zu Lasten unbeteiligter Dritter abwandeln[73]. C. Ott leugnet ganz generell für die KG die Möglichkeit einer von sachlichen Kriterien (d. h. bei ihm von der Höhe des tatsächlich eingesetzten Kapitals) unabhängigen Risikobeschränkung und tritt gleichzeitig der von

[68] Über die er insbesondere bei beherrschender Stellung verfügt; hier zeigt sich ein Berührungspunkt in der Behandlung der Fälle der beherrschenden Stellung des Kommanditisten mit denen der geringen Haftkapitalausstattung und der Finanzierung durch Gesellschafterdarlehen.

[69] Sogleich IV.

[70] So aber H. P. Westermann, S. 296.

[71] Typenzwang und Typenfreiheit im Recht der Personengesellschaften, 1966, S. 230 ff.

[72] Allerdings äußert er sich nicht zu der Frage der Gesellschafterdarlehen, sondern nur zur Behandlung der die Hafteinlage übersteigenden Pflichteinlage.

[73] C. Ott, S. 223.

der ganz überwiegenden Meinung[74] getroffenen *Unterscheidung von Haft- und Pflichteinlage* entgegen. Diese Unterscheidung setze sich über „zwingende Grundprinzipien der Wirtschaftsverfassung" hinweg, im übrigen laufe sie auch dem klaren und aus sich selbst heraus eindeutigen Wortlautes des Gesetzes zuwider, das eine solche Spaltung nicht kenne[75].

Soweit C. Ott sich auf zwingende Ordnungsprinzipien der Wirtschaftsverfassung beruft, kommt er bei seiner Begründung nicht über die rechtspolitischen Glaubensbekenntnisse hinaus, die wir bereits an anderer Stelle[76] kritisiert haben. Mehr Beachtung verdient hingegen die Feststellung, daß das Gesetz die Unterscheidung zwischen Haft- und Pflichteinlage zum Ausdruck kommenden effektiven Kapitaleinsatz zurückgegriffen werden müsse.

Zunächst ist gegenüber der Auffassung von C. Ott zuzugeben, daß das Gesetz die fragliche Unterscheidung nicht mit genügender Deutlichkeit trifft[77]. In den betreffenden Bestimmungen (§§ 161, 162, 167, 169, 171, 172, 174 HGB) ist immer nur von „Vermögenseinlage" oder „Einlage" die Rede. Gleichwohl ergibt sich die Unterscheidung zwischen Innen- und Außenverhältnis und damit auch zwischen der Pflicht- und der Hafteinlage aus der Regelungstechnik des Gesetzes. Die §§ 163 - 169 HGB betreffen das Innenverhältnis, die §§ 167 und 169 HGB meinen daher die Pflichteinlage, die übrigen Vorschriften das Außenverhältnis; dort geht es also jeweils um die Hafteinlage. Dies kommt ganz deutlich in § 172 Abs. 1 HGB zum Ausdruck, wo vom Umfang der Haftung „im Verhältnis zu den Gläubigern der Gesellschaft" die Rede ist. Welche Bedeutung hätte dieser ausdrückliche Hinweis, wenn es nicht noch einen anderen Einlagenbetrag, nämlich „im Verhältnis der Gesellschafter zueinander" (vgl. § 163 HGB) gäbe?

Mit der ganz herrschenden Ansicht ist also an der Unterscheidung von Haft- und Pflichteinlage festzuhalten. Sie ist zwar im Gesetz nicht ausdrücklich ausgesprochen, liegt aber der Gesamtregelung erkennbar zugrunde. Die Auffassung C. Otts, die sich maßgeblich auf den Wegfall dieser Unterscheidung stützt, kann damit nicht überzeugen.

d) Ergebnis: Keine einsatzbezogene Haftung für die KG

Für die reine KG trifft somit der Gesichtspunkt, der bei der GmbH & Co KG eine wertende Gleichsetzung von Haftkapital und dem darüber

---

[74] z. B.: RGZ 150, 163 (171); 163, 385 (388); Düringer/Hachenburg/Flechtheim, § 161 Anm. 7; Schilling in Großkomm. HGB, § 161 Anm. 12; Schlegelberger/Geßler, § 161 Rdnr. 107; Baumbach/Duden, § 171 Anm. 1.

[75] C. Ott, S. 224.

[76] Vgl. oben § 10 I 2.

[77] Vgl. Schilling in Großkomm. HGB, § 161 Anm. 12.

hinausgehenden effektiven Kapitaleinsatz ermöglicht, nicht zu. *Es fehlt damit an der für eine Analogie zu § 172 Abs. 4 HGB erforderlichen Gleichwertigkeit der Tatbestände.* Auch eine Grundlage für die Beurteilung der Rückforderung von Gesellschafterdarlehen und überschießender Pflichteinlage als widersprüchliches Verhalten (§ 242 BGB) ist nicht vorhanden. Eine Funktionshaftung kommt somit für die reine KG nicht in Betracht.

Von den für die GmbH erarbeiteten Lösungen hat sich also — mit Ausnahme des Weges über § 826 BGB — keine auf die KG übertragen lassen. Die Problematik ist indessen nicht mit dem Versuch einer Verwertung des GmbH-Materials erschöpft. Bei der Diskussion über den Haftungsdurchgriff wird immer wieder darauf hingewiesen, es gehe darum zu verhindern, daß ein Gesellschafter das Risiko auf die Gläubiger „abwälze“[78]. Die Gläubiger seien vor einer Gefährdung zu schützen. Es erscheint lohnenswert, sich nochmals darauf zu besinnen, was es mit dieser Gläubigergefährdung in dem hier interessierenden Zusammenhang tatsächlich auf sich hat, um möglicherweise aus dem Ergebnis dieser Überlegungen einen neuen Lösungsansatz zu gewinnen.

IV. Das Verbot der Gläubigerbenachteiligung

1. Ausgangspunkt des eigenen Lösungsansatzes: Gläubigerbenachteiligung durch Insiderstellung des Kommanditisten

Von Vertretern der Funktionshaftung[79] wird zuweilen das eigentlich Verwerfliche an dem Verhalten des Kommanditisten, der der Gesellschaft Darlehen anstelle von Haftkapital zuführt, darin gesehen, daß er eine akute *Gefahr für die Gesellschaftsgläubiger* heraufbeschwört, *ohne* selbst ein *entsprechendes Risiko* einzugehen. Hierin liegt ein durchaus richtiger Ansatz, wenngleich mit der Funktionshaftung die falsche Schlußfolgerung aus diesem Befund gezogen wird. Eine im Vergleich zu einem Drittgläubiger risikolose Darlehensvergabe würde dann gegeben sein, wenn der Kommanditist, anders als die sonstigen Gläubiger, aufgrund seiner Insiderstellung in der Lage wäre, das Darlehen kurz vor Konkurseintritt, einschließlich etwaiger Zinsen, abzuziehen. Gleiches gilt für den Abzug aller die Hafteinlage übersteigenden Mittel, hinsichtlich derer er als Gläubiger der Gesellschaft auftritt. Eine derartige Risikoabwälzung auf die Drittgläubiger ist in der Tat schwer erträglich. Wenn bislang bei der Kritik der zur Verhaftung der Gesellschafterdarlehen vertretenen Ansichten immer darauf verwiesen wurde, daß es sich bei dem zugeführten Kapital rechtlich nur um ein Darlehen handele, der Kommanditist also genauso zu behandeln sei wie alle anderen Gläu-

---

[78] H. P. Westermann, S. 303; Wiedemann, Haftungsbeschränkung, S. 26.

[79] Vgl. soeben FN 78.

biger, die ihrerseits bei einer KG als Schuldnerin nicht besser stehen dürften als bei einem Einzelschuldner[80], so kann dies letztlich nur dann überzeugen, wenn der Kommanditist auch tatsächlich den Drittgläubigern gleichsteht. Wenn er aber seine Kenntnisse als Insider nach Belieben in der soeben geschilderten Weise zum Nachteil der anderen Gläubiger einzusetzen vermag, ist diese Voraussetzung nicht mehr gewahrt. Damit ist die *Forderung nach einer Gleichstellung des Kommanditisten als Gläubiger mit den anderen Gläubigern der Gesellschaft erhoben.*

Dieser Gedanke unterscheidet sich grundlegend von den bislang erörterten Lösungsgesichtspunkten. Ansatzpunkt eines möglichen Unwerturteils über das Verhalten des Kommanditisten ist hier nicht, wie bei Vertretern etwa der Funktionshaftung, die Darlehens*hingabe* als solche, sondern die *Rücknahme der Darlehensmittel unter Benachteiligung der sonstigen Gläubiger* und unter Ausnutzung der diesen nicht zugänglichen Kenntnisse über die wirtschaftliche Situation des Unternehmens und den unmittelbar bevorstehenden Konkurs aufgrund der Insiderstellung des Kommanditisten. Ebenfalls im Unterschied zu den bisher erörterten Lösungsvorschlägen, die zu einer „Verhaftung" der gewährten Darlehen in der Weise führen, daß auch keine Anmeldung der Darlehensforderung zur Konkurstabelle mehr zulässig ist, würde allerdings eine Gleichstellung des Kommanditisten als Gläubiger mit den sonstigen Gläubigern nur dazu führen, daß es ihm verwehrt wäre, die Valuta aufgrund seiner besonderen Kenntnisse zur Unzeit abzuziehen, eine volle Verhaftung hätte sie nicht zur Folge.

Denkbar wäre eine Verhinderung der Gläubigerbenachteiligung rein konstruktiv, wenn es gelänge, einen Rechtsgrund für die Verpflichtung des Kommanditisten zu finden, die abgezogene Darlehensvaluta oder sonstige Mittel zur Masse zurückzugewähren.

2. *Die Rechtsprechung zur Gläubigerbenachteiligung bei Übersicherung als Argumentationsbasis*

Bei der Suche nach einer tragfähigen Begründung für die Rückgewähr von zur Unzeit aus der Gesellschaft abgezogener Darlehensvaluta unter dem Gesichtspunkt der Gläubigergefährdung gerät die *Rechtsprechung des BGH zu Übersicherungs- und Knebelungsverträgen* ins Blickfeld. Auch dort geht es um den Ausgleich ungerechtfertigter Gläubigerbenachteiligung. Nach dieser Rechtsprechung ist ein Sicherungsvertrag, mit dem sich z. B. eine Bank leichtfertig über die Belange etwaiger Geschäftspartner des Schuldners hinwegsetzt, wegen Gläubigergefährdung als sittenwidrig (§ 138 BGB) anzusehen[81]. Ebenfalls sittenwidrig und

---

[80] Oben § 10 III 2 c.

[81] BGHZ 20, 50.

nichtig ist der Finanzierungsvertrag eines Geldinstituts mit einem Bauunternehmer bei gleichzeitiger Abtretung von dessen Forderungen gegen seine Auftraggeber, wenn das Geldinstitut bereits die ganze pfändbare Habe des Schuldners an sich gebracht hatte und wenn es den Finanzierungsvertrag in solcher Weise unter Ausnutzung seiner wirtschaftlichen Machtstellung geschlossen hat, daß dem Unternehmer damit jegliche Freiheit für eigene wirtschaftliche und kaufmännische Entschließungen genommen wurde[82]. Ebenso wurde die Sicherungsübereignung sämtlicher Werte eines konkursreifen Unternehmens an Großgläubiger unter Ausnutzung der wirtschaftlichen Machtstellung als sittenwidrig behandelt[83]. Für die Sittenwidrigkeit wurde es als ausreichend angesehen, wenn der Sicherungsnehmer aufgrund seiner Kenntnis von der Vermögenslage des Schuldners mindestens mit der Möglichkeit einer Täuschung anderer Gläubiger rechnen mußte[84].

Ob dieser Rechtsprechung bei der Tatbestandsbildung in allen Einzelheiten gefolgt werden kann, mag hier dahinstehen[85], der *richtige Grundgedanke* ist jedenfalls folgender: Bei Sicherungsverträgen von Großgläubigern mit einer besonderen, meist wirtschaftlichen Machtstellung besteht eine Pflicht zur Rücksichtnahme auf die Belange anderer Gläubiger des Sicherungsgebers. Dem steht auch nicht die an sich zutreffende Feststellung der Kritiker dieser Rechtsprechung entgegen, nach der wegen der grundsätzlichen Gleichheit aller Gläubiger alle voneinander unabhängig ihre Sicherheit anstreben dürfen[86], denn es kann im Einzelfall, ohne diesen Grundsatz außer Geltung zu setzen, wegen der aufgrund der wirtschaftlichen Machtstellung gegebenen faktischen Ungleichheit einiger Gläubiger gerechtfertigt und geboten sein, diese durch eine erhöhte Pflicht zur Rücksichtnahme auf die Belange anderer Gläubiger auch einer rechtlichen Ungleichbehandlung zu unterwerfen.

Die *Parallele dieser Rechtsprechung zu unserem Fall* der Gläubigerbenachteiligung liegt auf der Hand. Auch der Kommanditist, der dem Unternehmen nichthaftende Mittel zur Verfügung stellt, hat durch den Einblick und gegebenenfalls sogar die Beherrschung des Unternehmens einen tatsächlichen Vorteil gegenüber den sonstigen Gläubigern, der ihn in die Lage versetzt, sein Kapital, ebenso wie die Großgläubiger im Fall der Übersicherungsverträge, gefahrlos einzusetzen.

---

[82] BGHZ 19, 12 ff.

[83] BGH, NJW 1956, 417.

[84] RGZ 143, 52; vgl. auch RGZ 136, 296 und Palandt/Heinrichs, § 138, Anm. 5 i.

[85] Zur Kritik vgl.: Lange, NJW 1950, 565 (568 f.); Barkhausen, Anm. zu BGH NJW 1953, 1665; H. Westermann, Interessenkollisionen und ihre richterliche Wertung bei den Sicherungsrechten an Fahrnis und Forderungen, 1954, S. 30 ff.

[86] H. Westermann, Sachenrecht, 1966, § 43 VI 2; Lange, S. 568; Schweiger, MDR 1953, 707 (709).

Die Erkenntnis, daß es sich bei den Fällen der Rechtsprechung zu den Übersicherungsverträgen und der Problematik der Gesellschafterdarlehen um von der Interessenlage her ähnliche Sachverhalte handelt, ist nicht neu. Diese Parallele wurde bereits im US-amerikanischen Rechtskreis gezogen[87], in der deutschen Diskussion hat wohl erstmals Wiedemann[88] darauf aufmerksam gemacht. Auch H. P. Westermann zieht den Vergleich zu den Anwendungsfällen der gläubigergefährdenden Übersicherung[89]. Während Wiedemann jedoch über einen bloßen Hinweis ohne Ableitung praktischer Konsequenzen nicht hinauskommt, versucht H. P. Westermann die Rechtsprechung für die von ihm vertretene Funktionshaftung fruchtbar zu machen. Seiner Ansicht wurde bereits oben[90] entgegengehalten, daß die volle Verhaftung der investierten Gelder nicht das angemessene Mittel ist, um die auch von ihm als hauptsächlichen Stein des Anstoßes erkannte Risikolosigkeit des Kommanditisten auszugleichen. Überdies führt die Kontrolle von Übersicherungsverträgen durch die Rechtsprechung niemals zu einer Verhaftung der zu sichernden Forderung, sondern über § 138 BGB (Nichtigkeit des Sicherungsvertrages bzw. der Verpfändung) nur zu einem Wegfall des *zusätzlichen* Vorteils. Der zusätzliche Vorteil, den sich der Kommanditist aufgrund seiner der wirtschaftlichen Machtstellung des Großgläubigers vergleichbaren, besonderen Insiderstellung verschaffen kann und den es auszugleichen gilt, besteht nun aber nicht darin, daß er überhaupt eine Forderung gegen die Gesellschaft erhält, sondern in der Tatsache, daß er die Mittel zur Unzeit und zum Nachteil anderer Gläubiger abzuziehen in der Lage ist. Die Übertragung der zu den Übersicherungsverträgen aufgestellten Grundsätze zum Ausgleich der Gläubigerbenachteiligung kann hier also nicht zu einer vollen Verhaftung, sondern nur zu einem Verbot der Rückforderung der Mittel in den Fällen führen, in denen der Kommanditist gegenüber anderen Gläubigern über bessere interne Informationen verfügt und diese zu deren Nachteil verwertet. Hier ist dann allerdings eine Rücksichtnahme auf die Belange anderer Gläubiger angebracht, ebenso wie die Rechtsprechung es von wirtschaftlich mächtigen Großgläubigern verlangt.

Eine genaue Analyse der Rechtsprechung zu den Übersicherungsverträgen kommt somit zu dem Ergebnis, daß man mit ihr niemals eine Funktionshaftung begründen kann, daß vielmehr eine sinngemäße Anwendung der entscheidenden Grundsätze lediglich zu einer Lösung in dem hier befürworteten Sinne führt.

---

87 Vgl. den Hinweis bei Wiedemann, Haftungsbeschränkung, S. 11, FN 24.

88 S. 11: „brauchbare Analogie".

89 S. 295.

90 Siehe oben § 10 III 2 c bb.

Allerdings ist eine volle Anwendung der Grundsätze der Rechtsprechung in den Fällen möglich, in denen der Kommanditist sich für eine Forderung auf Kosten der anderen Gläubiger eine stark überhöhte Sicherheit ausbedungen hat. Der Umstand, daß er Gesellschafter der Schuldnerin ist und überdies dort vielfach die beherschende Stellung innehat, läßt ihn hier ganz besonders mit den mit wirtschaftlicher Macht ausgestatteten Großgläubigern vergleichbar erscheinen. Hier kann unter Umständen der Sicherungsvertrag bzw. die Verpfändung nach § 138 BGB als sittenwidrig und damit nichtig behandelt werden, aber auch in diesen Fällen ist eine vollkommene Verhaftung der zugrundeliegenden Forderung niemals die Folge.

Zusammenfassend läßt sich feststellen, daß wir in der Übertragung der Grundsätze der Rechtsprechung zur Gläubigerbenachteiligung bei Übersicherung eine *tragfähige Argumentationsbasis* für die Begründung einer Verpflichtung des Kommanditisten gefunden haben, die aufgrund von internen Informationen kurz vor Konkurseintritt zum Nachteil anderer Gläubiger abgezogene Darlehensvaluta bzw. sonstige nichthaftende Mittel zur Masse zurückzugewähren, wo sie allerdings — im Unterschied zur Funktionshaftung — als normale Konkursforderungen mit Aussicht auf quotenweise Befriedigung behandelt werden.

Auf diese Weise wird einerseits verhindert, daß sich der Kommanditist schlechter steht als andere Gläubiger und diese durch die Verhaftung der Darlehensmittel gegenüber einem Einzelschuldner einen nicht zu begründenden Vorteil erhalten; andererseits steht sich der Kommanditist auch nicht besser als die anderen Gläubiger, da er ihnen durch die Ausschaltung ungerechtfertigter Vorteile gleichgestellt wird.

3. Analogie zu § 342 HGB (Rückforderung der abgezogenen Mittel durch den Konkursverwalter)

Mit dem Hinweis auf die Rechtsprechung zur gläubigergefährdenden Übersicherung sind bereits wichtige Wertungsgesichtspunkte zur Begründung des hier vorgeschlagenen Lösungsweges zutage getreten, gleichwohl mag manchen dies alles noch nicht zu überzeugen, entweder weil er die angesprochene Rechtsprechung für fragwürdig hält[91] oder weil ihm die bisherige Argumentation zu sehr auf Billigkeitserwägungen ohne feste „juristische Haltegriffe" fußt. Indessen, auch vor der damit ausgesprochenen Anforderung an eine mehr an den ausdrücklich im Gesetz zu findenden Wertungen orientierte Begründung braucht die hier vertretene Ansicht nicht zu resignieren. Eine der Gläubigergefährdung in unserem Fall vergleichbare Situation findet sich nämlich nicht nur in den Fällen der soeben erörterten Rechtsprechung zur Übersicherung,

[91] Vgl. etwa die unter IV 2 angeführte Kritik (FN 85).

sondern sie liegt auch — zudem noch mit exakt der auch in unserem Fall befürworteten Rechtsfolge — *der Regelung des § 342 HGB im Recht der Stillen Gesellschaft* zugrunde.

Diese Vorschrift bestimmt, daß dann, wenn dem Stillen Gesellschafter, der gem. § 341 HGB seine Einlagenforderung im Konkurs als Konkursforderung geltend machen kann, im letzten Jahr von Konkurseröffnung die Einlage ganz oder teilweise zurückgewährt wurde, die Rückgewähr vom Konkursverwalter entsprechend den Regeln der Konkursordnung angefochten werden kann (§ 342 Abs. 1 HGB). Etwas anderes gilt nur, wenn der Konkurs in Umständen seinen Grund hat, die erst nach der Rückgewähr eingetreten sind (§ 342 Abs. 2 HGB). Gegenüber den Anfechtungsregeln der KO (§§ 29 ff.) ist das Anfechtungsrecht nach § 342 HGB damit Spezialnorm.

Ratio legis dieser Vorschrift ist es, die Bevorzugung des Stillen als „insider" zu vermeiden[92], die darin besteht, daß er aufgrund der regelmäßig nahen Beziehungen zwischen den Gesellschaftern und den Einblick in die Geschäftsvorgänge leicht Gelegenheit hat, sich vor dem Konkurs in Sicherheit zu bringen. Dies ist genau das gleiche Ziel, das nach der hier vertretenen Ansicht auch im Falle des Kommanditisten erreicht werden soll, wenn er die Gesellschaft mit nichthaftenden Mitteln finanziert und diese vor Konkurseintritt abzieht.

Eine *Analogie zu § 342 HGB* für unseren Fall drängt sich geradezu auf. Es ist darum um so erstaunlicher, daß sie für die KG, soweit ersichtlich, bislang überhaupt nicht, und für die GmbH nur von einem Autor angedeutet, jedoch für die Lösung dann nicht mehr fruchtbar gemacht wurde[93].

Für die Begründung einer Analogie kommt es, wie bereits erwähnt[94], darauf an, ob eine Übertragung der Regelung des § 342 HGB auf den insoweit ungeregelten Fall bei der KG (offene Regelungslücke) in Betracht kommt, weil infolge der Ähnlichkeit der Tatbestände in den für die gesetzliche Wertung maßgeblichen Punkten beide Tatbestände gleich zu bewerten sind. Entscheidend kommt es hierbei auf den *Normzweck* und die *Interessenlage* an.

Der *Normzweck des § 342 HGB* (Verhinderung der Bevorzugung des Stillen und Erzwingung seiner Teilnahme am Konkurs) paßt auch für den Kommanditisten. Die insoweit maßgeblichen Vorschriften der §§ 338 und 166 HGB hinsichtlich der gesetzlichen Kontrollrechte decken sich

---

[92] Schilling in Großkomm. HGB, § 342 Anm. 1 und 5; Düringer/Hachenburg/Flechtheim, § 342 Anm. 1.

[93] Wiedemann, Haftungsbeschränkung, S. 29; vgl. jetzt aber auch K. Schmidt, ZHR 140 (1976), 475 (491).

[94] Oben § 10 III 1 und Larenz, Methodenlehre, S. 366.

weitgehend. Oft wird zudem sowohl der Stille wie auch der Kommanditist seine Möglichkeiten zu Insiderinformationen noch ausgebaut haben[95].

Hinsichtlich der *Interessenlage* kommt es darauf an, inwieweit der Stille mit dem darlehensgewährenden oder in sonstiger Weise nichthaftendes Kapital zuschießenden Kommanditisten zu vergleichen ist. Zunächst fällt ins Auge, daß es sich sowohl bei der stillen Einlage, als auch beim Kommanditistendarlehen um Fremdkapital handelt. Auch die die Hafteinlage übersteigende Pflichteinlage ist, wenn sie ohne große Schwierigkeiten abgezogen werden kann, im Verhältnis zu den Gläubigern wohl eher als Fremdkapital anzusehen. Hierin liegt schon ein bedeutsames Indiz für die Vergleichbarkeit der Interessenlagen. Aufschlußreich für die enge Nachbarschaft von stiller Einlage und Darlehen sind aber auch die Schwierigkeiten, die immer wieder bei der Abgrenzung von stiller Einlage und partiarischem Darlehen auftauchen, insbesondere dann, wenn dem Geldgeber neben oder anstelle einer festen Verzinsung eine Gewinnbeteiligung unter Ausschluß der Verlustbeteiligung zugesagt ist[96]. Als entscheidendes Abgrenzungsmerkmal ist hier der Wille zur gemeinsamen Zweckverfolgung anzusehen, der bei einem Darlehen nicht gegeben ist[97]. Hierin liegt zwar ein Unterschied in der Rechtsform der Investition, dieser Unterschied rechtfertigt jedoch keine andere Bewertung der Interessenlage der Beteiligten, namentlich der Gläubiger in dem für die gesetzliche Wertung in § 342 HGB maßgeblichen Punkt, nämlich die Vermeidung der Bevorzugung eines Insiders. Hier sind die Interessen der Gläubiger an einem Schutz vor einer ungerechtfertigten Benachteiligung identisch.

Damit ist die Basis für eine Analogie grundsätzlich geschaffen. Die Notwendigkeit eines exakten Vergleichs der Interessenlagen macht jedoch noch eine *wichtige Einschränkung* notwendig: Es ist denkbar und kommt auch in der Praxis häufig vor, daß ein Kommanditist einer Gesellschaft, deren Geschäft ganz oder teilweise saisonabhängig ist, zum Ausgleich eines alljährlich nur für eine relativ kurze Zeit auftretenden Liquiditätsbedarfs ein *kurzfristiges Darlehen,* beispielsweise mit einer Laufzeit von 3 Monaten, z. B. von Anfang Juni bis Ende August, gewährt. Fällt nun in unserem Beispiel die Gesellschaft im Herbst in Konkurs, weil das Sommergeschäft aufgrund eines bereits in der vorigen Saison absehbaren Konjunkturumschwungs nicht den erwarteten Er-

---

[95] Für den Kommanditisten vgl. oben § 3 II; für den Stillen Gesellschafter Rasner, S. 75 ff.

[96] Paulick, Handbuch der Stillen Gesellschaft, 2. Aufl., 1971, S. 98 (101 ff.), mit zahlreichen w. Nachw.

[97] Paulick, Stille Gesellschaft, a.a.O.; BGHZ 3, 81; zu den rechtlichen Auswirkungen der Unterscheidung zwischen Stiller Gesellschaft und partiarischem Darlehen vgl. Paulick, Stille Gesellschaft, a.a.O., S. 103 ff.

folg gebracht hatte, so wäre im Wege einer nach den bisherigen Überlegungen auch in diesem Falle möglichen analogen Anwendung des § 342 HGB nach einer Anfechtung des Konkursverwalters das Ende August zurückgewährte Darlehen zur Masse zurückzuerstatten. Der Gegenbeweis des Absatzes 2 stünde dem Kommanditisten nicht zu; denn der Konkurs hatte in einem Umstand seinen Grund, der bereits vor der Vereinbarung der Rückgewähr des Darlehens eingetreten war. Gleichwohl befriedigt das Ergebnis in diesem Beispielsfalle nicht. Es stört einmal, daß der zum Konkurs führende Umstand nicht nur vor der Rückgewähr des Darlehens, sondern sogar vor dessen Gewährung vorhanden war, schließlich und vor allem aber auch, daß es sich um ein alle Jahre wieder kurzfristig gewährtes Darlehen handelt und der Kommanditist hier vielleicht nicht ohne Rücksicht auf die schlechte Ertragslage sein Geld zurückverlangt hat, er aber jedenfalls mit Rücksicht auf die langjährige Praxis genauso gehandelt hätte, wenn die Ertragslage gut gewesen wäre[98]. Dieses Beispiel macht deutlich, daß die *Interessenlage* bei stiller Einlage und Gesellschafterdarlehen *nicht in allen Fällen vergleichbar* sein muß. Andererseits wird in dem Falle, in dem der Kommanditist über Jahre hinweg darlehensweise Mittel gewährt und diese unvermittelt in der Krise vor dem Konkurs abzieht, niemand daran zweifeln, daß hier die dem § 342 HGB zugrundeliegende Vermutung eingreifen muß, nach der er dies aufgrund interner Informationen zum Nachteil der anderen Gläubiger getan hat und daher seine Teilnahme am Konkurs zu erzwingen ist.

Der Schlüssel zur Abgrenzung dieser beiden Fallgruppen liegt darin, daß es sich bei der Stillen Gesellschaft notwendig um eine *längerfristige Vermögensanlage* handelt. Dies ist schon dadurch bedingt, daß die Stille Gesellschaft eine Handelsgesellschaft im Rechtssinne ist, was den übereinstimmenden Willen zur auf den Betrieb eines Handelsgewerbes gerichteten Zweckverfolgung notwendig macht. Ein Handelsgewerbe ist aber auf eine Einnahmequelle *von ungewisser Dauer* gerichtet[99]. Dieser Gesichtspunkt darf bei dem Vergleich der Interessenlagen im Rahmen einer Analogie zum Kommanditistendarlehen nicht außer acht gelassen

[98] Der Fall wäre noch extremer, wenn der zum Konkurs führende Umstand, etwa der unerwartete Zusammenbruch einer Bankverbindung, während der Laufzeit des Darlehens, z. B. im Juli, eingetreten wäre. Hier liegt der Gedanke an eine Gläubigerbenachteiligung besonders fern. Es greift jedoch schon die Gegenbeweismöglichkeit des Abs. 2 ein, wonach es auf den Zeitpunkt der Vereinbarung der Rückgewähr, hier also die Laufzeitvereinbarung im Darlehensvertrag, ankommt, die hier bereits vor dem zum Konkurs führenden Umstand abgeschlossen wurde. Trotz dieses Unterschiedes erscheint die Interessenlage als nicht wesentlich von dem im Text gebildeten Beispiel abweichend.

[99] RGZ 38, 18; 66, 51; 74, 151; OLGE 36, 249; Schlegelberger/Hildebrandt/Steckhahn, 5. Aufl., 1973, § 1 Rdnr. 23.

werden. Der Gesetzgeber sah sich gerade darum zu der die Sanktion des § 342 HGB auslösenden Vermutung genötigt und in der Lage, weil der Stille Gesellschafter längere Zeit Geld hingibt und dann plötzlich gerade „im rechten Zeitpunkt" wieder abzieht. Die Folgerung lautet in diesem Falle für den Gesetzgeber, daß dies kein Zufall sein kann, sondern auf einer Ausnutzung von internen Informationen zum Nachteil der Gläubiger beruht. Bei kurzfristigen Darlehen ist diese Folgerung nicht in dem gleichen Ausmaß zwingend. Nur dann ist also die Interessenlage vergleichbar, wenn auch das Darlehen über einen der stillen Benachteiligung vergleichbaren Zeitraum gewährt wurde. Nur in diesen Fällen paßt die Interessenlage voll, und daher ist auch nur hier die Vermutung gerechtfertigt, daß die Rückzahlung nicht zufällig, sondern zur Gläubigerbenachteiligung erfolgte.

Im *Ergebnis* bedeutet dies, daß die Gläubigerbenachteiligung durch Abzug eines Darlehens oder sonstiger Fremdmittel kurz vor Konkurseintritt durch den Kommanditisten mittels einer analogen Anwendung des § 342 HGB abzuwenden ist; jedoch nur in den Fällen, in denen das Darlehen über einen der stillen Einlage vergleichbaren Zeitraum als längerfristige Kapitalanlage hingegeben wurde. In den *sonstigen Fällen* bleibt es bei den *allgemeinen Anfechtungsregeln der KO (§§ 29 ff.)*. In Betracht käme hier insbesondere eine Absichtsanfechtung nach § 31 Nr. 1 KO, wofür jedoch der Nachweis der Absicht der Gläubigerbenachteiligung des Gemeinschuldners, also hier der KG bzw. des für diese handelnden Gesellschafters, erforderlich ist[100].

4. Schadensersatz nach § 826 BGB als Rechtsbehelf für die Gläubiger

Da das Anfechtungsrecht nach § 342 HGB analog und §§ 29 ff. KO durch den Konkursverwalter ausgeübt wird, fragt es sich, ob nicht auch für die Gläubiger selbst nach Konkurseröffnung[101] eine Möglichkeit besteht, einer Benachteiligung durch den Abzug der nichthaftenden Mittel vor Konkursbeginn entgegenzuwirken. In Betracht käme hier ein Schadensersatzanspruch aus § 826 BGB.

Im Unterschied zu dem bereits erörterten Fall einer möglichen Anwendung des § 826 BGB bei einer nur mit geringem Haftkapital ausgestatteten KG[102] ist hier nicht die geringe Haftkapitalausstattung der Ausgangspunkt für die Beurteilung des Verhaltens des Kommanditisten als sittenwidrig, sondern die Rücknahme von nichthaftenden Mitteln in

---

[100] Vor Konkurseröffnung besteht eine vergleichbare Anfechtungsmöglichkeit für den Gläubiger gem. § 3 Abs. 1 Ziff. 1 AnfG.

[101] Zu dem Anfechtungsrecht vor Konkurseröffnung soeben FN 100.

[102] Vgl. oben § 10 I 3.

der Krise vor dem Konkurs aufgrund des Informationsvorsprungs des Kommanditisten vor den sonstigen Gläubigern und zu deren Schädigung.

Hier läßt sich vor allem die bereits aufgezeigte *Parallele zur Rechtsprechung des BGH zu den Übersicherungsverträgen* fruchtbar verwerten. Eine Übertragung der dort ausgesprochenen Grundsätze[103] läßt keine Zweifel daran zu, daß auch der hier zu untersuchende Sachverhalt einen nicht unerheblichen Verstoß gegen das Anstandsgefühl aller billig und gerecht Denkenden enthält[104]. Etwas problematischer ist auch hier wiederum der Nachweis des Schädigungsvorsatzes. Wenn jedoch der Kommanditist die Gesellschaft gedrängt hat, ihm die Mittel kurz vor Konkurseintritt zurückzuzahlen, ist damit bereits ein wichtiges Indiz dafür gewonnen, daß er nicht bloß um die Benachteiligung der anderen Gläubiger wußte, sondern diese auch billigend in Kauf nahm, was für den Schädigungsvorsatz ja ausreichen würde[105].

Der *Schaden der Gläubiger* bestünde in der Schmälerung der Masse. Gemäß § 249 BGB hat der Kommanditist die abgezogenen Mittel somit zur Masse zurückzugewähren. Ist der Konkurs bereits abgeschlossen, ist eine Naturalrestitution in der soeben beschriebenen Weise nicht mehr möglich. Gemäß § 251 BGB hat der Kommanditist dem Gläubiger dann als Schaden den Differenzbetrag zwischen der tatsächlich erhaltenen und der unter Berücksichtigung der abgezogenen Mittel zu errechnenden Quote zu ersetzen.

Damit ist zwar das Vorliegen der Voraussetzungen des § 826 BGB geklärt, es bleibt aber noch die Frage des *Verhältnisses des Rückgewährungsanspruches aus Absichtsanfechtung zu dem Schadensersatzanspruch aus vorsätzlicher sittenwidriger Schädigung* gegenüber dem Empfänger der anfechtbaren Leistung (hier dem Kommanditisten) offen.

Steht einem Anspruch aus § 826 BGB hier nicht entgegen, daß die Konkursordnung mit dem vom Konkursverwalter ausgeübten Anfechtungsrecht eine abschließende Spezialregelung enthält, die einen eigenen Anspruch des Gläubigers ausschließt?

Zunächst ist hier zu berücksichtigen, daß es sich bei dem Anspruch aus Absichtsanfechtung nicht um einen Schadensersatzanspruch han-

---

[103] Hierzu bereits oben § 10 IV 2.

[104] Vgl. auch H. Westermann, Interessenkollisionen, S. 26.

[105] Statt aller: Palandt/Thomas, § 826, Anm. 3 a; BGH WM 1966, 1152; 1975, 754.

delt[106], die Ansprüche sind also wesensverschieden. Im übrigen begeht der Anfechtungsgegner (hier der Kommanditist) keinesfalls allein schon dadurch, daß er in anfechtbarer Weise eine Leistung empfängt, eine unerlaubte Handlung im Sinne von § 826 BGB. Die Tatbestände der Absichtsanfechtung und des § 826 BGB sind völlig verschieden. Der Rückgewährungsanspruch aufgrund einer Absichtsanfechtung kann auch entstehen, ohne daß der Anfechtungsgegner die anfechtbare Handlung wollte, es genügt schon, wenn ihm die Gläubigergefährdung bekannt war (§ 31 Nr. 1 KO). Der Anfechtungsgegner muß also, um der Schadensersatzpflicht nach § 826 BGB zu unterliegen, zusätzliche Voraussetzungen erfüllen. Bei den Bestimmungen über die Absichtsanfechtung handelt es sich nicht um Sondervorschriften gegenüber § 826 BGB in der Art, daß dort dem Benachteiligten nur ein Rückgewährungsanspruch gegen den Empfänger anstelle eines Schadensersatzanspruches eingeräumt worden ist[107]. Der Konkursverwalter ist auch nicht befugt, den Anspruch aus § 826 BGB anstelle des Konkursgläubigers geltend zu machen, denn er erlangt grundsätzlich nur das Verwaltungs- und Verfügungsrecht über das Vermögen des Gemeinschuldners (§ 6 Abs. 2 KO). Er kann nicht einen einzelnen Anspruch eines Konkursgläubigers wirksam verfolgen; ein solcher Anspruch besteht außerhalb des Konkurses[108], er hat mit den Konkursverfahren nur insoweit zu tun, als dann, wenn die fraglichen Gelder der Masse aufgrund einer Absichtsanfechtung des Konkursverwalters wieder zugeflossen sind, der Schaden des Gläubigers im Sinne von § 826 BGB entfällt.

5. *Ergebnis: Gleiches Risiko auch für den Kommanditisten*

Die eingangs geforderte *Gleichstellung des Kommanditisten als Gläubiger der Gesellschaft mit den anderen Gesellschaftsgläubigern*[109] zur Vermeidung eines relativ risikolosen Einsatzes nichthaftender Mittel in der Gesellschaft auf Kosten von Drittgläubigern läßt sich nach alledem auf verschiedene Weise erreichen:

Der *Konkursverwalter* hat in analoger Anwendung des § 342 HGB bei langfristigen, der stillen Beteiligung vergleichbaren Kapitalzuflüssen ein erweitertes Anfechtungsrecht und kann auf diese Weise die Ausnutzung der Insiderstellung des Kommanditisten durch rechtzeitigen Abzug der Mittel unter Benachteiligung der übrigen Gläubiger entge-

---

[106] BGH WM 1962, 1316 (1317); BGH LM Nr. 1 zu § 30 KO; Jaeger/Lent, Vorbem. zu §§ 29 - 42 KO, Rdnr. V S. 404 ff.; Böhle-Stamschräder, KO, § 29 Anm. 5; Rosenberg, Zivilprozeßrecht, 9. Aufl., 1961, § 181 VI 1 a; Serick, Eigentumsvorbehalt und Sicherungsübertragung, Band III, 1970, § 32 I 3 m. Nachw.; a. A. noch RGZ 74, 224 (226).

[107] Serick, Eigentumsvorbehalt, § 32 II 1.

[108] Serick, Eigentumsvorbehalt, m. Nachw.

[109] Vgl. oben § 10 IV 1.

genwirken. Bei kurzfristigen Darlehen versagt die Analogie zu § 342 HGB. Hier bleibt es bei den Anfechtungsregeln der Konkursordnung (insb. § 31 Nr. 1 KO). Dafür besteht aber auch in diesen Fällen ein Schadensersatzanspruch der *Gläubiger* aus § 826 BGB auf Rückgewähr der abgezogenen Mittel bzw. nach Beendigung des Konkurses auf Zahlung des Differenzbetrages zwischen der erhaltenen und der unter Berücksichtigung der zurückgewährten Gelder zu errechnenden Quote.

Auf diese Weise wird eine Gleichstellung des Kommanditisten mit den sonstigen Gläubigern erreicht, die dem auch in der Rechtsprechung zu den Übersicherungsverträgen angesprochenen Verbot der Gläubigerbenachteiligung, das sich sinngemäß auf die vorliegende Problematik übertragen läßt, genügt.

V. Zusammenfassung

Der Versuch, die im vorigen Abschnitt zusammengestellten Lösungskonzeptionen für die Behandlung der Unterkapitalisierung im Bereich der GmbH für die KG zu verwerten, hatte insgesamt wegen der zwischen GmbH und KG bestehenden Unterschiede wenig Erfolg. Die Lösung für die KG ergibt sich vielmehr aus anderen Überlegungen.

Zu einer *vollen Ausfallhaftung* des Kommanditisten, für die nach der bereits für die GmbH an der Organisationsmangel- und Erklärungshaftung geübten Kritik lediglich § 826 BGB als Anspruchsgrundlage in Betracht kommt, besteht nur in den Fällen Veranlassung, in denen er die Unterkapitalisierung als Mittel zum Sittenverstoß einsetzt.

Der praktische Anwendungsbereich dieser Haftung wird jedoch wegen der Schwierigkeiten beim Nachweis des Schädigungsvorsatzes recht klein bleiben. In der Unterkapitalisierung an sich ist entgegen der Ansicht von Reinhardt noch kein Sittenverstoß zu sehen. Der von ihm befürwortete ungeschriebene Grundsatz der Kongruenz von haftendem Eigenkapital und Unternehmerrisiko ist im geltenden Recht nirgendwo verankert und beruht ebenso wie der bereits im 2. Teil dieser Arbeit behandelte Grundsatz der Einheit von Herrschaft und Haftung auf rechtspolitischen Wunschvorstellungen.

Die zur Begründung der *Differenzhaftung* notwendige teleologische Reduktion des § 171 HGB scheitert vor allem an dem ebenfalls bereits im 2. Teil festgestellten formalen Ordnungscharakter dieser Vorschrift. Die mit der Differenzhaftung verbundene Forderung nach einem gleitenden Stammkapital ist im übrigen schon darum aus Gründen der Rechtssicherheit abzulehnen, weil eine exakte Bestimmung des angemessenen Haftkapitals nicht durchführbar ist. Schließlich würden auch die Interessen der sonstigen Gläubiger des Kommanditisten, die auf seine auf den Betrag der Einlage beschränkte Haftung vertrauen, in unangemessener Weise vernachlässigt.

Die für die GmbH im Regierungsentwurf für ein neues GmbHG und auch von der Rechtsprechung vertretene *Funktionshaftung*, also eine auf den tatsächlichen Einsatz bezogene Risikoübernahme, scheitert an der für GmbH und reine KG unterschiedlichen gesetzlichen Wertung hinsichtlich des Gläubigerschutzes. Die zur Begründung einer Funktionshaftung im Bereich der KG denkbare Analogie zu § 172 Abs. 4 HGB hinsichtlich der nichthaftenden Mittel des Kommanditisten in der Gesellschaft, erfordert eine tragfähige Begründung für die Gleichbewertung von effektivem Kapitaleinsatz und Haftkapital. Soweit die Zufuhr von nichthaftendem Kapital zur Abwendung des Konkurses erfolgt, wurde die Konkursantragspflicht nach § 64 Abs. 1 GmbHG als geeigneter Ansatzpunkt erkannt, der auch mittelbar für die Begründung einer Funktionshaftung bei der GmbH & Co KG zum tragen kommt. Für die reine KG fehlt dagegen eine solche Vorschrift, da nach der gesetzlichen Wertung die Gläubiger hier wegen des Vorhandenseins eines unbeschränkt haftenden persönlichen Schuldners nicht so schutzwürdig erscheinen. Im übrigen können sich die Gläubiger anhand des Handelsregisters über die Höhe der Kommanditeinlage und über die Person des Komplementärs sowie den Geschäftsgegenstand erkundigen und sich so von vornherein auf das mit einer Kreditgewährung verbundene Risiko einstellen.

Der richtige Ansatzpunkt bei der Behandlung der die Hafteinlage übersteigenden in die Gesellschaft investierten Mittel des Kommanditisten liegt in der Vermeidung einer Benachteiligung der anderen Gläubiger durch den Informationsvorsprung des Kommanditisten aufgrund seiner Insiderstellung, der ihm den rechtzeitigen Abzug der Mittel kurz vor Konkurseintritt gestattet und damit einen risikolosen Einsatz ermöglicht. *In analoger Anwendung des § 342 HGB* kann der Konkursverwalter hier eine *Rückgewähr der zurückgezogenen Mittel zur Masse* verlangen. Der Gläubiger hat das gleiche Recht aufgrund eines *Schadensersatzanspruches aus § 826 BGB.*

Literaturverzeichnis

Albach: Zur Finanzierung von Kapitalgesellschaften durch ihre Gesellschafter, Zges. Staatswissenschaft 1962, 653.

Ballerstedt: Der gemeinsame Zweck als Grundbegriff des Rechts der Personengesellschaften, JuS 1963, 253.

— Bespr. von Kuhn, Strohmanngründung (s. dort), ZHR 128, 121.

— 75 Jahre GmbH-Gesetz, GmbH-Rdsch. 1967, 66.

Bandasch: Kommentar zum Handelsgesetzbuch, 2. Aufl., Neuwied und Berlin 1973.

Barella: Außergewöhnliche Geschäfte bei der Kommanditgesellschaft, DB 1952, 944.

Bartholomeyczik: Die Kunst der Gesetzesauslegung, 4. Aufl., Frankfurt 1967.

Barkhausen: Das Verhältnis der Nichtigkeit wegen Knebelung zur Gläubigergefährdung, NJW 1951, 1413.

— Anmerkung zu BGH, NJW 1953, 1665.

Baur: Anmerkung zu OLG Saarbrücken, JZ 1968, 386.

Berg: Hauptprobleme bei den Personengesellschaften des Handelsrechts, JuS 1974, 685.

Betti: Die Problematik der Auslegung in der Rechtswissenschaft, Festschrift für Engisch, Frankfurt 1969, 205.

Beyerle: Der unbeschränkt haftende Kommanditist, Berlin, Bonn, München 1976.

Biedenkopf: Über das Verhältnis wirtschaftlicher Macht zum Privatrecht, Festschrift für Böhm, Karlsruhe 1965, 113.

Binder: Philosophie des Rechts, Berlin 1925.

Böhle-Stamschräder: Konkursordnung, Kurz-Kommentar, 11. Aufl., München 1974.

Böhm: Wettbewerb und Monopolkampf, Berlin 1933.

Boesebeck: Die kapitalistische Kommanditgesellschaft, Frankfurt 1938.

— Die kapitalistische Kommanditgesellschaft, Soz. Praxis 1938, Sp. 715.

— Zur Auslegung des § 164 HGB, JW 1939, 325.

Bokelmann: Die abgeleitete Firma der GmbH & Co., GmbH-Rdsch. 1975, 25.

Braude: Der Kommanditist im Dienste seiner Gesellschaft, Diss. Leipzig 1913.

Brecher: Scheinbegründungen und Methodenehrlichkeit im Zivilrecht, Festschrift für Nikisch, Tübingen 1958, 227.

— Subjekt und Verband. Prolegomena zu einer Lehre von den Personenzusammenschlüssen, Festschrift für Hueck, München 1959, S. 243.

Brox: Zur Gesamtvertretung einer Kommanditgesellschaft durch den Komplementär und den Kommanditisten, Festschrift für H. Westermann, Karlsruhe 1974, S. 21.

Buchheister: Die Haftungsübernahme der Kommanditisten in der GmbH & Co KG, BB 1973, 687.

Buchwald/Tiefenbacher: Die zweckmäßige Gesellschaftsform, 4. Aufl., Heidelberg 1971.

Bürck: Selbstorganschaft oder Drittorganschaft in OHG und KG? Diss. Kiel 1968.

Bulla/Hackbeil: Handbuch der Personengesellschaften, Teil IV Arbeitsrecht mit Anhang, Sozialversicherungsrecht, 2. Aufl., Köln 1975.

Bundesministerium der Justiz: Referentenentwurf eines Gesetzes über Gesellschaften mit beschränkter Haftung, hrsg. v. Bundesministerium der Justiz, Köln 1969.

Canaris: Die Feststellung von Lücken im Gesetz, Berlin 1964.

Cölle: Der Hausbesitzbrief, Treuhandkommanditgesellschaften mit breitem Anlegerkreis als Immobilienfonds, Diss. Köln 1968.

Deutscher Bundestag: Entwurf eines Gesetzes über Gesellschaften mit beschränkter Haftung (GmbHG); Entwurf eines Einführungsgesetzes zum Gesetz über Gesellschaften mit beschränkter Haftung, Bundestags-Drucksache, 7. Wahlperiode, 253.

Duden: Grenzen der Vertragsfreiheit im Recht der Personengesellschaften, Eine Besprechung der Monographien von Teichmann, Huber, H. P. Westermann und C. Ott (vgl. jeweils dort), ZGR 1973, 360.

Düringer/Hachenburg: Handelsgesetzbuch, Bd. 2, 1. Hälfte, Allgemeine Einleitung: Das Gesellschaftsrecht des bürgerlichen Rechts (bearbeitet von Geiler), 3. Aufl., Mannheim, Berlin, Leipzig 1932; Bd. 2, 2. Hälfte (bearbeitet von Flechtheim), 3. Aufl., Mannheim, Berlin, Leipzig 1932 (zitiert: Düringer/Hachenburg/Flechtheim).

Ebsen: Gesetzesbindung und „Richtigkeit" der Entscheidung, Berlin 1974.

Eisenhardt: Die Stellung der Gesellschaftererben am Beispiel der kapitalistisch organisierten Kommanditgesellschaft, JuS 1975, 685.

Engisch: Die Idee der Konkretisierung in Recht und Rechtswissenschaft unserer Zeit, Heidelberg 1953.

— Einführung in das juristische Denken, 6. Aufl., Stuttgart 1975.

Enneccerus/Lehmann: Recht der Schuldverhältnisse, 14. Aufl., Tübingen 1954.

Enneccerus/Nipperdey: Lehrbuch des Bürgerlichen Rechts, Allgemeiner Teil, 15. Aufl., Tübingen 1960.

Erlinghagen: Haftungsfragen bei einer unterkapitalisierten GmbH, GmbH-Rdsch. 1962, 169.

Erman: Zur Frage der Haftung der Hintermänner überschuldeter Gesellschaften, KTS 1959, 129.

Ernst: Der Auskunftsanspruch des Kommanditisten, BB 1957, 1047.

Esser: Grundsatz und Norm in der richterlichen Fortbildung des Privatrechts, Tübingen 1956.

Esser: Besprechung von Strache, Das Denken in Standards (vgl. dort), AöR 96 (1971), 140.

Fehl: Unbeschränkte Haftung der Kommanditisten bei der GmbH & Co KG? BB 1976, 109.

Fischer, G.: Rechtsscheinshaftung bei nicht eingetragener KG, NJW 1973, 2118.

Fischer, R.: Fragen aus dem Recht der stillen Gesellschaft, JR 1962, 201.

— Anmerkung zu BGH, LM Nr. 7 zu § 171 HGB.

Flume: Die Vereinsstrafe, Festschrift für E. Bötticher, Berlin 1969, 101.

Formular-Kommentar: Erster Band, Handels- und Wirtschaftsrecht I, 21. Aufl., Köln, Berlin, Bonn, München 1973 (verschiedene Bearbeiter).

Forstmoser: Großgenossenschaften, Diss. Zürich, 1970.

Friedrich: Der Schutz des Gläubigers bei der Kommanditgesellschaft, Eine rechtspolitische Betrachtung, Soz. Praxis 1938, Sp. 1153.

Ganssmüller: Nochmals: Unbeschränkt haftende Kommanditisten der GmbH & Co KG, NJW 1972, 1034.

Gernhuber: Lehrbuch des Familienrechts, 2. Aufl., München und Berlin 1971.

v. Gierke: Handelsrecht und Schiffahrtsrecht, 8. Aufl., Berlin 1958.

Gilles/Baumgart: Schadensersatzpflicht des GmbH-Geschäftsführers nach § 823 II BGB i. V. mit § 64 I GmbHG (Schutzbereichsproblematik) — OLG Celle, OLGZ 1971, 367, JuS 1974, 226.

Geßler: Anmerkung zu BGH, JZ 1952, 530.

— Probleme der GmbH-Rechtsreform, GmbH-Rdsch. 1966, 102.

Gotthardt: Vertrauensschutz und Registerpublizität, JZ 1971, 312.

Grossfeld: Aktiengesellschaft, Unternehmenskonzentration und Kleinaktionär, Tübingen 1968.

Groschuff: Anmerkung zu KG, JW 1939, 424.

Großkommentar: Handelsgesetzbuch, Begründet von Hermann Staub, weitergeführt von Mitgliedern des Reichsgerichts, Zweiter Band, 1. Halbband, §§ 105 - 144 (bearbeitet von Fischer und Ulmer), 3. Aufl., Berlin und New York 1973, Zweiter Band, 2. Halbband, §§ 145 - 177, §§ 335 - 342 (bearbeitet von Schilling), 3. Aufl., Berlin und New York 1970. (zitiert: Bearbeiter in Großkomm. HGB).

Grossmann-Doerth: Reform des Gesetzes betreffend die Gesellschaft mit beschränkter Haftung, Gutachten, erstattet dem 5. Deutschen Juristentag in der Tschechoslowakei, Gutachtenband, Eger 1931, S. 165.

— Zur Reform der Kommanditgesellschaft. Eine wirtschaftsverfassungsrechtliche Betrachtung, AcP 147, 1.

Gustavus: Anmerkung zu BPatG, BB 1976, 58.

Haas: Unbeschränktes Recht zur Firmenfortführung bei Geschäftsübernahme durch eine GmbH & Co KG? GmbH-Rdsch. 1969, 20.

Hahn/Mugdan: Die gesamten Materialien zu den Reichsjustizgesetzen, 6. Band, Materialien zum Handelsgesetzbuch, Berlin 1897.

Hauriou: Die Theorie der Institution und zwei andere Aufsätze, hrsg. v. Roman Schnur, Berlin 1965.

Haupt/Reinhardt: Gesellschaftsrecht, 4. Aufl., Tübingen 1952.

Heck: Begriffsbildung und Interessenjurisprudenz, Tübingen 1932.

— Gesetzesauslegung und Interessenjurisprudenz, AcP 112, 1.

Heinze/Rieker: Unbeschränkt haftende Kommanditisten in der GmbH & Co KG? NJW 1972, 472.

Helm: Theorie und Sachanalyse im Recht „atypischer" Gesellschaften, ZGR 1973, 478.

Henkel: Einführung in die Rechtsphilosophie, Grundlagen des Rechts, München 1964.

Herrmann: Die Zeichnung der GmbH & Co bei abgeleiteter Firma, GmbH-Rdsch. 1967, 96.

Hesselmann: Handbuch der GmbH & Co, Systematische Darstellung in betriebswirtschaftlicher und steuerrechtlicher Sicht, 11. Aufl., Köln 1970.

— Anmerkung zu BGH, GmbH-Rdsch. 1974, 151.

— Zusatz „GmbH & Co" bei fortgeführten Firmen von Einzelunternehmen oder Personengesellschaften nach Umwandlung in eine GmbH & Co, GmbH-Rdsch. 1975, 57.

Höper: Die Haftung der Gesellschafter bei einer unterkapitalisierten GmbH, Diss. Göttingen 1972.

Hofmann: Zum „Durchgriffs"-Problem bei der unterkapitalisierten GmbH, NJW 1966, 1941.

— Unbeschränkte Kommanditistenhaftung und gesetzliche Wertung, NJW 1969, 577.

Huber, E. R.: Der Streit um das Wirtschaftsverfassungsrecht, DöV 1956, 97, 135, 172, 200.

Huber, U.: Vermögensanteil, Kapitalanteil und Gesellschaftsanteil an Personalgesellschaften des Handelsrechts, Heidelberg 1970 (zitiert: Vermögensanteil).

— Typenzwang, Vertragsfreiheit und Gesetzesumgehung, JurA 1970, 784 (zitiert: Typenzwang).

Hueck, A.: Anmerkung zu RG, ZAKDR 1944, 129.

— Gesellschaftrecht, 17. Aufl., bearbeitet von G. Hueck, München 1975 (zitiert: Gesellschaftsrecht).

— Das Recht der Offenen Handelsgesellschaft, 4. Aufl., Berlin, New York 1971.

— Der gemeinschaftliche Vertreter mehrerer Erben in einer Komanditgesellschaft, ZHR 125, 1.

— Anmerkung zu BGH, JZ 1961, 89.

Immenga: Die personalistische Kapitalgesellschaft, Bad Homburg v. d. H. 1970.

Jaeger: Konkursordnung mit Einführungsgesetzen, 8. Aufl., Berlin. I. (§§ 1 - 70) 1958, bearbeitet von Lent (zitiert: Jaeger/Lent).

Jolidon: Problèmes de structure dans le droit des sociétés. Portée et limites de la théorie de types, ZSR 87 (1968), 427 (Band II).

Kamm: Gesellschafterdarlehen an Kapitalgesellschaften, nach deutschem Recht unter Berücksichtigung des schweizerischen und französischen Rechts, Düsseldorf 1970.

Kamprad: Gesellschafterdarlehen an die GmbH als verdeckte Stammeinlagen, Köln 1968.

— Kapitalersetzende Gesellschafterdarlehen im Konkurs und Vergleich der GmbH in der rechtspolitischen Diskussion, GmbH-Rdsch. 1975, 54.

Keuk: Die Haftung des Kommanditisten für die Schulden der Gesellschaft, ZHR 135 (1971), 410.

Klamroth: Erweitertes Haftungsrisiko der Kommanditisten in der GmbH & Co KG, BB 1972, 428.

Klauss/Mittelbach: Der Gesellschaftsvertrag in seiner zweckmäßigsten Form, 8. Aufl., Ludwigshafen 1971.

Klotz: Mißbrauch der Rechtsform der Kommanditgesellschaft durch Aufspaltung der Machtstellung des Kommanditisten und seine Bekämpfung, Diss. Köln 1940.

Koller: Grundfragen einer Typuslehre im Gesellschaftsrecht, Freiburg/Schweiz 1967.

Kreifels: Haftungsfragen bei der Einmann-GmbH-Rdsch. 1956, 81.

Krüger: Staatsverfassung und Wirtschaftsverfassung, DVBl. 1951, 361.

Kühn: Die Konkursantragspflicht bei Überschuldung einer GmbH, die schuldhafte Verletzung dieser Pflicht und der sich daraus ergebende Schadensersatzanspruch gegen die Geschäftsführer, Gesellschafter und Dritte. Zugleich ein Beitrag zum Problem der unterkapitalisierten GmbH, Diss. Münster 1969.

Kuhn, Georg: Haftungsprobleme bei der GmbH & Co, Ehrengabe für Heusinger, München 1968, 203.

Kuhn, Ottmar: Strohmann-Gründung bei Kapitalgesellschaften, Tübingen 1964.

Lamers: Erfordernis des Zusatzes GmbH & Co bei abgeleiteter Firma? DB 1974, 1996.

Lang: Die Typen der stillen Gesellschaft, Mannheim, Berlin, Leipzig 1930.

Lange: Lage und Zukunft der Sicherungsübereignung, NJW 1950, 565.

Larenz: Lehrbuch des Schuldrechts, Zweiter Band, Besonderer Teil, 10. Aufl., München 1972.

— Methodenlehre der Rechtswissenschaft, 3. Aufl., Berlin, Heidelberg, New York 1975 (zitiert: Methodenlehre).

Leenen: Typus und Rechtsfindung, Berlin 1971 (zitiert: Typus).

— Rezension von W. Ott, Die Problematik einer Typologie im Gesellschaftsrecht, ZHR 137 (1973), 190.

Lehmann: Kommentar zum Handelsgesetzbuch, bearbeitet von Lehmann und Ring, Bd. 1 und 2, Berlin 1901, 1902 (zitiert: Lehmann/Ring).

— Handelsrecht, 2. Teil Gesellschaftsrecht, 2. Aufl., Berlin 1959.

Limbach: Theorie und Wirklichkeit der GmbH, Berlin 1966.

— Die beschränkte Haftung in Theorie und Wirklichkeit, GmbH-Rdsch. 1967, 71.

Lohmann: Zur Problematik der goldenen Bilanzregel, Die Wirtschaftsprüfung 1959, S. 114 ff.

Lübbert: Die Rechtsnatur der stillen Gesellschaft, ZHR 58, 464.

Maday: Die sogenannte Gesetzesumgehung, insbesondere im Schweizerischen Obligationenrecht, Diss. Bern 1941.

Marcus: Kann der Kommanditist zum Gesellschaftsvertreter bestellt werden? HoldhMSchr. 1909, 160.

Mengiardi: Strukturprobleme des Gesellschaftsrechts, Zur Bedeutung der Typuslehre für das Recht der Personengesellschaften und juristischen Personen, ZSR 87, 2 (1968), 1.

Mertens: Die Einmann-GmbH & Co KG und das Problem der gesellschaftsrechtlichen Grundtypenvermischung, NJW 1966, 1049.

— GmbH & Co und Gesellschaftsrechtsdogmatik, GmbH-Rdsch. 1967, 45.

Mögele: Die atypische Ausgestaltung der OHG und KG, Diss. München 1970.

Morck: Typologie im Gesellschaftsrecht, DB 1974, 2095.

Müller, H. J.: Die Haftung des Kommanditisten im deutschen, französischen und englischen Recht, Diss. Münster 1955.

Müller-Erzbach: Deutsches Handelsrecht, 2. und 3. Aufl., Tübingen 1928.

— Die Haftung und die Vermögensbeteiligung des Kommanditisten und des stillen Gesellschafters, besonders im Fall ihrer Anteilnahme an der Unternehmensverwaltung, Beiträge zum Wirtschaftsrecht, Festschrift Ernst Heymann, Marburg 1931, 2. Band, S. 736 (zitiert: Beiträge).

— Herrschaft und Haftung, Zugleich eine Richtigstellung, LZ 1933, Sp. 145.

— Das private Recht der Mitgliedschaft als Prüfstein eines kausalen Rechtsdenkens, Weimar 1948 (zitiert: Mitgliedschaft).

— Das Erfassen des Rechts aus den Elementen des Zusammenlebens, veranschaulicht am Gesellschaftsrecht, AcP 1954, 299.

— Die Verbandsmacht — eine unbekannte Welt, JZ 1956, 705.

Müller-Freienfels: Zur Lehre vom sogenannten „Durchgriff" bei juristischen Personen im Privatrecht (Besprechung von Serick, Rechtsform und Realität juristischer Personen, vgl. dort), AcP 156, 522.

Neumann-Duesberg: Die Außenhaftung des Kommanditisten, DB 1965, 769.

Niethammer: Haftung eines zum Prokuristen bestillten Komanditisten, BB 1959, 725.

Nipperdey: Freie Entfaltung der Persönlichkeit, in: Die Grundrechte, Bd. IV, 2. Halbband, Berlin 1962.

Nitschke: Die körperschaftlich strukturierte Personengesellschaft, Bielefeld 1970.

Ott, C.: Typenzwang und Typenunfreiheit im Recht der Personengesellschaft, Diss. Tübingen 1966.

Ott, W.: Die Problematik einer Typologie im Gesellschaftsrecht, dargestellt am Beispiel des schweizerischen Aktienrechts, Bern 1972.

Palandt: Bürgerliches Gesetzbuch, 35. Aufl., München 1976 (zitiert: Palandt-Bearbeiter).

Paulick: Die eingetragene Genossenschaft als Beispiel gesetzlicher Typenbeschränkung. Zugleich ein Beitrag zur Typenlehre im Gesellschaftsrecht, Tübingen 1954 (zitiert: Eingetragene Genossenschaft).

— Handbuch der stillen Gesellschaft, 2. Auflage, Köln 1971 (zitiert: Stille Gesellschaft).

Pawlowski: Besprechung von H. P. Westermann, Typengesetzlichkeit (vgl. dort), ZHR 136 (1972), 69.

Potthoff/Zintzen: Die Gesellschaftsverträge in Personalhandelsgesellschaften, 2. Aufl., Köln, Opladen 1953.

Priester: Obligatorischer Zusatz „GmbH & Co" auch bei abgeleiteter Firma? NJW 1975, 238.

Protokolle der Kommission zur Beratung eines Allgemeinen Deutschen Handelsgesetzbuches, hrsg. v. J. Lutz, Würzburg 1858.

Raiser: Rechtsschutz und Institutionenschutz, in: Summum ius summa iniuria, Ringvorlesung, gehalten von Mitgliedern der Tübinger Juristenfakultät, Tübingen 1963, 145 (zitiert: Rechtsschutz und Institutionenschutz).

Reinhardt: Gedanken zum Identitätsproblem bei der Einmann-Gesellschaft, Festschrift für H. Lehmann, Bd. II, 1956, Berlin, Tübingen, Frankfurt, 576.

— Gesellschaftsrecht, Tübingen 1973.

Reinicke, G. u. D.: Die Fortbildung des Rechts durch den Richter, dargestellt an der höchstrichterlichen Rechtsprechung zur mechanischen Musik, NJW 1954, 1217.

— Die Auslegungsgrundsätze des Bundesarbeitsgerichts, NJW 1955, 1380.

Renard: La Théorie de l'Institution, Paris 1930.

Römer: Gesetzesumgehung im deutschen Internationalen Privatrecht, Berlin 1955.

Rötelmann: Der Wegfall unentbehrlicher Gesellschafter bei der OHG und KG, NJW 1956, 1617.

Rosenberg: Lehrbuch des deutschen Zivilprozeßrechts, 9. Aufl., München/Berlin 1961.

Rüthers: Die unbegrenzte Auslegung, Tübingen 1968 (zitiert: Unbegrenzte Auslegung).

— Institutionelles Rechtsdenken im Wandel der Verfassungsepochen, Bad Homburg, Berlin, Zürich 1970 (zitiert: Institutionelles Rechtsdenken).

Sack: Typusabweichung und Institutsmißbrauch im Gesellschaftsrecht, dargestellt am Beispiel der GmbH & Co KG, DB 1974, 369, 2097.

Sandrock: Grundbegriffe des Gesetzes gegen Wettbewerbsbeschränkung, München 1968.

Savigny: System des heutigen römischen Rechts, Berlin, 1840 ff.

Sels: Kommanditist und Nichtgesellschafter als organschaftliche Vertreter der KG und OHG, Diss. Köln 1946.

Serick: Rechtsform und Realität juristischer Personen, Berlin und Tübingen 1955 (zitiert: Rechtsform).

— Eigentumsvorbehalt und Sicherungsübertragung, Band III, Die einfache Sicherungsübertragung — Zweiter Teil, Heidelberg 1970 (zitiert: Eigentumsvorbehalt).

Siebert: Verwirkung und Unzulässigkeit der Rechtsausübung, Marburg 1934.

— Zur Gestaltung der Testamentsvollstreckung bei der Vererbung der Stellung eines persönlich haftenden Gesellschafters, Festschrift für A. Hueck, München, Berlin 1959, 335.

— Einmann-GmbH und Strohmann-Gründung, BB 1954, 417.

Sieveking: Abgeleitete Firma einer GmbH & Co KG, MDR 1974, 904.

Soergel: Kommentar zum Bürgerlichen Gesetzbuch, Band 3, Schuldrecht II (§§ 611 - 853), bearbeitet u. a. von Schultze-v. Lasaulx, 10. Aufl., Stuttgart, Berlin, Köln, Mainz 1969 (zitiert: Soergel-Bearbeiter).

Sudhoff: Der Gesellschaftsvertrag der GmbH & Co, 2. Aufl., München 1971 (zitiert: GmbH & Co).

— Der Gesellschaftsvertrag der Personengesellschaften, 4. Aufl., München 1973 (zitiert: Personengesellschaften).

Scherpf: Handbuch der Personengesellschaften, Teil II Betriebswirtschaft, 2. Aufl., Köln 1975.

Scheuerle: Das Wesen des Wesens, AcP 163, 429.

— Finale Subsumtionen — Studien über Tricks und Schleichwege in der Rechtsanwendung, AcP 167, 305.

Schilling: Die Einmanngesellschaft und das Einzelunternehmen mbH, JZ 1953, 161.

Schlegelberger: Handelsgesetzbuch, 1. Band, 5. Aufl., München 1973, §§ 1 - 47 a, bearbeitet von Hildebrandt unter Mitarbeit von Steckhan (zitiert: Schlegelberger/Hildebrandt/Steckhan), 2. Band, 4. Aufl., Berlin und Frankfurt 1963, bearbeitet von Geßler (zitiert: Schlegelberger/Geßler).

— Rechtsvergleichendes Handwörterbuch für das Zivil- und Handelsrecht des In- und Auslands, 5. Band, Kommanditgesellschaft, bearbeitet von Mügel, Berlin 1936 (zitiert: Schlegelberger/Mügel).

Schlüter: Die Vertretungsmacht des Gesellschafters und die „Grundlagen der Gesellschaft", Köln, Berlin, Bonn, München 1965.

Schluep: Die methodologische Bedeutung des Typus im Recht, Festgabe für Max Obrecht, Solothurn 1961, 9.

Schmalenbach: Die Beteiligungsfinanzierung, 8. Aufl., 1954, bearbeitet von Bauer.

Schmidt, K.: Neues zur Haftung bei der Schein-KG und zur Kommanditistenhaftung bei Sanierungsgründungen, JZ 1974, 219.

— Anmerkung zu BGH, NJW 1977, 107.

— Die Kreditfunktion der stillen Einlage, ZHR 140 (1976), 475.

Schmidt-Salzer: Zur Führung des GmbH & Co—Zusatzes durch Kommanditgesellschafetn, NJW 1975, 1481.

Schneider, H. u. U.: Die neuere Entwicklung der Rechtsprechung des Bundesgerichtshofes zur Kommanditgesellschaft, ZGR 1972, 52.

Scholz: Kommentar zum GmbH-Gesetz, 5. Aufl., Köln 1964.

Schröder: Der geschäftsleitende Kommanditist und seine Haftung, Diss. Kiel 1968.

Schultze-v. Lasaulx: Zur Frage der Gestaltungsfreiheit für Gesellschaftsverträge. Eine Bestandsaufnahme, Abschied von Illusionen, ZfgG 21 (1971), 325.

— Anmerkung zu BGH, MDR 1956, 151.

Schulze-Osterloh: Der gemeinsame Zweck der Personengesellschaft, Berlin, New York 1973.

Schweiger: Die Sittenwidrigkeit der Sicherungsübertragung, MDR 1953, 707.

Staab: Die Vertretung einer Kommanditgesellschaft durch einen Kommanditisten, BB 1959, 435.

Staub: Komentar zum Handelsgesetzbuch, 14. Aufl., bearbeitet von Koenige, Pinner, Bondi, Berlin, Leipzig 1932 (zitiert: Staub-Bearbeiter).

Staudinger: Kommentar zum Bürgerlichen Gesetzbuch, 11. Aufl., bearbeitet u. a. von Boehmer, Coing, Geiler/Keßler, Berlin 1954 ff. (zitiert: Staudinger-Bearbeiter).

Stehle/Stehle: Die rechtlichen und steuerlichen Merkmale der verschiedenen Gesellschaftsformen, Stuttgart 1975.

Stein/Jonas: Kommentar zur Zivilprozeßordnung, 19. Aufl., Band II, Tübingen 1975.

Strache: Das Denken in Standards, Zugleich ein Beitrag zur Typologik, Berlin 1968.

Strohm: Der in der Geschäftsführung tätige Kommanditist, Festschrift für Oskar Möhring, München 1973, 153.

Teichmann: Die Gesetzesumgehung, Tübingen 1962 (zitiert: Gesetzesumgehung).

— Gestaltungsfreiheit in Gesellschaftsverträgen, München 1970 (zitiert: Gestaltungsfreiheit).

Uhlenbruck: Abschreibungsgesellschaften, Anlegerprobleme bei Sanierung — Konkurs — Vergleich, Düsseldorf 1974.

Unger: Die Inanspruchnahme des verdeckten Kapitalgebers (Zur Lehre von der Durchgriffshaftung), KTS 1959, 33.

Wagner: Der Ausbau des Einflusses des Kommanditisten bis zur beherrschenden Stellung und dessen Auswirkungen auf seine Haftung, Diss. München 1960.

Weber/Jansen: Unbeschränkt haftende Kommanditisten in der GmbH & Co KG, NJW 1971, 1678.

Weidenbaum: Zum Widerspruchsrecht der Gesellschafter bei der OHG und KG, ZHR 99, 35.

Wenninger: Personengesellschaften mit körperschaftlichen Strukturelementen, Diss. München 1969.

Westermann, H. P.: Vertragsfreiheit und Typengesetzlichkeit im Recht der Personengesellschaften, Berlin, Heidelberg, New York 1970.

Westermann, H./*Scherpf/Paulick/Bulla/Hackbeil:* Handbuch der Personengesellschaft, Köln 1967, Teil I bearbeitet von H. Westermann, Teil II bearbeitet von Scherpf, Teil IV bearbeitet von Bulla und Hackbeil, 2. Aufl., Köln 1975 (zitiert jeweils Bearbeiter: Handbuch).

Westermann, H.: Sachenrecht, 5. Aufl., Karlsruhe 1966.
— Interessenkollisionen und ihre richterliche Wertung bei den Sicherungsrechten an Fahrnis und Forderungen, Karlsruhe 1954.

Wiethölter: Die GmbH & Co KG, Chancen und Grenzen, in: Aktuelle Probleme der GmbH & Co, 3. Aufl., Köln 1974.

Wiedemann: Anmerkung zu BGH, JZ 1969, 471.
— Die Übertragung und Vererbung von Mitgliedschaftsrechten bei Handelsgesellschaften, München und Berlin 1965 (zitiert: Mitgliedschaftsrechte).
— Haftungsbeschränkung und Kapitaleinsatz in der GmbH, in: Die Haftung des Gesellschafters in der GmbH, Frankfurt, Berlin 1968, S. 1 (zitiert: Haftungsbeschränkung).
— Besprechung der Entscheidung BGHZ 62, 216; ZGR 1975, 354.

Winkler: Firmenrechtliche Probleme bei der Fortführung eines einzelkaufmännischen Unternehmens oder einer Personengesellschaft durch eine GmbH & Co KG, DNotZ 1975, 69.
— Die Haftung der Gesellschafter einer unterkapitalisierten GmbH, BB 1969, 1202.
— Die Haftungsverfassung der GmbH & Co (KG), NJW 1969, 1009.

Winter: Der Konkurs der unterkapitalisierten GmbH, Frankfurt 1973.

Woeste: Gesellschaftsdarlehen und gesellschaftsverbürgte Darlehen an die GmbH in deren Konkurs, GmbH-Rdsch. 1959, 131.

Wolany: Rechte und Pflichten des Gesellschafters einer GmbH, Köln 1964.

Wolf, A.: Grenzen der Dispositionsfreiheit im Recht der Personalgesellschaften, Diss. Heidelberg 1963.

Wolff, H. Jürgen: Der Treuhänderkommanditist, Diss. Köln 1966.

Wolff, H. Julius: Organschaft und juristische Person, Erster Band: Juristische Personen und Staatsperson, Berlin 1933.
— Typen im Recht und in der Rechtswissenschaft, Studium Generale 1952, 195.

Würdinger: Gesellschaften, 1. Teil, Recht der Personalgesellschaften, Hamburg 1937 (zitiert: Gesellschaften).
— Das Recht der Personalgesellschaften (Arbeitsbericht des Ausschusses für das Recht der Personalgesellschaften der Akademie für Deutsches Recht), München - Berlin 1939 (zitiert: Arbeitsbericht).
— Betrachtung zur Reform der Personalgesellschaften, AcP 144, 129.
— Betrachtungen zur inneren Struktur der Kommanditgesellschaft, Soz. Praxis 1938, Sp. 193.
— Zur Publizität der GmbH im nationalen und europäischen Bereich, GmbH-Rdsch. 1964, 151.

Wüst: Gläubigerschutz bei der GmbH, Stuttgart, Berlin, Köln, Mainz 1966.

Zitelmann: Lücken im Recht, Leipzig 1903.

Zippelius: Die Verwendung von Typen in Normen und Prognosen, Festschrift für Engisch, Frankfurt 1969, S. 224.

Zwanzig: Die Erweiterung des Herrschaftsbereiches des Komanditisten und ihre Wirkung auf die Stellung des Kommanditisten zu den Gläubigern der Gesellschaft, Diss. Köln 1937.

Die Abkürzungen richten sich nach dem Abkürzungsverzeichnis der Rechtssprache von Kirchner, 2. Aufl., Berlin 1968.

Kolibri 360 GmbH
Ferdinand-Jühlke-Straße 7
99095 Erfurt, Deutschland
produktsicherheit@kolibri360.de

Druck:
CPI Druckdienstleistungen GmbH
im Auftrag der
Kolibri 360 GmbH
Ferdinand-Jühlke-Str. 7
99095 Erfurt